神々の記憶

高橋　智　篇著

八郎太郎三湖伝説
鹿角金山発見伝説
岩手山伝説
姫神山伝説
早池峰山伝説
八幡平伝説
北上川源流伝説

盛岡出版コミュニティー

はじめに――神々の記憶とは

この本を発刊することは〝八咫烏《やたがらす》〟に導かれたと私は信じています。平成《へいせい》25(2013)年の秋に、岩手の盛岡《もりおか》に住む私が、山形の羽黒山《はぐろさん》を尋ねました。ここは〝出羽三山《でわさんざん》〟と呼ばれる聖地で、崇峻天皇《すしゅんてんのう》(第32代)の第三皇子である〝蜂子皇子《はちこのおうじ》〟が、三本足の烏《からす》(八咫烏)に導かれて開山したという伝説の地です。

［崇峻天皇《すしゅんてんのう》5(592)年、蜂子皇子の父である崇峻天皇が蘇我馬子《そがのうまこ》によって暗殺されたため、蜂子皇子は馬子から逃れるべく丹後国《たんごのくに》由良《ゆら》(京都府宮津市由良)から船で海を北へと向かいました。山形県鶴岡《つるおか》市由良に辿《たど》り着いた時、八乙女浦《やおとめうら》にある舞台岩と呼ばれる岩の上で、8人の乙女が笛の音に合わせて神楽《かぐら》を舞っているのを見て、皇子はその美しさに惹《ひ》かれながら近くの海岸に上陸しました。八乙女浦という地名は、その時の

8人の乙女に由来します。蜂子皇子は、海岸から三本足の烏（八咫烏）に導かれて、羽黒山に登ると羽黒権現《はぐろごんげん》を感得したことから、出羽三山を開いたと伝えられています。皇子のことを羽黒では、人々の多くの苦悩を取り除いた事から、能除仙《のうじょせん》や能除大師（能除太子）とも呼んでいます。」

私はさらに、平成26（2014）年の春、〝伊勢神宮〟と〝熊野三山〟に、そして年の瀬が迫る頃には〝出雲大社〟と参拝させていただきました。熊野は〝八咫烏出現《やたがらすしゅつげん》〟の地でもあります。これらの各地は、私が生きている間にその地を踏むことは無いだろうと思っていましたので、この聖地巡礼と共に本書の編纂を進めたことからも、引き寄せられた感は否めません。

私は、北東北と呼ばれる青森・秋田・岩手から、その自然風土に相応して著名的な〝八郎太郎三湖伝説〟に着目して、さらには私の出身地である岩手・盛岡の街から眺められる山々や、その歴史に欠かすことの出来ない説話を収集しました。

また、日本は、その草創を綴る歴史書である『古事記（和銅《わどう》5・712年成立）』や『日本書紀(養老《ようろう》4・720年成立)』に〝神々〟が登場する国です。平成《へいせい》25(2013)年に伊勢神宮の式年遷宮《しきねんせんぐう》と出雲大社の大遷宮《だいせんぐう》の時期を奇しくも同じくして迎え、より一層〝神様〟を近くに感じられたことからも、親しみを覚えました。

本書の表題を「神々の記憶」と掲げさせていただきましたが、これはその〝記紀〟にあるような神話のみを綴ったものではありません。しかし、これに掲載した説話には、多くの〝神様〟が登場しています。しかも神様だけではなく、仏教界の〝仏様〟も登場しています。これは、〝神〟〝仏〟それぞれを区別することなく、その意味合いも混在しています。たとえば、東北の仏像は白木のままで彩色が施されず、御神木などを彫りだした一木造《いちぼくづく》り(木像の腕・脚部・天衣などは別木だが、頭部と胴部とが一本の木で作られているもの。本来は一本の木材から仏像の全身を丸彫りにしたもの)のものがよく見受けられるように〝神仏混交〟のなかで歴史や伝承が積み重ねられてきたことを、読み取ることができると思います。神も仏も同格のものとして、「神々」と表現していると捕らえてください。

はじめて私が『八郎太郎』の絵本を手にしたのは、小学生の頃でした。本書の頁《ページ》の大半を占めている〝八郎太郎三湖伝説〟は、そのように私が幼少の頃から、絵本にもなっている物語です。その思い出のままに、〝昔話〟という印象だけで、取材や編纂を進めました。すると、主旨は同じでも細部は多種多様で、結末に辿り着く意味合いが変わってくる、登場人物は同じでも話は違うというような説話が、北東北の此処《ここ》からたくさん出てきたのです。

その中のひとつの説話に、とても驚かされました。八郎太郎は〝八俣遠呂智《やまたりおろち》〟の子孫だというのです。日本神話のなかでも、出雲神話に登場する八俣遠呂智が、この東北に伝承している説話に登場していることで、これを理由に〝八郎〟なのか、〝龍〟なのかと想像や妄想《もうそう》が尽きなくなりました。この一話以外では、八郎太郎は普通の人間として捉《とら》えられていて、何故《なぜ》、〝巨人〟〝大蛇〟〝龍〟にならなければいけなかったのかの手掛かりを得ることができません。もっとも、この謎が八郎太郎伝説の根本的な魅力となっています。このような経緯で、本書の最初に登場する伝説が、〝須佐之男命《すさのおのみこと》の八俣遠呂智退治《やまたのおろちたいじ》〟になるとは夢にも思っていませんでした。

その他に、八郎太郎の系譜《けいふ》を辿ると、岩手県北から秋田に伝わる〝ダンブリ長者〟

が関係しているものや、八郎太郎の住処《すみか》である十和田湖を奪《うば》った南祖坊《なんそぼう》は、馬産地で信仰される〝蒼前《そうぜん》〟に関係するというものまで出てきました。さらに田沢湖の辰子姫の伝説につながると、平成22(2010)年に山梨県の西湖で生存が確認された〝国鱒《くにます》〟の発祥も関連してくるのです。このように多くの枝葉があって、その詳細を説明するものが他の説話で紹介されている場合もありますので、探求するには全頁をお読み戴くことをお薦《すす》めします。

このように伝承されてきた説話の数々は、今を生きる私達のために北東北に残された〝神々の記憶〟だと私は思っています。しかし、そのように魅力がたっぷり秘められていても、残そうとしないと残らない。旧い字や古い言葉で記されてあるものは、方言も含めて、伝えられてきた地域以外の者にとっては、単語の意味がよく解らないことも多くあり、それを理由として余計に理解され難いものになって、後世に伝承される可能性が、時間の経過と共に無くなっていくことを感じたのです。

このように、本書の編纂を始めてから思いも寄らず、その世界観が拡大した幾話もの説話は、研究者でない私にとって、徐々に興味や趣味の範囲では手に負えなくなることを感じずにはいられませんでしたが、このような本が欲しかった、微力ながらにも形にして後世に残るものにしたいと、そのような信念に縋《すが》りながら完成させたものです。基本的には、原文の要旨、主旨が崩れないように、私が理解できる範囲で調整させていただいています。至らないお気づきの点は、どうぞご容赦ください。

北東北の魅力を潜《ひそ》めているそれぞれの説話を、興味を持つ範囲で、許す限り読んでみていただけることは大変有り難いことです。

これに収録することが出来なかった説話があることをお許し下さい。

それらも含めて、どうか、これらの説話が後世に伝え残されますように。

平成27（2015）年　1月

神々の記憶　もくじ

北東北三県（青森・秋田・岩手）の説話　八郎太郎三湖伝説　36

※各説話の表題にある地域名は、その地区付近・周辺に伝承されていたことや関連を示す参考までのもので、本書に掲載した内容のものがその地区に伝承されていることを確定するものではありません。

岩手県の説話 岩手山伝説 230

※地名は、伝承原文から現代の地名が判明するものについては、置き換えています。判明しない、もしくは、説話上変更が不具合な箇所については、原文のままにしてあります。

※説話上で独特な読みをする単語について、読み仮名（ふりがな・ルビ）は、読み方が確定できるものに付けています。

どっとはれぇ　とっぴんぱらりのぷう

岩手の方言で「どっとはれぇ」「どっとはれ」「どんどはれ」とは、昔話（民話）などの語り終わりの言葉で、意味は「これでおしまい」「めでたしめでたし」というものです。「とっぴんぱらりのぷ」「とっぴんぱらりのぷう」は秋田の方言で、岩手と同じ語り終わりの言葉です。

昔話や民話の始まりの「昔むかしあるところに……」は、〝何時《いつ》の事かよくわからない、昔の事です〟という意味で「語り始め」、「発端句《ほったんく》」と呼ばれています。そして物語の終わりの「めでたしめでたし」は、〝これでおしまい〟という意味で「語り納め」、「結句《けっく》」などと呼ばれています。

このように昔話には、「語り始め」と「語り納め」の決まり文句がありますが、これは全国各地によって特徴があります。

青森では「むがしァあったじォんなァ……どっとはらい」、遠野（岩手）では「むがしむがしあったずもな……どっとはらい」、山形では「とんと昔あったけど……とっぴんからりん」、福島では「ざっと昔あったと……いちがさかえもうした」、岡山では「なんと昔があったげな……昔まっこう」などです。

「語り始め」は〝昔のことです〟ということを各地の言葉で表現しているものが殆《ほとん》どですが、〝呪文〟のような「語り納め」は、それぞれにきちんとした意味があります。

東北地方に伝わる「どっとはらい」「とっぴんからりん」は、『ありがたい、貴重だ』という意味の「尊《とおと》かれ」という言葉が変化したものです。福島に伝わる「いちがさかえもうした」は、『一生、栄華に暮らした』という意味の「一期が栄えた」という言葉の変化から、主人公の「一期＝一生」が素晴らしいものであったと語り納めているものです。中国・四国地方に伝わる「昔まっこう」は、「こう」は〝かくのごとし〟の〝斯《か》く〟で「まっ」は、それを強調していることから、『昔話は以上のようなこと』という締《し》め括《くく》りの意味になります。

このような言葉は、伝説や昔話、民話などが全国に伝承されながら、各地の言葉に変換されて語り伝えられてきた〝証《あかし》〟ともいえるでしょう。

田沢湖［秋田県仙北市　潟尻・浮木神社（漢槎宮、潟尻明神）付近］
辰子像：舟越保武 作　青銅金箔漆塗仕上　昭和 43（1968）年 5 月12 日完成

八郎太郎誕生之地碑

［ 秋田県鹿角市大湯草木保田 ］

辰子姫誕生之地

[秋田県仙北市上院内岡崎]

右上　発荷峠から眺めた十和田湖［秋田県・青森県］

右中　湖上から見る十和田湖の御倉山

右下　十和田湖御倉半島の五色岩

左上　熊野・青岸渡寺三重の塔と那智の滝［和歌山県東牟婁郡那智勝浦町］

左下　十和田神社

御座石神社前の御座石から見た田沢湖越しの院内岳（中央）

潟頭の霊泉（泉の湧き口の社）［ 秋田県仙北市西木町桧木内字相内潟（田沢湖畔）］

鏡石（岩面に鏡のような突起部がある）［ 御座石神社から西 100ﾒｰﾄﾙ付近駐車場が登り口 ］

奥の鉄塔が建つ山が十二神山（宮古市津軽石地区より）［ 岩手県宮古市 ］

生森山（大森・負森山）［ 岩手県雫石町 ］

永福寺 ［ 岩手県盛岡市山岸 ］

十和田青龍大権現の碑 ［ 岩手県盛岡市山岸永福寺 ］

大日靈貴神社［秋田県鹿角市八幡平字堂の上］

吉祥院本堂（右端：吉祥姫墓石・左端：銀杏樹跡）［鹿角市八幡平字小豆沢］

八幡平駅からみた尾去沢方面（三ノ岳・右奥が水晶山）　[秋田県鹿角市]

北十左衛門の墓と伝えられる石（帽子石）[岩手県盛岡市南仙北]

上　鷲形の雪解けが現れた春の岩手山［岩手県盛岡市からの眺望］
下　送仙山［岩手県岩手郡岩手町］
左　姫神山［岩手県盛岡市玉山区］

シダレカツラ　国指定天然記念物［岩手県盛岡市大ヶ生 瀧源寺］

後生掛温泉のオナメ・モトメ伝説の噴泉 ［ 秋田県鹿角市八幡平 ］

御堂観音堂［岩手県岩手郡岩手町］

北上川の源泉・弓弭の泉の湧口［岩手県岩手郡岩手町 御堂観音堂］

これに綴られた説話は、　北東北の地に神々が残した記憶です

八郎太郎三湖伝説

● はちろうたろうさんこでんせつ

北東北三県（青森《あおもり》・秋田《あきた》・岩手《いわて》）に分布している〝八郎太郎三湖伝説〟の舞台は、十和田湖《とわだこ》・八郎《はちろう》潟《がた》（八郎湖・八郎潟残存湖）・田沢湖《たざわこ》の〝湖〟を主体としています。

〝八郎潟〟は、八郎太郎が求めた終《つい》の住処《すみか》であり、琵琶湖《びわこ》（※1）に次ぐ日本で2番目に大きな湖でしたが、昭和《しょうわ》32（1957）年の国家事業による農業地拡大のために干拓《かんたく》されて、水稲《すいとう》のほかメロンや林檎《りんご》の産地になりました。この湖の〝主《ぬし》（※2）〟となった八郎太郎は、大潟村《おおがたむら》にある〝大潟神社（※3）〟に、天照大神《あまてらすおおみかみ》、豊受大神《とようけのおおみかみ》とともに〝八郎太郎大神《はちろうたろうのおおみかみ》〟として祀《まつ》られています。

八郎太郎の出生地説は複数あって、青森県八戸市《はちのへし》、秋田県鹿角市《かづのし》草木《くさき》保田《ぼた》、鹿角市花輪《はなわ》柴内《しばない》、岩手県八幡平市《はちまんたいし》松尾《まつお》野駄《のだ》などがあげられます。八郎太郎の呼称《こしょう》も〝八の太郎（八之太郎）〟や〝八郎〟のほか、変化《へんげ》した姿が〝巨人《きょじん》〟や〝龍《りゅう》〟だけではなく、〝大蛇《だいじゃ》〟や〝八頭《はちず》の龍《りゅう》〟のように表記・表現の違いもみられて、伝承する各地で部分的な違いは多岐《たき》にわたります。

さらにこの説話は、十和田湖と八郎潟が成因《せいいん》（※4）する物語ですが、八郎太郎が八郎潟の主になった後は、田沢湖が成因する〝辰子姫《たつこひめ》〟の説話に繋《つな》がっていきます。

それは人間の身には許《ゆる》されない辰子姫が抱《いだ》いた願望《がんぼう》に対して、八郎太郎にそのような欲《よく》や願《ねが》いは無く、何故《なぜ》、〝巨人〟や〝大蛇〟、そして恐《おそ》ろしい姿の〝龍〟にならなければいけなかったのか、不思議に思われる箇所が、この伝説の興味を惹《ひ》く要因《よういん》になっているといえるでしょう。

八郎太郎は、当初の住処《すみか》であった十和田湖を追い出され、当てもなく彷徨《さまよ》い歩くと、さらに神様達に追われるなどして、なかなか住む場所を決めることができない経緯《いきさつ》を辿《たど》りますが、これは、普通の〝伝説〟や〝昔話〟というだけのものではありませんでした。

世界的にも珍しい、二重カルデラ湖（※５）の地形となっている十和田湖周辺で、現在の火山活動は殆《ほとん》ど見られていませんが、延喜《えんぎ》15（９１５）年に起きたという十和田火山の〝噴火《ふんか》〟は、日本史上最大のもので、地質学的な証拠《しょうこ》から次のように推察《すいさつ》されています。

十和田湖の東側半島・御倉山《おぐらやま》の火口から、初めに降下軽石《こうかかるいし》が噴《ふ》き出すと、続いて噴出したマグマは火砕流《かさいりゅう》となって秋田県側に流下しました。その火砕流が河川を埋めて、火山泥流《かざんでいりゅう》が発生すると能代《のしろ》付近にまで到達《とうたつ》します。最後に溶岩《ようがん》が火口から噴きあげて御倉山の溶岩ドームが形成されました。火砕流や泥流の堆積物《たいせきぶつ》が分布する秋田県米代川《よねしろがわ》（※６）流域では、遺跡の発掘や工事の際に、平安《へいあん》時代の埋没家屋《まいぼつかおく》が発見されることがあるといわれています。

★印は おもな生誕伝承地
県境
市町村境
新幹線
ＪＲ・私鉄
高速道路
国道・一般道
青森県
八甲田山
三沢市
六戸町
おいらせ町
十和田市
奥入瀬川
十和田湖
奥入瀬
十和田山
十和田神社（占場）
五戸町
七崎永福寺
★八戸市
八戸市
斗賀
南部町
新郷村
馬淵川
階上町
洋野町
新井田川
三戸町
田子町
軽米町
集宮
来満峠
★十和田草木保田
雁府
毛馬内
★柴内
二戸市
一戸町
九戸村
天台寺
久慈市
大川目荒津
川井山形
小豆沢（大日堂）
野田村
葛巻町
安家
前森山
鬼清水
★野駄田中
岩手町
西根
岩手県
八幡平市
岩手山
姫神山
岩泉町
小本川
北上川
滝沢市
名乗坂
上米内（姥懐橋）
高洞山
永福寺
生森山
盛岡
雫石町
盛岡市
矢巾町

八郎太郎三湖伝説の舞台

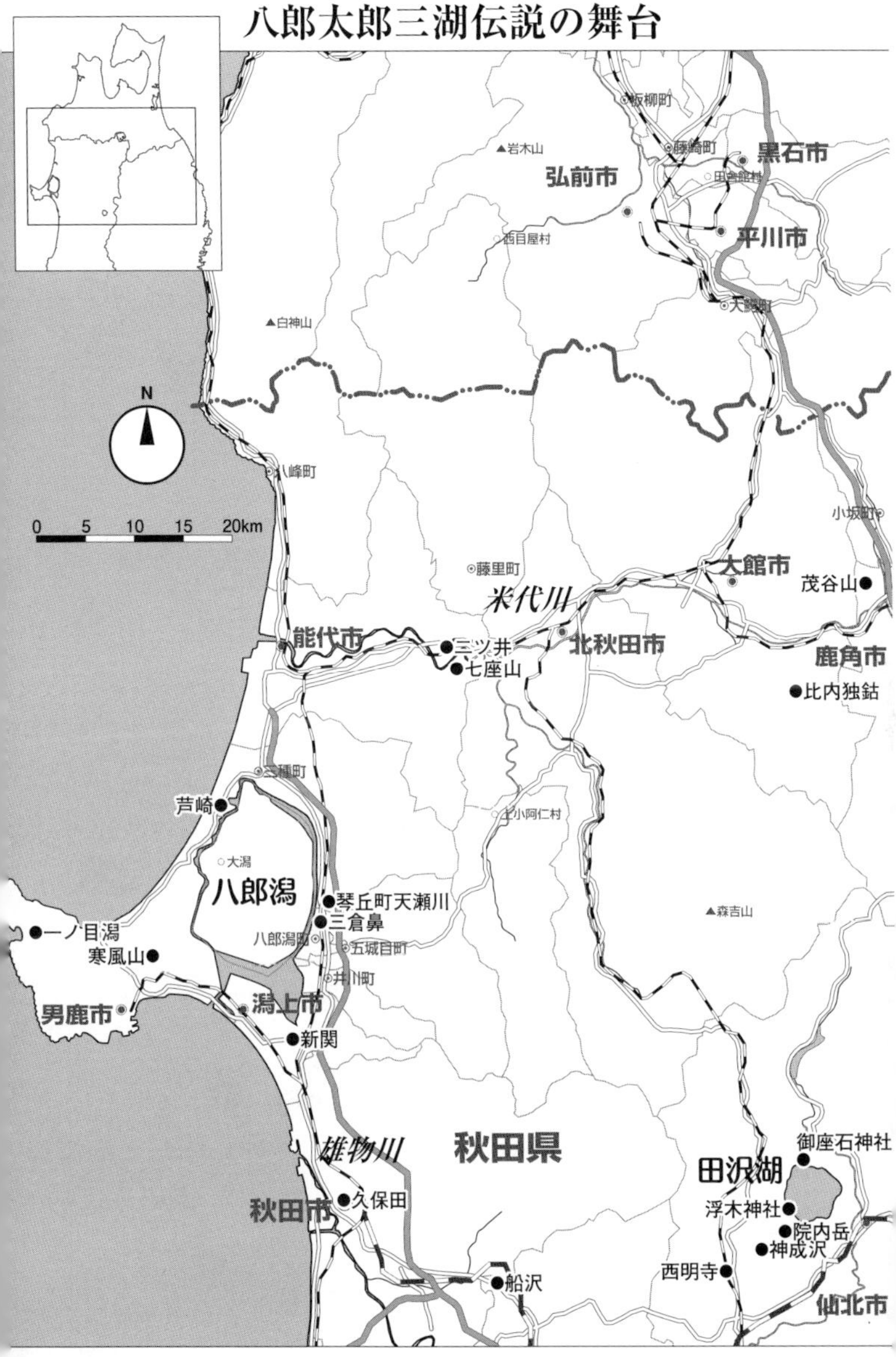

十和田湖 ● とわだこ　面積 61.02㎢　深度 326.8m

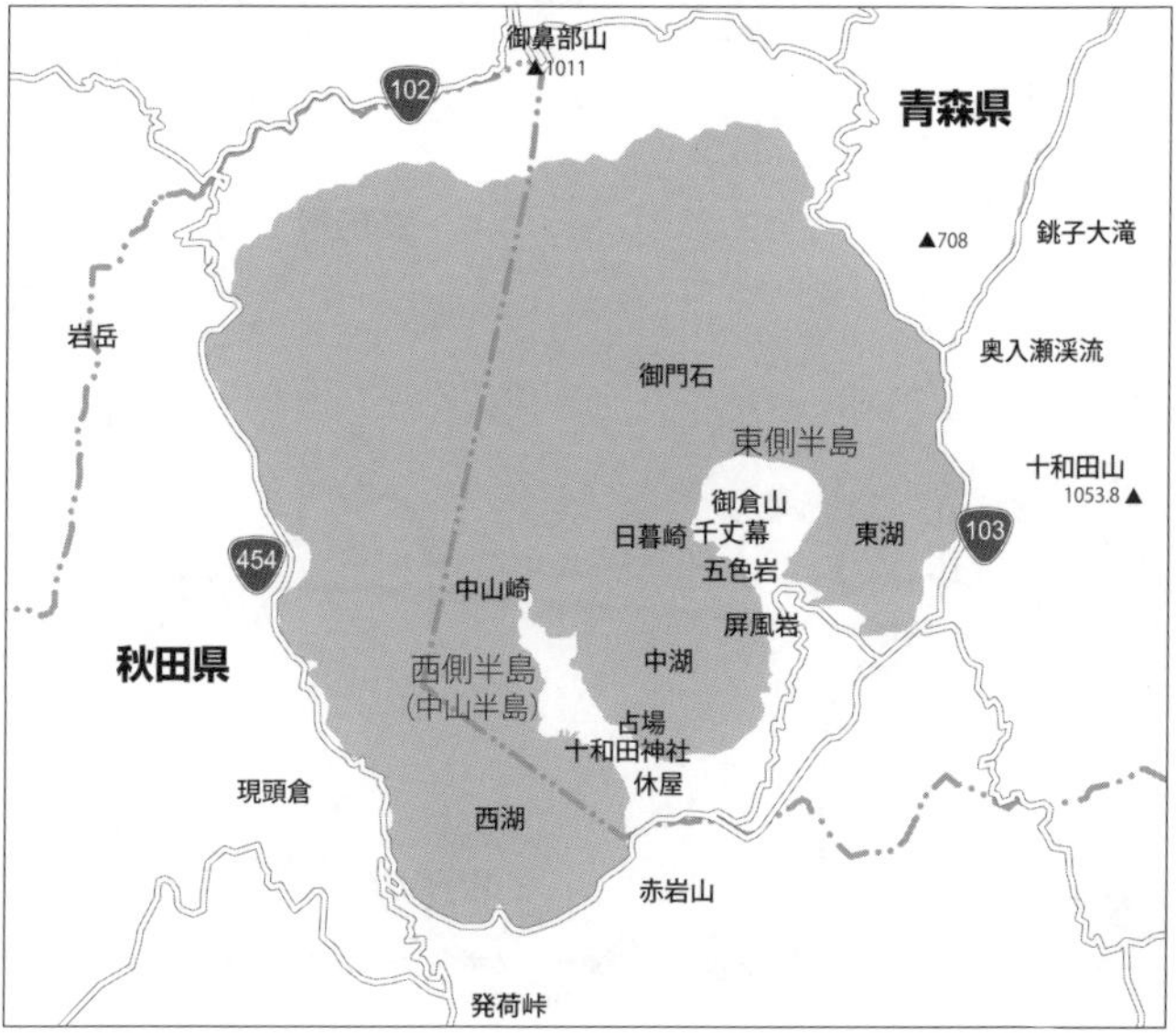

田沢湖 ● たざわこ　面積 25.78㎢　深度 423.4m

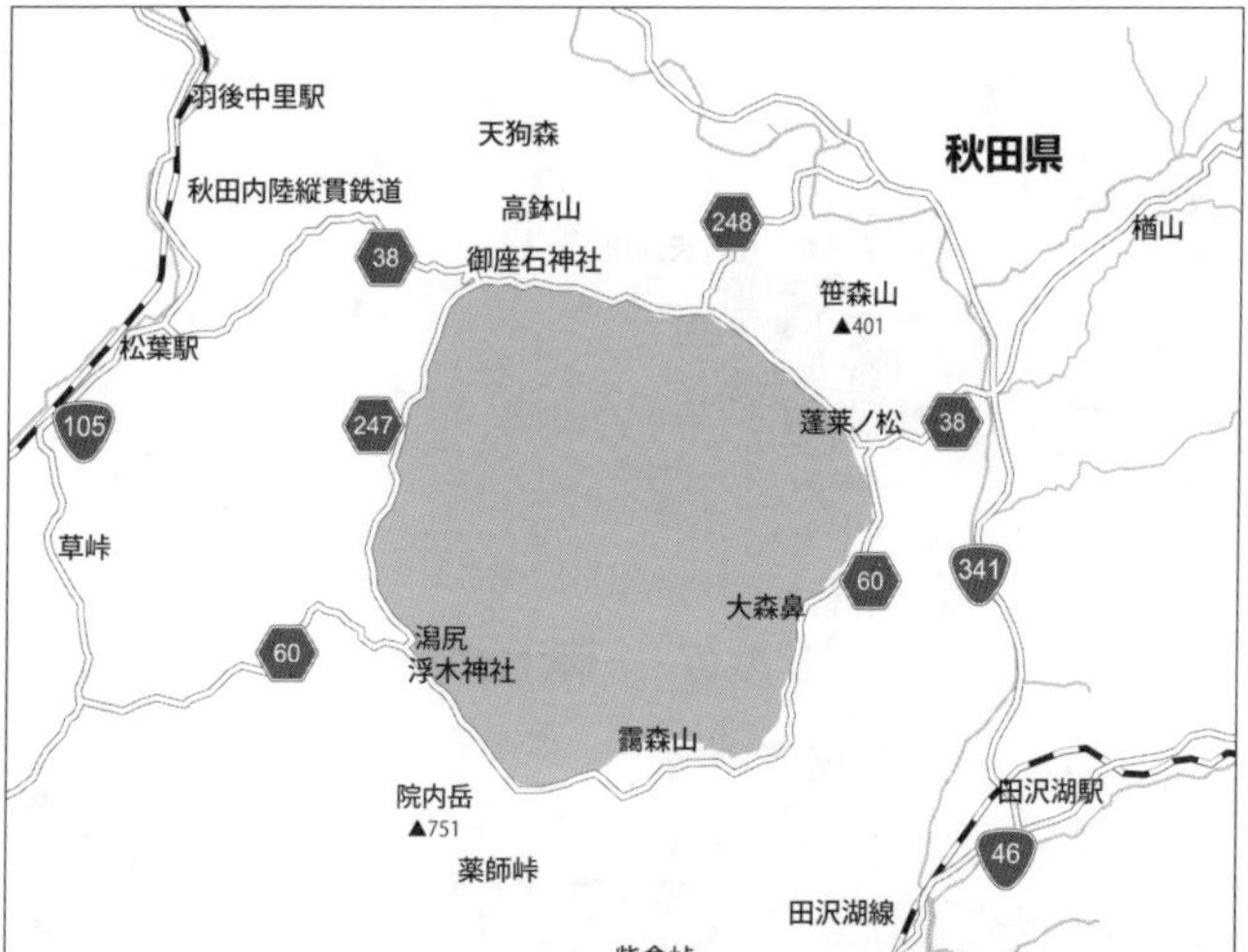

八郎潟 ● はちろうがた　（東西調整池）27.73㎢　深度 11.3m

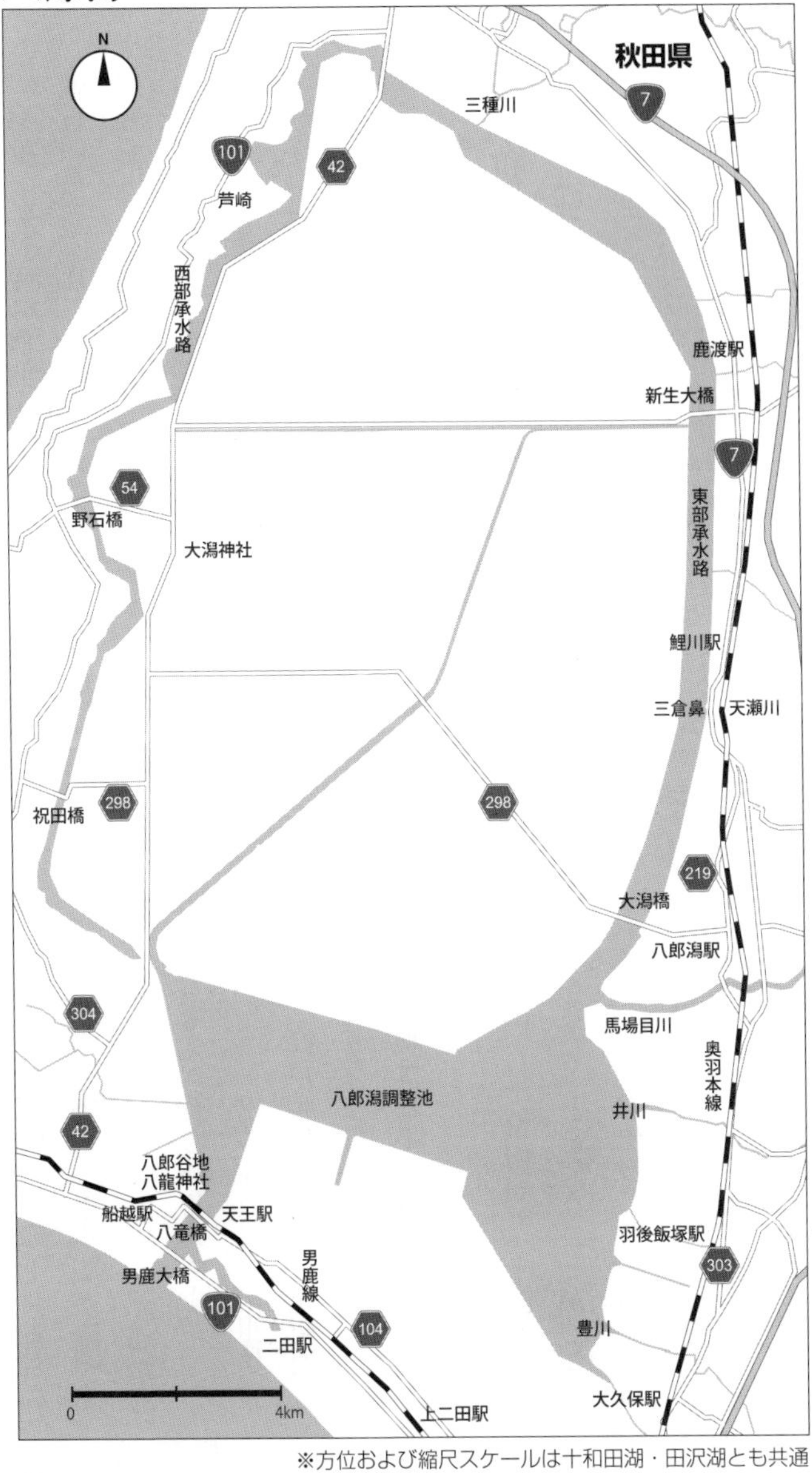

※方位および縮尺スケールは十和田湖・田沢湖とも共通

京都《きょうと》・延暦寺《えんりゃくじ》の僧侶《そうりょ》が編纂《へんさん》した『扶桑略記《ふそうりゃくき》(※7)』の延喜《えんぎ》15(915)年の項には、「七月五日の朝日が月のようだったので人々は不思議に思った。十三日になって出羽国《でわのくに》(※8)から灰《はい》が降って二寸《すん》(約6センチメートル)積もった。桑《くわ》の葉(※9)が各地で枯《か》れたそうだとの報告があった」という記述があり、この火山活動の様子を伝承したものが、〝八郎太郎伝説〟とも考えられているのです。

また、十和田湖が孝霊天皇《こうれいてんのう》76(紀元前215)年に噴火すると、大同《だいどう》2(807)年8月に南祖坊《なんそぼう》(※10)が八郎太郎を追い出して拓《ひら》かれた(十和田神社を創祀《そうし》した)説のほか、江戸時代の長崎七左衛門《ながさきしちえもん》(※11)による『文化《ぶんか》十四(1817)年丑六月洪水記録』には「大同《だいどう》二(807)年六月二十一日、〝潟の八郎〟という異人が七座山《ななくらやま》(※12)の所で米代川《よねしろがわ》を堰《せ》き止め、鷹巣《たかのす》盆地は三年にわたって水底となった」などと記されています。

〝十和田湖〟の名称についても、古来から〝十曲ノ沼〟〝十渡ノ沼〟〝十輪田湖〟〝十湾湖〟等がありますが、これらは自然的成因と伝承が結合されて成立してきたことを伺《うかが》うことができ、アイヌ語(※13)では、〝トーワタラ〟や〝ハツタラ〟と呼ばれて、〝トーワタラ〟の〝トー〟は〝湖〟の意味、〝ワタラ〟は〝岩〟の意味、〝ハツタラ〟は〝淵《ふち》〟の意味であること等からも、八郎太郎伝説に相応しているとみられます。

そして、驚かされることは、八郎太郎の祖先が、『古事記《こじき》(※14)』に登場する〝出雲神話《いずもしんわ》〟の

〃八俣遠呂智《やまたのおろち》（※15）〃に関係しているというのです。だからこそ〃龍〃もしくは〃八頭《はちず》の大蛇《だいじゃ》〃に変化《へんげ》してしまう要因（理由）とも想像されます。

このように、日本神話の域にも近づく浪漫とともに、北東北三県をはじめとして各地に残された説話を読み比べていただけるように編纂しました。最初にその出雲神話を紹介しますが、その内容は、何処《どこ》かしら八郎太郎の伝承に似ていることを読み取ることができます。

1　須佐之男命の八俣遠呂智退治

すさのおのみことのやまたのおろちたいじ

［島根県 出雲市］

日本の神様界で、初《はじ》めて夫婦《ふうふ》になった伊邪那岐《いざなき》・伊邪那美《いざなみ》の子に、日の女神の天照大神《あまてらすおおみかみ》、月の神の月読命《つきよみのみこと》と須佐之男命《すさのおのみこと》（※16）という神様がいました。須佐之男命《すさのおのみこと》は、大海を治めることになっていましたが、根之堅州國《ねのかたすくに》（※17）にいる母に逢いたいと、鬚《ひげ》が胸《むね》に垂《た》れ下がる程《ほど》の大人《おとな》になっても、泣くばかりで何もしようとしません。青々と繁《しげ》った山は枯《か》れ果ててしまい、海も川も水が干上《ひあ》がってしまいます。そこで伊邪那岐《いざなき》は怒《おこ》って、須佐之男命《すさのおのみこと》を地上から追い出してしまいました。須佐之男命《すさのおのみこと》は、天照大神《あまてらすおおみかみ》に別れを告げるために高天原《たかまはら》（※18）に上っていきます。

ところが須佐之男命《すさのおのみこと》は、高天原《たかまはら》で暴《あば》れ回り、田の畦《あぜ》を壊《こわ》したり、神聖《しんせい》な御殿に〝糞《くそ》〟を撒《ま》き散《ち》らすなどして、多くの罪《つみ》を重ねたのです。天照大神《あまてらすおおみかみ》は困《こま》って〝天《あま》の岩屋《いわや》（※19）〟に隠《かく》れてしまいました。そのため、世界に闇《やみ》が訪れ（※20）、いろいろな災《わざわ》いが起こったために、神々は須佐之男命《すさのおのみこと》を捕《つか》まえて、お詫《わ》びとして沢山《たくさん》の品を差し出させ、鬚《ひげ》や手足の爪《つめ》を切り、天上から追い払います。その時、雨が降ってきたので、須佐之男命《すさのおのみこと》は青草を束《たば》ねると簑《みの》や笠《かさ》の代わりにして雨を除《よ》けながら、神々に宿を借《か》りようとしましたが、「お前は、自分が悪いことをして追い出されたのではないか。宿を借してくれと言われても借してやるものか」と誰《だれ》も相手にしてくれません。須佐之男命《すさのおのみこと》はひどい嵐《あらし》の中を地上に降りていきました。そして出雲《いずも》の国の肥《ひ》の河《かわ》（※21）の畔《ほとり》、鳥髪《とりかみ》（※22）というところに降り立ちます。すると、川に〝箸《はし》〟が流れてきたので、この上流に人が住んでいるに違いないと思って、その方向に進んで行きました。

しばらく行くと、お爺《じい》さんとお婆《ばあ》さんが、娘を囲《かこ》んで泣いています。

須佐之男《すさのお》が、「お前たちは、誰《だれ》だね」と尋《たず》ねますと、お爺さんが「私はこの国の神の子で足名椎《あしなづち》、妻《つま》は手名椎《てなづち》、娘《むすめ》は櫛名田比売《くしなだひめ》と申します」と答えました。

「何故《なぜ》そんなに泣いているのだ」

「私達には8人の娘がおりましたが、高志《こし》（※23）から八俣遠呂智《やまたのおろち》がやって来ては、毎年1人ずつ、7人まで食べてしまいました。またやってくる時期なので、泣いているのです」

「その八俣遠呂智《やまたのおろち》は、どんな姿をしているのだ？」

「遠呂智《おろち》は赤く大きな眼をして、一つの胴体《どうたい》に、八つの頭（※24）、八つの尾があります。その体には苔《こけ》ばかりか、杉《すぎ》や檜《ひのき》まで生《は》えており、長さは八つの谷を渡り、八つの山を越える程《ほど》です。その腹《はら》はいつも血が滲《にじ》んで、爛《ただ》れて（※25）います」

それを聞いた須佐之男《すさのお》は言いました。

「娘と結婚《けっこん》させてくれ。私が大蛇《おろち》を退治《たいじ》してやろう」

「失礼ですが、まだ、あなたのお名前さえ知りません」

「私は、天照《あまてらす》の弟で、須佐之男《すさのお》という者だ」

「恐《おそ》れ多いことです。ぜひ、娘と結婚してください」

須佐之男《すさのお》は、早速《さっそく》その娘、櫛名田比売《くしなだひめ》を〝櫛《くし》〟に変えると、自分の髪《かみ》にさして、お爺さんとお婆さんに言いました。

「足名椎《あしなづち》、手名椎《てなづち》は、強い酒（※26）を沢山造《たくさんつく》ってください。垣根《かきね》を張り巡らして、そこに八つの門を作り、それぞれの門ごとに台をこしらえて、その上に強い酒をたっぷりと入れた桶《おけ》を置いておくのです」

お爺さんとお婆さんは、言われた通りに準備《じゅんび》して、遠呂智《おろち》が現れるのを今か、今かと待っていました。

すると、ゴウゴウという山鳴《やまな》りとともに、八俣遠呂智《やまたのおろち》が現れたのです。すぐに八つの頭を桶《おけ》に突っ込んで、台の上のお酒を飲みはじめました。そのうちに、遠呂智《おろち》は酔《よ》いつぶれて、寝入ってしまいます。その姿をよく見ると大きな〝蛇〟ではありませんか。ここぞとばかり須佐之男《すさのお》は、腰《こし》につけていた剣《つるぎ》(十拳剣《とつかのつるぎ》・天羽々斬《あめのはばきり》:羽々は大蛇の意)を抜いて、その大蛇《おろち》をズタズタに斬《き》り裂《さ》きました。肥《ひ》の河《かわ》は、遠呂智《おろち》から流れ落ちた血で、真っ赤に染《そ》まってしまいます。

遠呂智《おろち》の中ほどの尾を斬《き》った時、須佐之男《すさのお》の剣《つるぎ》の刃が欠けたので、これはおかしいと、その尾を裂《さ》いてみたところ、立派な剣(※27)が出てきました。これは不思議なものだと、天照《あまてらす》に差し上げることにして、のちに〝草薙剣《くさなぎのつるぎ》〟と呼ばれるようになったのがこの剣です(天照は「吾天《われあま》の岩戸《いわと》に閉籠《とじこも》りし時、近江国胆服嶽《おうみのくにいぶきがたけ》:滋賀県米原市伊吹山に落とした剣なり」と仰せられました・※28)。

こうして、須佐之男《すさのお》は櫛名田比売《くしなだひめ》と結婚しました。2人で暮らす場所を探し求めて、出雲《いずも》の各地を巡ります。ある場所で、「私はここに来て、清々《すがすが》しくなり、気持ちが良くなった」と須佐之男《すさのお》が言ったので、そこに住むことにしました。ここを須我《すが》(※29)と呼びます。

宮殿《きゅうでん》が出来ると、不思議なことに、その地から雲が立ち上り、これを見た須佐之男《すさのお》は、

八雲《やくも》立《た》つ　出雲八重垣《いずもやえがき》　妻籠《つまご》みに　八重垣作る　その八重垣を（※30）という歌を詠《よ》みました。
この国のことを〝八雲立つ出雲《いずも》〟と呼ぶのはこの時からです。こうして須佐之男命《すさのおのみこと》の子孫が代々、出雲国《いずものくに》（※31）を治《おさ》めることになりました。

2 八の太郎大蛇伝説

［青森県 八戸市］

● はちのたろうだいじゃでんせつ

〝八《はち》の太郎大蛇伝説《たろうだいじゃでんせつ》〟とは、十和田湖《とわだこ》に住んでいた〝大蛇〟が、その後、秋田県八郎潟《あきたけんはちろうがた》の主《ぬし》（※32）になったという説話です。

八戸市十日市《はちのへしとおかいち》に住んでいた三郎左衛門の娘〝お藤〟と、〝八太郎沼《はったろうぬま》（※33）〟に住んでいた〝大蛇〟の間に子供が産まれて、〝八《はち》の太郎《たろう》〟と名付けられました。やがて青年になった八の太郎は、生業《なりわい》（※34）としてシナの木の皮を剥《は》ぐ（※35）ために、仲間と一緒に山に入りましたが、途中の谷川で捕《つか》まえた〝岩魚《イワナ》（※36）〟を1人で3匹食べると、なぜか異常に喉《のど》が渇いたため、川の水を堰《せ》き止めて飲み続けます。するとその姿は〝大蛇〟に変化《へんげ》してしまい、谷川《かわ》に水を溜《た》めて〝十和田湖〟を造《つく》ると、そこの主《ぬし》になりました。この他に八の太郎は、八戸市島守《しまもり》地区出身とも伝えられています。

十和田湖の主となる前に、八の太郎は八戸市是川《これかわ》地区を流れる新井田川《にいだがわ》を一夜のうちに堰《せ》き止めようとしました。あと1回だけ籠《かご》で土を運ぶと〝土手《どて》〟が完成するという時に、虚空蔵様《こくぞうさま》（※37）が〝鶏《にわとり》〟に化身《けしん》して、一番鶏《いちばんどり》（※38）の鳴き声を発すると夜明けを告げてしまいます。

結局、八の太郎はこの場所を諦《あきら》めて、十日市に行くと〝犬〟に吠《ほ》えられました。そこで鳥屋部《とやべ》岳に逃げると、〝岩〟を千切《ちぎ》り取って犬に投げつけたため、その岩が十日市に残っていると伝えられています。

この説話は〝十和田湖伝説〟や〝南祖坊《なんそぼう》〟とも呼ばれています。

3 ［秋田県 鹿角市］八郎太郎三湖伝説 ● はちろうたろうさんこでんせつ

【1】龍《りゅう》になる

昔、草木《くさき》村の保田《ぼた》（鹿角市《かづのし》）に〝八郎太郎《はちろうたろう》〟という若者がいました。17歳になる頃には身の丈《たけ》6尺《しゃく》（身長約180センチメートル）余《あま》りで、〝鬼にも負けない〟といわれる程《ほど》の力持ちです。そんな八郎太郎は毎日、樺《かば》や級《マダ》の皮を剥《は》いだり（※39）、鳥や獣《けもの》を捕《と》っては売り捌《さば》きながら、家業を支える親孝行者《おやこうこうもの》なので、村の人達からは良い若者だと褒《ほ》められていました。

ある時、八郎太郎は仲間と3人で山を越《こ》えると、奥入瀬《おいらせ》（青森県《あおもりけん》十和田市《とわだし》）の辺《あた》りまで〝級の木の皮剥ぎ〟に出掛《でか》けます。八郎太郎が食事の支度《したく》をするため、川に水を汲《く》みに行くと〝岩魚《イワナ》（※40）〟が3匹泳《およ》いでいました。これを捕《と》って3人で1匹ずつ食べようと思い、捕《つか》まえて火に炙《あぶ》り始めると、良い香りに誘《さそ》われて食欲を我慢《がまん》することができなくなった八郎太郎は、仲間が戻《もど》るのを待《ま》たずに、その〝岩魚〟を3匹とも1人で食べてしまいます。2人の仲間に対して良心の咎《とが》めを感じている間に、喉《のど》が焼けるように渇《かわ》いてきて、川に口を付けながら何時《いつ》までもゴクゴクと水を飲み続けました。

ふと、水面に映《うつ》る自分の姿を見ると、八郎太郎は〝龍《りゅう》〟になっていたのです。30余丈《よじょう》（体長約90メートル）もの大きさになって、十方の沢から流れてくる川を堰《せ》き止めると〝十和田湖〟を造《つく》り、その主《ぬし》（※41）になりました。

【2】 南祖坊《なんそぼう》との争《あらそ》い

昔、〝南祖坊《なんそぼう》（※42）〟というお坊《ぼう》さん（修行僧《しゅぎょうそう》・※43）がいました。亡《な》くなった母親の遺言《ゆいごん》により、

〝弥勒菩薩《みろくぼさつ》の出世《しゅっせ》(※44)〟を願《ねが》って、紀州《きしゅう》(和歌山県《わかやまけん》)の熊野山《くまのさん》(※45)に籠《こ》もると願《がん》を掛けます(※46)。

迎《むか》えた満願《まんがん》(※47)の日の夜、うとうととして眠《ねむ》ってしまった夢枕《ゆめまくら》(※48)に、白髪《はくはつ》の爺様《じいさま》(神様)が立って、「お前の願いは聞き届《とど》けるぞ。しかし、その為《ため》にお前は〝龍〟にならねばならぬ。〝鉄《かね》の草鞋《わらじ》(※49)〟と〝杖《つえ》〟を授《さず》けるので、この草鞋と同じ物が見つかったら、そこがお前の願いを叶《かな》える場所だ」と告《つ》げました。

お告げに従《したが》って〝草鞋〟を探しながら日本全国の旅を続けて、最後に南祖坊は〝十和田湖〟に辿《たど》り着きます(一説に76歳の時)。ふと覗《のぞ》いてみた洞窟《どうくつ》の中には、〝鉄の草鞋〟がありました。

此処《ここ》が自分の住処《すみか》になると信じて、早速、湖畔《こはん》でお経を読んでいると、湖の底から「さっさと(早く)立ち去《さ》れ!」と大きな声が聴《き》こえてきます。これに対して「神様のお告げで、私が此処に住むのだ!」と応《こた》えると、「いや、此処は俺《おれ》の住処だ!」と返して、〝八頭《はちず》の龍〟の姿の〝八郎太郎〟が南祖坊をひと飲みする勢《いきお》いで迫ってきます。手にしていたお経の本を衣《ころも》の襟《えり》に差し込んだ南祖坊は、9つの頭を持った〝龍(九頭龍《くずりゅう》)〟に姿を変えました。

十和田湖の主《ぬし》を争《あらそ》う2匹の〝龍〟の闘《たたか》いは、7日7晩続きましたが、南祖坊の法力《ほうりき》(※50)に負けた八郎太郎は、血を流しながら何処《どこ》へともなく逃げ去ったのです。

類話　3の1

南部八戸《なんぶはちのへ》（青森県八戸市）糠塚《ぬかづか》（※51）生まれの八郎は杣人《そまびと》（木樵《きこり》）となり、友と深山に入りました。沢で3匹の〝山鰊《かわ》（ヤマメ?）〟を捕り、1人で食べ尽《つ》くしてしまいます。すると忽《たちま》ち咽《のど》が渇き、川の水を呑《の》むにつれて五体が変じると〝大蛇〟になりました。それから住むべき所を探して、南部の〝南蔵坊（※52）〟という湖水があることを思い出し、直《ただ》ちに岩見潟へ飛込みました。南蔵坊がこれを怒《おこ》って、互《たが》いに争《あらそ》いましたが、八郎が負けてしまいました。

龍の頭が〝八頭〟か〝九頭〟かについては、八郎は〝八頭の龍〟の説が殆《ほとん》どであるのに対し、南祖坊においては、〝九頭龍《くずりゅう》〟の説が多く見られます。これは、熊野信仰に関連する龍神を起因としているようで、全国各地に〝九頭龍〟の伝承や信仰が見られます（戸隠山：長野県長野市、九頭龍川：福井県、鹿野山：千葉県君津市、箱根：神奈川県、平城京：京都、三井寺：滋賀県大津市、猪名川から五月山：大阪府から兵庫、阿蘇山：熊本県、葛城二十八宿：大阪府・和歌山県・奈良県、別所温泉：長野県上田市など）。

【3】　鹿角《かづの》の神々との争《あらそ》い

十和田湖で南祖坊《なんそぼう》との争いに負けた八郎太郎は、生まれ故郷《こきょう》の鹿角《かづの》に帰ってきました。高い山に登って辺《あた》りを見渡すと、米代川《よねしろがわ》、小坂川《こさかがわ》、大湯川《おおゆがわ》の3つの川が合流する錦木《にしきぎ》の男神と女神の間の狭《せま》い谷間《たにあい》が気になります。

「あの谷間を埋めて水を溜《た》めると、俺《おれ》の暮らせる湖ができるかも知れない」と考えた八郎太郎は、毛馬内《けまない》にある茂谷山《もややま》を男神と女神の間に嵌《は》めるために、鹿角中《かづのじゅう》から葡萄蔓《ぶどうつる》や藤蔓《ふじづる》を集めると、山を背負う〝綱《なわ》〟を綯《な》い始めました。

この様子を見て驚《おどろ》いた鹿角の42柱《はしら》の神様は、八郎太郎を追い出す相談《そうだん》を始めます。これに対して「神様達に勝てる訳《わけ》がない」と思った八郎太郎は、その場を即座《そくざ》に立ち去ると、米代川を下《くだ》って二ツ井《ふたつい》(能代市《のしろし》)で湖を造《つく》ることにしました。

【4】 柴内《しばない》の八郎太郎

〝八郎太郎《はちろうたろう》〟こと〝八の太郎《はちのたろう》〟は、柴内《しばない》の東町《ひがしまち》(鹿角市花輪《かづのしはなわ》)で生まれました。此処《ここ》は〝八郎屋敷〟と呼ばれていて、その敷地《しきち》の〝湧《わ》き井戸《いど》〟の水が産湯《うぶゆ》であったと伝えられています。

八郎太郎の生業《なりわい》は、級《まだ》の木の皮剥《かわは》ぎの仕事です。この木の皮は水に浸《つ》けてから干《ほ》す(乾《かわ》かす)と軽《かる》くなるので、少しでも多くの量を背負うために、川の近くに小屋を建てて作業をしました。

ある日、仲間と3人で仕事をしていた八郎太郎は、〝ままし たぐ(飯支度・食事の支度)〟の番(炊事当番《すいじとうばん》)になり、〝岩魚《イワナ》〟を3匹食べると、激《はげ》しい喉《のど》の渇《かわ》きに襲《おそ》われたため、水を飲み続けて、

〝龍〟になってしまいました。そして〝十和田湖〟を造って、その主《ぬし》になります。

柴内地区でも、特に〝木村巻《きむらまき》(木村一族)〟の人達は十和田湖《とわだこ》には行きません。それは、十和田湖の主であった柴内生まれの八郎太郎が、〝南祖坊《なんそぼう》〟に追い出されてしまったからです。

類話　3の2

八郎太郎は、生まれた時から大きくて力持ちでした。成長すると稼《かせ》ぎ手で評判《ひょうばん》の親孝行者《おやこうこうもの》になります。

毎年6月の15日過ぎには、十和田山《とわだやま》に修験《しゅげん》の御山駆《おやまか》けをする慣《なら》わしでしたので、南光院《なんこういん》に行者達《ぎょうじゃたち》が集まると、八郎太郎はその山路《やまみち》の先達《せんだつ》(※53)として出掛けました。途中、上台《うわだい》の白山様《はこさん》(※54)に立ち寄って参詣祈願《さんけいきがん》を済《す》ませ、方々《ほうぼう》から来た山人《やまひと》達も一緒に連れて行くのです。

その頃の御山駆けの道は、草木《くさき》、大湯《おおゆ》から来満《らいまん》(※55)を越えて、奥入瀬《おいらせ》のお国の大岳を廻《まわ》って十和田山に行くものでした。行者達を修験場《しゅげんば》まで案内した八郎太郎は、帰るまでの間の4日でも5日でも、3人の仲間と組んで、級《マダ》の木の皮剥《かわはぎ》の仕事をするのが決まりです。級の木の皮は水に浸《つ》けてから干《ほ》せば(乾《かわ》かせば)、軽《かる》くなって幾《いく》らでも背負えるようになるので、川の近くに小屋を建てて作業をしました。

ある日、〝炊《かし》きの番（炊事当番）〟に当たった八郎太郎が〝岩魚《イワナ》〟を3匹食べた途端《とたん》に、激《はげ》しい喉《のど》の渇《かわ》きに襲《おそ》われたため、沢水を飲み続けると、遂《つい》には恐《おそ》ろしい姿の〝大蛇《だいじゃ》〟になって、十和田湖の主《ぬし》になりました。

八郎太郎の両親は、仲間の若者達からこの話を聞いて悲《かな》しむ日々を送ります。それでも、たとえ我が子が魔性《ましょう》（魔物）になっても、親子は親子です。子供の苦しみを助けてやるのが親の務《つと》めであると決心して、冥土《めいど》の王10体（※56）を刻《きざ》んで、家の後ろに〝十王堂《じゅうおうどう》〟を建てて祀《まつ》り、合掌すると夫婦で白装束《しろしょうぞく》（※57）を身に纏《まと》い、十和田湖に入水《じゅすい》（※58）して、底深くにいるという我が子の八郎太郎を訪ねて行きました。

【5】　小平《こびら》の八郎太郎

十和田湖で南祖坊《なんそぼう》に負けた八郎太郎は、行く当てもなく彷徨《さまよ》いましたが、生まれ故郷《こきょう》の鹿角《かづの》に帰って来ると、男神さんと女神さんの間を堰止《せきと》めて棲《す》むことにします。ところが、中《なか》の岱《たい》から小森山を担《かつ》いで運《はこ》び、その間に置いてみましたが、溜《た》まった水の水深が浅くて棲家《すみか》にはなりませんでした。

困《こま》った八郎太郎は、上台《うわだい》の白山様《はこさん》(※59)に相談してみます。すると「隣《となり》にある大森山を持って行け」と言われました。八郎太郎は喜《よろこ》んで、その辺《あた》りに伸びている葡萄蔓《ぶどうづる》を沢山《たくさん》集めると〝縄《なわ》〟を綯《な》い始《はじ》めます。出来上がると大森山に掛けて「どっこいしょ」と背負って立つ気になりましたが、動きません。何回やってみても駄目《だめ》でした。

おかしいなと思っているところに、小平《こびら》の薬師《やくし》さん(※60)がやって来ます。「八郎太郎。お前さん、〝爺《じじ》の井戸〟と〝姥《うば》の井戸〟に腰《こし》を掛《か》けて困《こま》らせたな。2人が俺のことを呼ぶので来て見ると、案《あん》の定《じょう》この有様《ありさま》だ」と咎《とが》められ(叱《しか》られ)ました。どうやら八郎太郎が縄を綯う時、その井戸の上に座ってしまったようです。

これで嫌《いや》な思いをした八郎太郎は、薬師さんが言うことに聞こえないふりをして、もう一度〝縄〟を引いて頑張《がんば》りましたが、矢張《やは》り大森山は微動《びどう》だにしません。

その様子を見ていた薬師さんが吹《ふ》き出したので、「何が可笑《おか》しい」と八郎太郎が怒《おこ》ると、薬師さんは堪《こら》えきれずに声をあげて笑いました。不思議に思った八郎太郎は、「何故《なぜ》そんなに可笑しいのだ」と尋《たず》ねると、薬師さんは、「八郎太郎、山を背負うのを止《や》めて、俺に其処《そこ》を譲《ゆず》ってくれないか」と言います。

「それはどういう訳《わけ》だ」と聞くと、「それはな、お前さんが背負わんとしているのは、爺《じじ》の井戸と姥《うば》の井戸の守り神である黒瀧《くろたき》さん(大森山黒瀧神社の祭神〝天乃手力男命《あめのたぢからおのみこと》〟)なのだよ」と教えてくれました。それに驚《おどろ》いた八郎太郎は、慌《あわ》てて山から縄を解《ほど》くと、後《うしろ》も見ないで茂谷山《もややま》の方に走って逃げて行きました。

この付近の山に〝葡萄蔓《ぶどうつる》〟が少ないのは、八郎太郎が〝縄〟を作ったためで、高間館の丘は八郎太郎が置いていった〝縄の跡〟だといわれています。

爺の井戸の近くにある薬師さんは、もと小平《こびら》の下館一番地にあったものでした。

八郎太郎が男神さんと女神さんの間を最初に堰《せ》き止めた時には、〝雁府《がんぷ》(鹿角市《かづのし》花輪《はなわ》)〟まで水が上がってきて「ガンプガンプ」と波が立ったので〝ガンプ〟という地名になりました。

〝天乃手力男命《あめのたぢからおのみこと》〟とは、天照大神《あまてらすおおみかみ》様が天《あま》の岩屋《いわや》(※61)に隠《かく》れた時、岩戸を押し開けた力の強い神様のことです。

【6】七座《ななくら》を追われた八郎太郎

南祖坊《なんそぼう》との争いに負けて、十和田湖を追い出されてしまった八郎太郎は、新しい住処《すみか》を求めて米代川《よねしろがわ》を下《くだ》っていきました。

しばらく行くと、北は籠山《かごやま》、南からは七座山《ななくらさん》が迫《せま》っている北秋田郡《きたあきたぐん》と山本郡《やまもとぐん》の境辺《あた》りに辿《たど》り着きます。此処《ここ》はとても良い景色なので、大変気に入ると、川の一部を堰《せ》き止めて湖を造り、永住の地にしようと考えました。

湖にされたのでは自分達の住む場所が無くなってしまうと、困《こま》ったのは八座《はちくら》の神様達です。何とかして八郎太郎を他の地へ追い出そうと相談しましたが、なかなか良い案が浮かびません。そこで、神様の中でも一番信望《しんぼう》の篤《あつ》い天神様《てんじんさま》(※62)に、この件一切を任《まか》せることにしました。

天神様は、八郎太郎を呼んで〝力くらべ〟をしようと持ちかけます。早速《さっそく》、すぐ近くにあった大きな石の投げ比べをしたところ(八座の一座を投げたので、七座になりました)、見事に勝った天神様は、負けて弱気になった八郎太郎に、「この川の下流にも広々とした場所があるから、そこを一夜にして湖にしてやるぞ」と勧《すす》めました。八郎太郎はこの話に頷《うなず》くと、天神様は千匹の〝白鼠《しろねずみ》〟たちを集めて、八郎太郎が造った堤《つつみ》の土手《どて》に穴を開けさせたのです。

白鼠たちが集まった話を聞いた下流に棲《す》む〝猫〟たちは、喜《よろこ》んで白鼠たちに襲《おそ》いかかり、3日3晩の猫と鼠の戦いが続きましたが、この様子を見かねた神様達は、猫たちを説得《せっとく》(※63)して大人《おとな》しくさせ、白鼠たちの力で漸《よう》く堤を破《やぶ》ることができました。

土手が崩《くず》れたことにより、流れ出した水は大洪水を起こして、八郎太郎はこの流れに乗せられると、さらに米代川《よねしろがわ》を下《くだ》って行ったのです。

猫たちを神様達が説得したことについて、天神様が猫を一箇所《かしょ》に禁足《きんそく》(※64)させた場所が二ツ井町小繋《こつなぎ》地区で、此処《ここ》を〝ねこつなぎ〟と呼びました(のちに「ね」がとれて小繋《こつなぎ》になります)。この猫たちには代償《だいしょう》として、今後一切〝蚤《のみ》(※65)〟を付けないということが約束されたため、これらの猫の子孫には蚤が付かないと伝えられています。

【7】 八郎潟の主《ぬし》となった八郎太郎

米代川の流れは緩《ゆる》やかになり、琴丘《ことおか》(山本郡琴丘町《やまもとぐんことおかまち》)の天瀬川《あませがわ》の辺《あた》りまで流されてきた八郎太郎が、辺《あた》りを見渡すと、そこは広い田圃《たんぼ》です。日も暮《く》れて暗《くら》くなると、近くには1軒の農家の灯《あか》りが見えるだけになりましたので、人間の姿になっていた八郎太郎は、ずぶ濡《ぬ》れのままで一夜の宿を乞《こ》いに、その屋敷に向かいました。

そこには人のよい老夫婦が住んでいて、早速、八郎太郎を座敷《ざしき》にあげて歓待《かんたい》(※66)してくれます。囲炉裏《いろり》を囲《かこ》みながら、夜遅くまで四方山話《よもやまばなし》(※67)をして床《とこ》に就《つ》いた八郎太郎ですが、天神様に言われたこと(「……一夜にして湖にしてやるぞ」)が気になってどうしても寝《ね》つかれません。

落ち着かずに起き上がると、思い切って老夫婦にそのことを打ち明けました。八郎太郎の話を信じた老夫婦は、早速、下男下女《げなんげじょ》(※68)を集めて荷物を纏《まと》め始めます。舟に乗る支度《したく》が終わるか終わらないかというちに、一番鶏《いちばんどり》(※69)が「コケコッコー」と鳴き出して、突然地面がぐらぐらと揺《ゆ》れはじめました。辺《あた》りの山々もゆさゆさと揺《ゆ》れて、どこからともなく「ゴーッ」という地鳴《じな》り(※70)が響《ひび》いてくると、あちらこちらから水が湧《わ》き出してきて大洪水になります。

舟に荷物を積み込んだ老夫婦が、急いで漕《こ》ぎ出そうとすると、婆《ばあ》さまが大切な〝糸べそ(※71)〟を忘れたと言って、家の中に戻《もど》りました。その間に爺《じい》さまと下男達を乗せた舟は、沖《おき》に流されてしまい、婆さまは舟に乗れないまま、大波にさらわれて溺《おぼ》れかけます。それを見つけた八郎太郎は〝龍〟の姿に変わると、尻尾《しっぽ》で婆さまを掬《すく》ってポーンと空中に舞い上げました。すると芦崎《あしざき》(八郎太郎の〝足の先〟が地名由来ともいわれます。・※72)というところまで飛ばされたのです。

湧き出した水は〝湖〟となって、陽《ひ》が昇《のぼ》るとその広々とした全容《ぜんよう》(※73)を現しました。ここが八郎太郎の住処《すみか》になると、〝八郎潟《はちろうがた》〟と呼ばれるようになります。

八郎潟を挟《はさ》んで婆さまと離ればなれになった爺さまは、付近の3つの岩穴(三倉鼻《みくらはな》)に〝財宝〟を収《おさ》めると、里人の長《おさ》として慕《した》われ、〝夫権現《おとどのごんげん》〟として祀《まつ》られます。その対岸の芦崎の婆さまは村人に大切にされて〝姥御前《うばごぜん》〟として神社に祀られました。そしてこの老夫婦を〝男鹿《おが》の神〟、〝湖水の神〟として尊崇《そんすう》(※74)するようになりました。

この出来事以来、三倉鼻《みくらはな》と芦崎《あしざき》に住む人達は、〝鶏《にわとり》〟を〝不吉《ふきつ》な鳥〟として、肉も卵も食することはありません。しかし、第二次世界大戦の敗戦後（昭和《しょうわ》20・1945年以降）は、その風習《ふうしゅう》（※75）も徐々に廃《すた》れていったということです。

類話　3の3

八郎潟の成因《せいいん》については、和銅《わどう》年間（708～715年）、旧村〝石畑〟の辺《あた》り（南秋田郡井川町《いかわまち》浜井川《はまいかわ》）で七日七夜にわたり、「この地は泥海《どろうみ》と化す」と神の叫《さけ》ぶ声がしました（触《ふ》れ回って歩いたとも）。人々はそれに従《したが》って田中地区に移動すると、天地鳴動して（一夜にして）付近一帯は湖と化したのです。これが〝八郎潟〟であると伝えられています。

【8】　米森《こめもり》・糠森《ぬかもり》

昔々、1人の〝若武者《わかむしゃ》〟が三倉鼻《みくらはな》（※76）の突端《とったん》にある〝岩屋《いわや》〟に辿《たど》り着くと、その場所を仮《かり》の住居にして、昼は書物を読んだり、夕方には三倉鼻の頂上に登って、男鹿《おが》の山影に沈む夕日を眺《なが》めて暮らしていました。

若武者の様子を伺《うかが》っていた土地の人々が、この岩屋を〝夫殿《おとど》の岩屋〟と呼ぶようになり、里の娘達は、若武者（夫殿）の男振《おとこぶ》りに惚《ほ》れ込んで、毎日入れ替わり立ち替わりで岩屋を訪れるようになりました。その中には村一番の美しい姉妹《しまい》も居て、２人共〝恋の虜《とりこ》〟になると、月夜には夫殿と３人で三倉鼻の頂上に登って湖面（八郎潟《はちろうがた》）に映《うつ》る月を眺め、岸壁《がんぺき》を波が激しく洗う夜には、岩屋の中で切《せつ》ない胸《むね》の内を打ち明けるのです。

暫《しばら》くこのような日々を過ごして、夫殿は生涯《しょうがい》を共にする相手を２人のどちらとも決めかねておりましたが、あまりにも熱心な２人の申し入れを断《ことわ》ることができず、「乙女《おとめ》よ、〝米の森（盛《も》り）〟を高く積《つ》んだ方を嫁《よめ》にしよう」と約束《やくそく》しました。

それから幾日《いくにち》もしないうちに、岩屋の近くに忽然《こつぜん》と大小２つの森ができました。大きい方が妹、小さい方は姉が積んだものです。これは、高く積んだ方という約束通りに、妹が夫殿《おとど》と夫婦になりました。

一方、姉は不幸《ふしあわ》せを嘆《なげ》くと、どす黒い波が岸壁《がんぺき》に打ちつける嵐の夜、三倉鼻の頂上から湖に身を投げて亡《な》くなってしまいました。

その後、積まれた森をよく見ると、妹の積んだ高い方は〝糠森《ぬかもり》〟で、姉の積んだ小さい方が本当の〝米森《こめもり》〟です。この事実を知った夫殿の姿は既《すで》にありません。自分の犯《おか》した浅はかな非《ひ》（※77）に目覚めた妹も、頂上から身を投げて亡くなってしまいました。

この姉妹を不憫《ふびん》（※78）に思った里人達は、〝糠森〟には１本の〝男松〟、〝米森〟には２本の

〝夫婦松《めおとまつ》〟を植えて供養《くよう》したということです。

この夫殿は〝八郎太郎〟の化身《けしん》(※79)であったと伝えられています。

【9】田沢湖の辰子《たつこ》

昔々、院内《いんない》の神成沢《かんなりざわ》(仙北市《せんぼくし》田沢湖《たざわこ》岡崎《おかざき》)に三之丞《さんのじょう》という家があって、〝辰子《たつこ》〟という娘と阿母《あぼ》(※80・あぼ)の2人暮らしでした。辰子は、とても綺麗《きれい》で親切な娘でしたので、村の人達から「辰《た》っこ」と呼ばれて好《す》かれています。

ある日、辰子は自分の姿を水鏡《みずかがみ》に映して「私は16、7歳《さい》の面影《おもかげ》のままで老《お》えたくない。今はみんなに綺麗《きれい》だと言われるけれども、40年も経《た》てば阿母みたいに、白髪《しらが》になったり腰《こし》が曲がったりするだろう」と、歳を経《へ》た自分の姿を想像すると居ても立ってもいられず、〝観音様(※81)〟に願を掛けようと決めました。

参道の石段として1夜に1枚(段)ずつ、百段の石段を奉納《ほうのう》(※82)する約束(願い事の引き替え)によって、背中に平らな石を背負うと、百段目に辰っ子は疲《つか》れ果《は》てて、観音堂の前で居眠りをしてしまいます。すると夢枕《ゆめまくら》に〝観音様〟が姿を現し、「辰子、お前の願いは人間として叶《かな》う事ではないぞ」と告げました。その言葉に辰子は、「人間でなくても構《かま》いません。若《わか》ければ」と返事を返《かえ》したので、観音様は「そうか、それ程言《ほどい》うなら叶えてやる。北の方に清《きよ》い泉《いずみ》があるから、その水を飲めば願いが叶うだろう」と伝えて消えました。

春になって薬師峠から北の方に、辰子は友達と一緒に山菜採《さんさいと》りに行きました。山深く分け入ると、観音様のお告げの〝泉〟を見つけます。その水を辰子が口《くち》に沢山《たくさん》含むと、急に手足が伸びはじめ、腕《うで》の素肌《すはだ》が鱗《うろこ》に変わる変化《へんげ》に気付いて、「あーっ」と叫んだ途端《とたん》に雷《かみなり》が轟《とどろ》くと、雨が滝の様に落ちてきました。忽《たちま》ち恐ろしい姿の〝龍〟になった辰子は、そのまま泥水の中に引きずり込まれていきます。

その様子を見ていた友達は、慌《あわ》てて阿母に辰子のことを知らせに行きました。話を聞いて気が狂《くる》ったようになった阿母は、村のオド達（男達）に助けを求めます。

阿母は、囲炉裏《いろり》にあった〝燃《も》え止《さ》し（※83）〟を手に握《にぎ》ると灯《あか》りにして、辰子を探しに向かいました。すると眼の前には、今まで見たこともない大きな湖が現れます。その畔《ほとり》で阿母とオド達が夢中になって辰子を呼ぶと、湖の水面が俄《にわか》に波立ちはじめて〝龍〟が現れました。阿母が「お前は辰子ではない。早く辰子を出しておくれ」と告げると、龍は人間の姿の美しい辰子に変わり、「阿母、オド達、騒《さわ》がせて御免《ごめん》なさい。いつまでも若いままでいたいと観音様に願を掛けて〝龍〟の姿になりました。その代わりに、水屋《みずや》（※84）に魚を送ります」とだけ伝えて、静かに湖の中に潜《もぐ》っていきました。

類話　3の4

辰子は、「一晩に石段330段作れば願いが叶う」と神様からお告げが伝えられますが、あと2、3段というところまで作った時に鶏《にわとり》（一番鶏・※85）が鳴いてしまいます。駄目《だめ》だ（願いが叶わない）と思った辰子が田沢湖に飛び込むと〝龍〟になりました。

類話　3の5

〝た子〟は5～6人の娘達と蕨採《わらびと》りに出掛けましたが、仲間から離れて泉で水を飲もうとした時、水鏡に映った自分の顔が天女《てんにょ》（※86）のように美しくて見とれてしまいます。その時、泉の岸が崩《くず》れ落ちて沼となり、〝た子〟は沼の底に沈《しず》んでしまいました。沼の岸にあった赤い鼻緒《はなお》の草鞋《わらじ》を見つけた娘達は〝た子〟の母親に知らせに行きます。驚いた母親は、木の燃えさしを持って沼に駆《か》けつけると、「た子～」と叫びました。すると〝た子〟は恐ろしい〝龍〟の姿になって現れましたが、母親はあまりの悲しさに、木の燃えさしを沼に投げつけます。それが沼に入ると〝魚〟になって、〝た子〟は沼に沈んでいきました。田沢湖はこうしてできた湖で、木《き》の尻鱒《しります》（※87）は、その時の〝燃えさし〟が変わったものです。湖の主《ぬし》となった〝た子〟はその後、男鹿《おが》の八郎のお嫁になって暮らしているといいます。

類話　3の6

17歳の美しい娘タッコが、歳《とし》を取りたくないと願掛けをします。友達と蕨採《わらびと》りに行き、沢水を飲むと〝龍〟になり、湿地《しっち》を踏みつけるとそこが〝沼〟になりました。親が捜《さが》しに行くと〝龍〟が現れましたが、親が元の姿で来いと言うと、沼に潜《もぐ》って人の姿になって現れました。親が家に戻るように諭《さと》し(※88)ますが、娘は龍になって沼に入ります。親は口惜《くや》しがって木の尻を沼に投げると、木の尻は〝鱒〟になりました。タッコ潟(田沢湖)には〝キノシリマス(※89)〟という真っ黒い鱒がいます。

類話　3の7

昔、田沢に〝おたつ〟という綺麗な娘がいました。ある日、山の奥に入って蕨採《わらびと》りをしていると、玉川の水が急に大きな音を立てて流れ、森林が光り、鳥の群れが一斉《いっせい》に飛び立ちました。〝おたつ〟が振り向いた時、目の前の山が崩《くず》れます。〝おたつ〟は逃げ出しますが、足もとの地面が割れて、底知れぬ暗闇《くらやみ》の中へ落ちていきました。〝おたつ〟の落ちた穴には満々と水が溜《た》まり、それが今の〝田沢湖〟になりました。〝おたつ〟は〝龍〟となって、今も湖の奥深くに眠っています。

【10】 八郎と辰子

山の雪も解《と》けて春になり、里には片栗《カタクリ》の花が咲いて、田沢湖に渡って来ていた〝鴨《かも》〟たちも八郎潟に帰って行きました。冬の間、田沢湖の主《ぬし》・辰子姫《たつこひめ》は〝鴨《かも》〟たちから話を聴《き》くことが楽しみです。そのなかでも人間から〝龍〟になってしまったという〝八郎太郎〟の話を聴《き》くと、それ以来、辰子は自分と同じ身の上の〝八郎太郎〟に、ぜひ逢《あ》ってみたいと思うようになりました。

八郎潟に帰った〝鴨〟たちは早速、八郎太郎に辰子の気持ちを伝えます。すると八郎太郎は喜んで、冬になったら田沢湖に行ってみることにしました。

季節が巡《めぐ》って霰《あられ》が降るようになり、辰子は「八郎太郎が来るよ」という鴨たちからの知らせで胸をときめかせながら、その時を待っていました。

田沢湖に着いた八郎太郎は、辰子を眼の前にすると「田沢湖は水が綺麗《きれい》で、山の姿も素晴らしい。それよりも辰子姫はもっと美しい。ここで一緒に暮らせたらありがたい」と伝えたので、嬉《うれ》しくなった辰子は、冬の間を八郎太郎と仲良く暮らすことにしました。

八郎太郎は、春になると八郎潟に帰って行きましたが、このような暮らしを続けていたある年のことです。辰子に片想いをしていた十和田湖の主・南祖坊《なんそぼう》が、2人の仲を引き裂《さ》こうとして攻《せ》めて来ました。これには辰子を必死で守る八郎太郎の気迫《きはく》に負けて、南祖坊は逃げ帰って行ったのです。

類話として、八郎太郎と辰子が共に暮らすようになったという噂《うわさ》を聞いた南祖坊が、再び八郎太郎に戦いを挑《いど》んだこの時、辰子が〝国鱒《クニマス》（※90）〟を南祖坊に向けて投げつけると、宙《ちゅう》で燃《も》え盛《さか》る〝松明《たいまつ》（木の燃えさし・木の尻）〟に戻《もど》ったため、〝火傷《やけど》〟を負って退散《たいさん》したという説があります。

また、八郎太郎が八郎潟から田沢湖の辰子のもとに来た時、湖に落としてしまった〝松明〟が〝国鱒〟になったという説もあります。

毎年、八郎潟が波立って荒《あ》れる頃（※91）になると、秋田から河辺《かわべ》、そして仙北《せんぼく》の宿屋に立派な身なりの旅人が泊《と》まりに来るようになりました。この旅人は、西木村西明寺《にしきむらさいみょうじ》のとある宿屋に、旧暦の11月になると決まって来るのです。その旅人が宿屋の人には「絶対に部屋の中を覗《のぞ》かないように」と必ず頼《たの》むのでした。

ある年のことです。宿屋の老婆《ろうば》が夜中に旅人の部屋をこっそり覗《のぞ》いて見ると、〝大蛇〟が蜷局《とぐろ》を巻いて寝《ね》ていました。覗いたことを怒《おこ》ったその旅人は、二度とその宿には泊まりに来なくなります。そしてある年、この地区を大洪水が襲《おそ》うと、その宿屋諸共《もろとも》、老婆までも流されてしまいます。

この旅人は〝八郎太郎〟であったと伝えられています。

今でも冬になると辰子は、八郎潟から逢《あ》いに来る八郎太郎を待ちこがれているといわれていて、田沢湖は2人の愛の熱で凍《こお》ることはなく、2人の愛情の深さで年々深くなり、日本一の深さになりました。

4 夫殿大権現・夫殿岩屋

［秋田県 南秋田郡 八郎潟町］

● おとど(おっとど)だいごんげん・おとど(おっとど)いわや

八郎潟が干拓《かんたく》される以前には、湖の畔《ほとり》にあったという、三倉鼻《みくらはな》(※92)の西側崖下の国道7号に面した場所に〝賽《さい》の祠《ほこら》〟と呼ばれる洞窟《どうくつ》があって、昔この辺《あた》りが海岸だった頃の波の浸食作用《しんしょくさよう》によってできた洞穴《ほらあな》といわれてきました。

此処《ここ》の赤い鳥居《とりい》の奥には〝夫殿大権現《おとどだいごんげん》〟が祀《まつ》られていて、次のような説話が伝えられています。

永住する棲所《すみか》を求め、米代川《よねしろがわ》を下って天瀬川《あませがわ》(山本郡三種町)に着いた八郎太郎は、長者《ちょうじゃ》の家に一夜の宿を乞《こ》いました。泊めてくれたお礼にと、八郎太郎は親切な長者夫婦に「明朝、一番鶏（※93）が鳴き出すと同時に、此処《ここ》は洪水《こうずい》に流されてしまうので、早く逃《に》げてください」と伝えて、荷物を纏《まと》めさせていると「コケコッコー」と一番鶏が鳴きはじめました。途端《とたん》に山が揺《ゆ》れると台地が裂《さ》けて、水がどんどん湧《わ》き出します。長者夫婦が川舟に乗って岸を離《はな》れようとした時、忘れ物をした老婆《ろうば》は家の中に駆《か》け戻《もど》ってしまい、津波《つなみ》のように押し寄せてきた波にのまれて、舟に乗ることができずに溺《おぼ》れそうになりました。

これを見つけた八郎太郎は、（龍の姿になって）老婆を足先でポンと蹴《け》り、空中高く舞いあげたので芦崎《あしざき》（山本郡三種町・※94）まで飛ばされてしまいます。その後、芦崎には〝姥御前大明神《うばごぜんだいみょうじん》〟として老婆が祀《まつ》られ、三倉鼻には〝夫殿大権現《おとどだいごんげん》〟として老翁《ろうおう》が祀られました。

天瀬川には〝鶏《にわとり》〟を忌《い》み嫌《きら》い、飼うことはもちろん卵も食べない風習《ふうしゅう》（※95）がありました。その理由は、八郎太郎が〝龍〟で、〝龍〟は〝龍神様〟であり、〝龍〟の脚《あし》は鶏《にわとり》の脚と同形なので、鶏も〝龍〟であり、〝龍神様〟として信仰することから、鶏を食することは〝龍〟を食することになると考えられていたためです。さらに、〝雨乞《あまご》い〟の風俗習慣では、旱天《かんてん》（※96）の夏に鶏の生血《なまち》を夫殿岩屋に塗《ぬ》りつけると効果覿面《こうかてきめん》（※97）で、雷鳴《らいめい》とともに降雨をもたらしたとも伝えられています。

古い記録ではこの地を〝御鞍鼻〟とも記述しているため、湖(八郎潟)に突き出した〝馬の鞍《くら》〟に似た山や岩などから発生した地名と考えられています。また、長者が3つの〝石倉《いしぐら》(※98)〟を建てるほど富裕《ふゆう》であったため、地名が〝三倉《みくら》〟になったとも伝えられています。

類話 4の1

八郎という龍神が湖を造ろうとして、そこに住んでいた長者夫婦を鶏の鳴く八ツ時までに、天瀬川へ引っ越しさせました。ところが老婆が藤糸《ふじいと》(※99)の〝へそ(※100)〟を忘れたといって家に戻《もど》ったところ、水が溢《あふ》れてきて、辺《あた》り一面が海のようになったので、八郎は足で老婆を西の方に蹴《け》り飛ばしました。

丁度《ちょうど》その時、〝天《あま》の邪鬼《じゃく》(※101)〟が、この土地に八郎を住まわせまいとして、鶏の鳴く〝八ツ時〟に変えて〝九ツの時〟を作ったので(約2時間惑《まど》わせたので)、鶏の鳴いた時は既《すで》に九ツの時で(一番鶏が鳴く丑《うし》の刻のはずが寅《とら》の刻になっていた・本当の時間から約2時間過ぎていた)、大変な水の量になっていました。そのため、老翁は天瀬川、老婆は芦崎(足先)に離《はな》ればなれになってしまいます。老翁と老婆はこれが天の邪鬼の仕業《しわざ》とも知らず、〝鶏《にわとり》〟のことを恨《うら》みました。以後、天瀬川では鶏を飼わず、肉や卵を食べない風習があり、食べると腹が痛み、眼を患《わずら》い、口が腫《は》れるといわれていました。

類話　4の2

夫殿大権現《おとどだいごんげん》には〝手名椎《てなづち》（※102）〟を祀《まつ》り、姥御前神社《うばごぜんじんじゃ》は〝足名椎《あしなづち》（※103・脚摩乳《あしなづち》）〟を祀ると伝えられています（菅江真澄《すがえますみ》（※104）の『男鹿の秋風：文化《ぶんか》元・1804年』では、〝船越の崎の八龍の社にはヤマタノオロチを祀り、芦崎の姥御前と呼ばれる社にはテナツチを、三倉鼻の老公殿の窟にはアシナツチが祀られていると伝えられる〟と記されています）。

類話　4の3

八郎潟の東にある三倉岬の湖上に、土地の人々が〝狐館〟と呼ぶ蜃気楼《しんきろう》（※105）が出ることがあり、これが見えると必ず天候は〝雨〟になると伝えられています。

5　夫殿の二人娘

［秋田県 南秋田郡 八郎潟町］

● おとどのふたりむすめ

昔、三倉鼻《みくらはな》（南秋田郡八郎潟町真坂）の洞穴《ほらあな》に、2人の少女（娘）と修験《しゅげん》さんが住んでいましたが、この者達が何時《いつ》、何処《どこ》からやって来たのか、誰も知る人は居ませんでした。

2人の少女は修験さんのことを〝夫殿様《おとどさま》〟と呼んでいます。夫殿様は昼は遠くまで托鉢《たくはつ》（※106）に出かけ、夜は読経《どっきょう》して暮らしていました。さらに、もとは都の人らしく言葉が上品《じょうひん》だったために、村の人達は気安《きやす》く話しかけることができませんでした。

数年が経《た》つと2人の少女は、匂《にお》うばかりに美しく成長します。春の花見と夏の夕涼《ゆうすず》みの他は、殆《ほと》ど外に出ることはありませんでしたが、〝乙女《おとめ》〟となった綺麗《きれい》な2人の噂《うわさ》は日増しに拡《ひろ》がり、一目《ひとめ》見ようと忍《しの》んで来る若者が次第に増えていきました。

ある日、1人の若者がこの2人を見初《みそ》めると、それから何時《なんどき》となく洞穴《ほらあな》を訪れるようになります。出会いを重ねているうちに、2人の娘もこの若者を待ち侘《わ》びるようになりました。しばらくすると仲睦《なかむつ》まじかった2人の娘の間は、日毎《ひごと》にぎこちなくなり、終《しま》いには2人の娘が同じ1人の男に求婚《きゅうこん》（結婚を申し込み）したのです。困《こま》り果てた若者は「一晩のうちに多くの〝米〟を盛《も》った人と一緒になろう（嫁にしよう）」と約束しました。2人の娘は、夢中で作業に取りかかります。

次の日の朝、若者は〝妹〟の手を引いて岩場から立ち去って行きました。

2人の姿を見送った〝姉〟は、袂《ふところ》に顔を伏《ふ》せてさめざめと泣き続けていましたが、それから一夜明けると、未《ま》だ朝靄《あさもや》の消えない八郎潟から、漁師《りょうし》が変わり果てた〝姉〟の亡骸《なきがら》を引き上げてきたのです。姉の死体は哀《あわ》れ恨《うら》みの〝米盛り〟に埋葬《まいそう》されると、夫殿様が供養《くよう》（※107）しました。

それから何日か経《た》ったある日の夕方のこと、また八郎潟から1人の女の遺体《いたい》が引き揚げられました。それは幸福《しあわせ》であったはずの〝妹〟の死体でした。

実《じつ》は妹が盛ったのは〝米〟ではなく〝糠《ぬか》(※108)〟だったのです。騙《だま》された男は、妹の不実に愛想《あいそ》をつかして、何処《どこ》かへ姿を眩《くら》ましてしまいました。妹は罪《つみ》に責められて、姉の後を追ったのです。

妹の亡骸《なきがら》は〝糠盛り〟に埋葬されましたが、2人の娘を失った夫殿様も病床《びょうしょう》に伏《ふ》すようになると、村人達の介抱《かいほう》の甲斐《かい》もなくこの世を去り、その遺体は村の人達によって造られた〝地蔵《じぞう》盛《も》り〟に葬《ほうむ》られました。

村人はこの3つの盛りを姉の〝米盛り〟、妹の〝糠盛り〟、夫殿の〝地蔵盛り〟と呼んで、3人の御霊《みたま》を住み慣《な》れていた窟《いわや》の中に祀《まつ》りました。

以来、この窟は〝三座鼻《みくらはな》〟、または〝夫殿《おとど》〟と呼ばれるようになりました。

6

八郎太郎物語

［秋田県 鹿角市］

はちろうたろうものがたり

【1】 龍《りゅう》になる

昔のこと、草木村《くさき》（鹿角市大湯《かづのしおおゆ》）の保田《ぼた》というところに、〝八郎太郎〟という名で17歳の若者が住んでいました。八郎太郎は体が大きくて力も強く、身長《しんちょう》が6尺《しゃく》（約180センチメートル）もあります。そんな八郎太郎は、マダの木の皮を剥《は》いで（※109）集めたり、鳥や獣《けもの》を捕《と》ると、それらを売って両親を養《やしな》う暮らしをしていたので、村でも評判《ひょうばん》の良い若者でした。

ある日のこと、八郎太郎がマタギ（※110）仲間の〝三治《さんじ》〟と〝喜藤《きとう》〟の3人で、遠くの山に泊まりがけでマダの皮剥ぎ《かわは》（※111）に出掛けていた時のことです。八郎太郎が炊事当番《すいじとうばん》で水を汲《く》むために川に行くと、〝岩魚《イワナ》（※112）〟が3匹泳いでいました。八郎太郎はその〝岩魚〟を3人で1匹ずつ分けて食べようと思い、捕《つか》まえると串《くし》に刺して焼き始めます。辺《あた》りに漂《ただよ》うこんがり焼けた匂《にお》いに耐《た》えきれず、八郎太郎は、仲間が戻《もど》ってくる前に魚を一口食べてみました。その美味《おい》しさのあまりに「おら、今までこんなに美味《うま》いものを喰《く》ったことがないや」と独《ひと》り言《ごと》をいいながら、思わず1匹、そして仲間の分の残りの2匹までも食べてしまったのです。すると間もなく、八郎太郎は焼けるような喉《のど》の渇《かわ》きを覚《おぼ》えて、側《そば》に置いてあった桶《おけ》の水を一口飲みました。しかし渇きは治まらず、全部飲み干《ほ》してしまいます。それでも、ますます喉は渇くばかりで、遂《つい》には川の流れに顔を付けて水を飲み始めました。そして、飲みに飲んで日の暮れるまでも休まずに飲み続けます。ふと顔を上げた時、八郎太郎は、川の水面《みなも》に映《うつ》った自分の姿を見て驚《おどろ》きました。映っているのは、大きな火の玉のように真っ赤な眼をした〝龍〟だったのです。八郎太郎は何時《いつ》の間にか〝龍〟の姿になっていました。

山から戻ってきた三治と喜藤は、八郎太郎の様子を見て驚《おどろ》くと「八郎太郎、お前はどうなってしまったんだ。ひとまず小屋へ戻ろう」と連れて行こうとしましたが、「俺は化け物になってしまった。水から離《はな》れられない体になったので何処《どこ》へも行けない。ここに湖を造って主《ぬし》として住むことにするから、親にはよろしく伝えてくれ」と言うだけです。

2人の仲間は何をしてやることも出来ず、仕方なく八郎太郎に別れを告げると、草木の村に帰って行きました。

こうして、大きな〝龍〟になった八郎太郎は、十方の沢から流れる水を堰止《せきと》めると、〝十和田湖〟を造って、その湖の底に住む主《ぬし》(※113)となりました。

【2】 南祖坊《なんそぼう》との争い

昔、〝南祖坊《なんそぼう》(※114)〟というお坊さん(修行僧《しゅぎょうそう》・※115)がいました。南祖坊は弥勒《みろく》の出世(※116)を願って、紀州《きしゅう》の熊野山《くまのさん》に籠《こ》もって願掛《がんか》け(※117)をします。満願《まんがん》(※118)の日の夜、お堂の中で思わずうとうとして眠《ねむ》ってしまうと、夢枕《ゆめまくら》に白髪《はくはつ》の老人が立って、「お前の願いを叶《かな》えてやろう。しかし、その前にお前は〝龍〟にならねばならない。〝鉄《かね》の草鞋《わらじ》(※119)〟と〝杖《つえ》〟を授《さず》けるので、杖が赴《おもむ》くままに歩いて、この〝鉄の草鞋〟と同じものを探しなさい。見つけた場所がお前の願いを叶《かな》える場所だ」と告げて姿を消しました。

このお告げを戴《いただ》いて喜《よろこ》んだ南祖坊は早速、日本全国の山や湖を巡《めぐ》り歩くと、最後に辿《たど》り着いた場所は神々《こうごう》しくも美しい眺《なが》めの〝十和田湖〟でした。ふと見た洞窟《どうくつ》の中には〝鉄の草鞋〟が置かれていました(一説にこの時、南祖坊76歳)。

「ああ、神様が知らせてくださった場所は此処《ここ》であったか。私はこれから此処に住むことにしよう」と早速、湖の岸で読経《どっきょう》し始めました。するとその時、湖の底から「おい、こらぁ! おまえは、つまらん人間のくせに、このような尊《とおと》い場所へ来るんじゃない。さっさと(早く)立ち去るんだ」と、天地に響《ひび》くような大きな声が聴《き》こえてきます。

南祖坊《なんそぼう》は、「お前は何者だ！　此処《ここ》は私が住む場所だぞ！　私は神様のお告げでこの湖の主《ぬし》（※120）になることになったのだ」と少しも恐《おそ》れない声で言い返しました。するど「なんだと。ここは何年も前から俺が住んでいるのだ。立ち去らないとお前を飲み込んでしまうぞ」と聞こえた途端《とたん》に天地が震《ふる》えだし、大波が荒《あ》れる湖の上に、〝八頭の龍（八郎太郎）〟が現れました。16本の角を振り立てると、口からは火を吐《は》きながら舌《した》を巻き上げて、南祖坊に向かってきます。

それでも驚《おどろ》かずに南祖坊はお経を唱《とな》え続けていると、いきなり八郎太郎に目掛けてお経の巻物を投げつけました。すると、巻物は宙《ちゅう》で解《ほど》けて風に靡《なび》いた途端《とたん》に、お経の一文字一文字が〝剣《つるぎ》〟に変わって、八郎太郎の〝龍〟の体に突《つ》き刺《さ》さります。さらに南祖坊は、手にしていたお経の本を衣の襟《えり》に刺し込むと、9つの頭を持つ〝龍〟に姿を変えて、戦いに挑《いど》みました。八郎太郎は自分が着ていた〝ケラ（※121・簑《みの》）〟の毛の1本1本を小さな龍に変身させて、南祖坊に噛《か》み付かせます。

お互《たが》いの命を掛けた激《はげ》しい争いは、7日7晩も続きましたが、南祖坊の法力に負けて、さすがの八郎太郎も真っ赤な血を流しながら、十和田湖の御倉半島《おぐらはんとう》に這《は》い上がり、何処《どこ》へともなく逃げ去って行きました。御倉半島の〝五色岩《ごしきいわ》〟の色が〝赤い〟のは、八郎太郎の流した〝血の跡〟だと伝えられています。

八郎太郎が十和田湖から居なくなると、元のような静かさを取り戻した湖に、南祖坊は潜《もぐ》って主《ぬし》となりました。

【3】 鹿角《かづの》の神々との争い

南祖坊との争いに負けた八郎太郎は、生まれ故郷《こきょう》の鹿角《かづの》に帰って来ました。高い山に登って鹿角中《かづのじゅう》を眺《なが》めると、西の遠方に米代川《よねしろがわ》、小坂川《こさかがわ》、大湯川《おおゆがわ》の3つの川が合流する、狭《せま》い谷間《たにあい》の場所を見つけます。此処《ここ》は右に男神(伊邪那岐神《いざなきのかみ》)、左に女神(伊邪那美神《いざなみのかみ》)を祀《まつ》っている場所で、それぞれ木製《もくせい》の御神体《ごしんたい》が岩穴の中に鎮座《ちんざ》しています。八郎太郎は、米代川《よねしろがわ》を堰《せ》き止めて自分の住む湖を作るために、男神と女神の間に近くの〝茂谷山《もややま》〟を背負ってきて埋《う》めようと考えました。八郎太郎は早速、鹿角中《かづのじゅう》の葡萄《ぶどう》の蔓《つる》と藤《ふじ》の蔓を集めて大きな〝綱《つな》〟を綯《な》うと、茂谷山にその綱を掛けはじめます。

この八郎太郎の動きに気付いた鹿角の42柱《はしら》の神様達は、此処を八郎太郎によって湖にされてしまったのでは、自分達の住む場所が無くなってしまうと心配して相談《そうだん》を始めました。この位置が、〝集宮《あつみや》(※122)〟と呼ばれる場所と伝えられています。

神様達は八郎太郎をこの地から追い出すことに決めると、石を投《な》げつけました。今でも毛馬内《けまない》

（鹿角市十和田《かづのしとわだ》）の陣場《じんば》の辺《あた》りには大きな石や小さな石が多くあり、これらはその時の〝神の礫石《つぶていし》（神様の投げた石）〟と呼ばれています。

このように神様達に追われてこの地を諦《あきら》めた八郎太郎は、茂谷山に掛けた綱を解《ほど》くと、米代川《よねしろがわ》を下《くだ》って行き、八郎潟《はちろうがた》の主《ぬし》（※123）になって暮らしました。

7 八郎太郎伝説《はちろうたろうでんせつ》

［秋田県 大館市］

昔々のことです。秋田県比内《ひない》の独鈷《とっこ》に〝了観《りょうかん》〟というお坊さん（僧侶《そうりょ》）がいました。しかし、ある時、邪念《じゃねん》（※124）を起こしてお坊さんとして相応《ふさわ》しくない行《おこな》いをしたために、お寺の近くの沼（※125）に棲《す》んでいた大蛇の祟《たた》りを蒙《こうむ》ったのです。大蛇が了観に化《ば》けて彼の妻《つま》のもとに通《かよ》うと、間もなく妻が身籠《みご》もりました。この大蛇は須佐之男命《すさのおのみこと》（※126）に退治された八俣遠呂智《やまたのおろち》（※127）の霊魂《れいこん》が甦《よみがえ》ったもので、この沼に棲んでいたのです。

やがて玉のような愛らしい子供が生まれましたが、出産の日は、天地が割れんばかりの雷《かみなり》が激《はげ》しく鳴り響《ひび》く嵐《あらし》です。何かしらの恐《おそ》れを感じた了観は、妻子《さいし》を連れて独鈷の地を離《はな》れると、鹿角《かづの》に移り住みました。生まれた子は〝久内《くない》〟と名付けられて、大切に育てられます。

久内3代目は小豆沢《あずきざわ》(鹿角市八幡平《はちまんたい》)に〝大日堂《だいにちどう》(12・13・36の伝説参照・※128)〟を建立しますが、未《いま》だ大蛇の祟《たた》り(※129)を引き継《つ》いでいるために、陽《ひ》の光を見る事ができません(盲目《もうもく》でした)。この状態では大日堂の神様に奉祀《ほうし》するお務《つと》めが出来ませんので、草木《くさき》(鹿角市《かづのし》)に移住して、その家は代々〝久内《くない》〟と名乗って百姓《ひゃくしょう》(※130)を生業《なりわい》としていました。

それから長い年月が過ぎたある日のこと、草木の地で9代目の(もしくは9代目の子)〝久内〟が生まれました。先祖からの血を受け継いでいるためか、成長すると身の丈《たけ》6尺《しゃく》(身長約180センチメートル)余《あま》りのとても力が強い大男でしたが、気立ても優《やさ》しい若者で、〝八郎太郎〟と呼ばれます。

類話 7の1　八郎太郎が生まれた時に母親は亡《な》くなってしまい、父親は〝龍〟に変化《へんげ》して寒風山《かんぷうざん》(男鹿市《おがし》)になったとも伝えられています。

ある日、〝マダ〟という木の皮を剥《は》ぐ(※131)仕事をするために、八郎太郎は仲間と3人で十和田の山奥へと入って行きました。

数日が経つと、その日は八郎太郎が炊事当番《すいじとうばん》です。水を汲《く》みに沢に下りると、美味《おい》しそうな

〝岩魚《イワナ》(※132)〟が泳《およ》いでいました。八郎太郎はおかずにしようとして、3匹の〝岩魚〟を捕《つか》まえると串《くし》に刺して火に炙《あぶ》り、やがて美味《おい》しそうな香りが漂《ただよ》いはじめます。八郎太郎は食欲を我慢《がまん》できずに、自分の分を食べてしまいました。それでもあまりの美味しさに我を忘れ、遂《つい》には仲間の分の岩魚も全部食べてしまいます。

すると間もなく、八郎太郎は喉《のど》が渇《かわ》きました。水筒《すいとう》の水を飲んでも足りずに、沢に行って水を飲み続けます(7日7晩・33昼夜飲み続けたとも)。やがて喉の渇きが落ち着くと、八郎太郎は沢の水に映った自分の姿を見て驚《おど》きました。それは大きな〝龍〟の姿だったのです(「仲間を置き去りにしない」「食べ物は必ず分かち合う」「収穫は平等に分配する」といったマタギ：狩猟が生業の人達の〝掟《おきて》(※133)〟を八郎太郎が破《やぶ》ってしまったため、〝龍〟になったと考えられています)。

そこに戻《もど》った仲間は、八郎太郎の変わり果てた姿に驚《おどろ》いて逃げ帰ってしまい、八郎太郎は涙を流して仲間に別れを告げました。

その後、八郎太郎は、沢の流れを堰《せ》き止めてできた湖〝十和田湖〟の主《ぬし》(※134)になります。

ある日のこと、この十和田湖に〝南祖坊《なんそぼう》(※135)〟という修行僧(※136)がやって来ました。

青森県三戸郡南部町《さんのへぐんなんぶちょう》の斗賀神社《とがじんじゃ》の裏に十和田神社がありますが、ここが〝南祖坊生誕の地(※137)〟として次のように伝承されています。

『十和田山神教記

十和田山〝南祖法師〟の由来については、関白・藤原是実公《ふじわらこれざね》御嫡男《ちゃくなん》、是行公《これゆき》の子として奥州糠部郡斗賀村《ぬかのぶのこほりとがむら》にて御誕生し、南の地に先祖がある故《ゆえ》、幼名〝南祖丸〟と号した。

南祖丸は才智勝《さいちすぐ》れ美童《びどう》にて一字を学び十字を智《し》る。一度聞いて忘れること更《さら》に無かったという。

南祖丸は当時、博学の和尚《おしょう》といわれた。七崎《ならさき》村の永福寺《えいふくじ》に弟子として手習学問を教わり、昼夜の勤勉で12才となった時は、既《すで》に師《し》に勝《まさ》りしといわれた。その後、南祖法師は岩城《いわき》の常福寺《じょうふくじ》(※138)で寺僧となり、名僧と仰がれたが2年余《あまり》にして修行の旅に出た。

18才にて故郷を出て以来、60余州をも修行の旅で過ごしましたが、故郷へ帰り両親の御墓を拝し供養せんと志《こころざ》し、奥州斗賀村を指して下った。

修行の旅に出てから早や50年の歳月が過ぎ、体面は白髪壮年《はくはつそうねん》の68才になっていた。

その後、斗賀村・十和田神社に宿り、生禅《なまぜん》(※139)し、御告《おつげ》に従い、この十和田神社に草鞋《わらじ》を結んで下山、錫杖《しゃくじょう》(※140)を杖《つえ》に十和田湖へ急いだと伝えられている。』

紀州《きしゅう》(和歌山県《わかやまけん》)の熊野《くまの》で修行《しゅぎょう》をしていた南祖坊《なんそぼう》は、権現様《ごんげんさま》(※141)から〝鉄《かね》の草鞋《わらじ》〟を授《さず》かると、

「これを履《は》いて諸国《しょこく》を修行して歩き、草鞋が切れたところを住処《すみか》とせよ」というお告げを戴《いただ》きます。南祖坊は巡《めぐ》り歩いて、十和田湖に着いたその時、〝鉄の草鞋〟が切れたのでした。

南祖坊は、目の前に広がる十和田湖を、権現様からお告げのあった永住の地と信じて喜びました。しかし、そこに〝八郎太郎〟が姿を現したのです。

「私はこの湖の主《ぬし》(※142)の八郎太郎だ。お前はいったい何者だ！」

「私は南祖坊。熊野権現(※143)のお告げに従い、今日からこの湖の主となる」

十和田湖の主の座《ざ》を賭《か》けた、八郎太郎と南祖坊の激しい争いが始まりました。

南祖坊は十和田湖の畔《ほとり》の岩山に座《すわ》り、8巻の法華経《ほけきょう》(※144)を取り出すと、経文を唱《とな》えながら、その巻物を八郎太郎に目掛けて投げつけます。巻物は宙《ちゅう》で解《ほど》けて風に靡《なび》くと〝八龍(八頭の龍、もしくは9巻の経で九頭の龍になったとも)〟になって、八郎太郎に挑《いど》みました。一方、八郎太郎は自分の住処《すみか》である湖を奪《うば》われてなるものかと、即座《そくざ》に〝八頭の龍〟に姿を変えて南祖坊に立ち向かいます。静かな湖が急に荒《あ》れ狂《くる》うと雷《かみなり》が鳴り響《ひび》き、山々が鳴動して凄《すさ》まじい光景に変わりました。この戦いはなかなか決着がつかず、7日7晩続きます。南祖坊は最後の力を振《ふ》り絞《しぼ》ると、法華経《ほけきょう》の巻物を八郎太郎に向けて投げつけました。すると、経文の一文字一文字が鋭《するど》い〝剣《つるぎ》〟となって八郎太郎の体に突き刺さります。これでとうとう八郎太郎は力尽きてしまい、湖を自らの血で真っ赤に染めると（十和田湖の御倉半島《おぐらはんとう》の五色岩が赤いのは血痕《けっこん》の跡だといわれています）、体を引きずりながら十和田湖を去っていきました。

八郎太郎を追い出した南祖坊は、静かに占場《うらないば》（※145）から十和田湖に入って主《ぬし》となります。

十和田神社は大同《だいどう》2（807）年に、坂上田村麻呂《さかのうえのたむらまろ》（※146）が東夷征伐時に日本武尊《やまとたけるのみこと》（※147）を祀《まつ》ったのが創建《そうけん》と伝えられています。十和田湖の主となった南祖坊は、〝十和田青龍大権現《とわだせいりゅうだいごんげん》〟として祀られました。十和田湖に向かう道路沿いには〝十和田青龍大権現〟と刻《きざ》まれた碑が残されていて、かつてはこの碑より奥は〝女人禁制《にょにんきんせい》（※148）〟の神域だったのです。

十和田湖を追われた八郎太郎は、高台に腰掛《こしか》けると鹿角の里を見渡しました。小坂川《こさかがわ》、大湯《おおゆ》川《がわ》、米代川《よねしろがわ》が合流する雄神《おがみ》：男神と雌神《めがみ》：女神（雄神と雌神の間は米代川《よねしろがわ》の峡谷《きょうこく》）の間を堰《せ》き止めれば、鹿角《かづの》の盆地《ぼんち》は大きな湖となり、ここを安住《あんじゅう》の地に出来ると考えました。そこで八郎太郎は毛馬内《けまない》の〝茂谷山《もややま》〟に縄を掛けて（八郎太郎が縄を掛けた跡が残っているといわれています）背負うと、川の合流地点を堰き止めました。

類話　7の2　八郎太郎が米代川を堰き止めたことに驚いたのは、鹿角の43柱《はしら》の鎮守の神様達です。神様達は大湯《おおゆ》のお宮（神様が集まったお宮を〝集宮《あつみや》・※149〟と呼びます）に集まると、八郎太郎を追い出す方法の相談をしました。神様達は八郎太郎に向けて〝石の礫《つぶて》〟を投げつけることに決めて、石を切り出すために花輪福士《はなわふくし》の日向屋敷《ひなたやしき》（※150）にいる12人の鍛冶職《かじしょく》（※151）に〝金槌《かなづち》〟〝鶴嘴《ツルハシ》（※152）〟〝鑿《のみ》〟などを沢山《たくさん》作らせると、〝牛〟に運ばせました（牛は、あまりもの重さに耐えきれず、運んでいる途中で血を吐《は》いたといいます。その土地を〝血牛《ちうし》〟と呼んで、現在は〝乳牛《ちうし》〟の地名となっています）。

類話 7の3

鹿角の神様達の反撃《はんげき》に遭《あ》って住処《すみか》を失《うしな》った八郎太郎は、再び安住の地を求めて米代川《よねしろがわ》沿いに下《くだ》って行きました。まずは、きみまち阪《ざか》（※153・能代市《のしろし》二ツ井町《ふたついまち》）付近で蛇行《だこう》している米代川を堰《せ》き止めると、その水の中に入ってみました。すると龍の体の八郎太郎には浅くて、前に進むどころか身動きもできません。その様子に驚いたのは神様達です。神様達は、八郎太郎をこの地から追い出そうと、力自慢《ちからじまん》の天神様《てんじんさま》にお願いしたので、天神様が八郎太郎に声を掛けました。

「八郎太郎よ、お前は力持ちと聞いているが、私も負けない。大きな石を投げて力比べをしてみないか」と言われた八郎太郎は、側《そば》にあった大石を投げてみせました。するとその石は、米代川の中ほどに落ちます。一方、天神様は八郎太郎よりも、もっと大きな〝八座山〟

の岩を軽々と持ち上げて放《ほう》り投げると、それは米代川を遥《はる》かに越えて飛んでいったので、八郎太郎に勝ちました。この時の力比べで投げて、山が一つ無くなってしまったので、〝七座山〟になったと伝えられています。

類話 7の4　上小阿仁村《かみこあにむら》（北秋田郡）にある〝七倉山《ななくらやま》〟は、八郎太郎が10あった山のうち、3つを三倉（八郎潟畔）に持って行ってしまったので〝七倉山〟と呼ぶようになったと伝えられています。

天神様は、負けてしまった八郎太郎に「この川の下流の男鹿半島《おがはんとう》の方に、もっと広い場所がある。そこを住処《すみか》にしてはどうだ」と聞きましたので、八郎太郎はこの話を受け入れて頷《うなず》きます。

すると天神様は、八郎太郎が堰き止めた米代川の土手《どて》を崩《くず》すために、使いの白鼠《しろねずみ》たちに穴を開けさせました。これを喜んだのは猫たちで、白鼠たちを捕まえようとします。そこで天神様は猫に蚤《のみ》がつかないようにする約束をして、猫を繋《つな》いでおきました。この地が〝猫繋《ねこつなぎ》〟で、のちに〝ね〟が取れて〝小繋《こつなぎ》（能代市《のしろし》二ツ井町《ふたついまち》）〟の地名になったといわれています。八郎太郎は、土手が破《やぶ》れて流れ出した水の勢《いきお》いに乗ると、下流へ向かって流されていきました。

米代川を下った八郎太郎は、一夜の宿を求めて歩き廻《まわ》ります。すると天瀬川《あませがわ》(山本郡三種町《やまもとぐんみたねちょう》)で、年老いた心優しい夫婦が宿を提供してくれました。

その夜、八郎太郎は天神様に「男鹿島《おがしま》と本土《ほんど》を繋《つな》げて湖を作りたい」と願うと「明朝、鶏鳴《にわとりな》き地震《ちふる》え、潮流《しおなが》れて湖となる」とのお告げを戴《いただ》きます。

夜明け前に八郎太郎は、お爺《じじ》とお婆《ばば》に泊めてくれたことのお礼を述べると、自分の変化《へんげ》した姿が〝龍〟であることを打ち明けて、ここから避難《ひなん》する支度《したく》をするように伝えました。老夫婦は八郎太郎の話を信じて荷物を纏《まと》め始めます。

東の空が少しずつ明るくなってくると、一番鶏が鳴きだしました。それと同時に、地鳴りのような轟音《ごうおん》が響いて、水が溢《あふ》れだします。八郎太郎が〝龍〟に姿を変えた途端《とたん》に、大地は瞬《また》く間に〝湖〟となったのです。その時、八郎太郎は溺《おぼ》れているお婆を発見しました。お婆は裁縫道具《さいほうどうぐ》(※154)を家に忘れたため、取りに戻ってしまったのです。八郎太郎は、お婆を助けようとして尾で弾《はじ》くと、芦崎《あしざき》(山本郡三種町)まで飛ばされてしまいました。

お爺とお婆の命は助かりましたが、八郎潟を挟《はさ》んで離《はな》ればなれになります。後《のち》に、お爺は天瀬川の南の〝夫殿権現《おとどのごんげん》〟に、お婆は芦崎の〝姥御前神社《うばごぜんじんじゃ》〟に祀《まつ》られました。そして、この両地域では〝鶏《にわとり》〟を禁忌《きんき》(※155)として、鶏を飼うことを禁じるだけでなく、肉や卵を一切食べなくなりました。

このようして〝八郎潟〟が誕生すると、八郎太郎はここを永住の地と決めたのです。

しかし、八郎潟は冬に凍《こお》る湖です。冬でも凍らない湖が何処《どこ》かに無いかと探《さが》した八郎太郎は、男鹿《おが》の北浦《きたうら》に〝一ノ目潟《いちのめがた》(※156・男鹿半島の先端)〟があることを耳にしました。そこを冬の間の住処《すみか》にしようと考えたのです。

困《こま》ったのは〝一ノ目潟〟の女神様でした。自分1人では八郎太郎には敵《かな》いません。そこで、京都《きょうと》出身で弓の名手といわれた武内弥五郎真康《たけのうちやごろうまさやす》(※157)に、八郎太郎を追い払ってくれるように頼みます。さらに真康が八郎太郎を追い払うことができたなら、〝雨乞《あまご》いのお札《ふだ》〟を授《さず》ける約束まてしました。真康は女神様に、八郎太郎を追い払うには何処《どこ》に狙《ねら》いを定めたら良いかと尋《たず》ねます。すると八郎太郎は、寒風山《かんぷうざん》(※158)の上から黒雲に乗って現れるので、それを目当てに矢を放《はな》てば良いと教えました。

真康は先祖伝来の弓矢を携《たずさ》えると、一ノ目潟の畔《ほとり》の三笠の松に姿を隠《かく》して、八郎太郎が現れるのを待ちました。そして黒雲が現れたその時、真康が力一杯《ちからいっぱい》弓を引いて矢を放ち、八郎太郎に命中します(八郎太郎の右眼を貫いたとも)。怒《おこ》った八郎太郎は、体から矢を引き抜いて「この恨《うら》みは子孫7代まで必ず片眼にする」と真康めがけて矢を投げ返し、矢は真康の左目に当たって、以後7代目まで左目が不自由だったと伝えられています。また、この出来事以来、一ノ目潟に住む〝鮒《ふな》〟はみんな片眼になったと伝えられています。

類話　7の5

真康《まさやす》が戸賀《とが》(男鹿市)へ行く途中、一ノ目潟の側《そば》で潟の主《ぬし》の少女に出逢います。主は八郎潟の主である八郎が自分の住処《すみか》を奪《うば》おうとして毎夜通って来るので、弓矢で退治してくれるように頼み、御礼に水口村(南秋田郡外旭川村)などへ分水して開田を助け、旱魃時《かんばつじ》には雨乞《あまご》いに応じると言います。夜になり、黒雲とともに現れた八郎に矢を射ると、雲の中から7代まで許さないと言って矢を投げ返し、矢は真康の左眼を射貫《いぬ》いたと伝承されています。

類話　7の6

北浦の社人・紀の丹後正の家に弓の達人が居て、八郎潟の八郎の眼を射たことがありました。そのため7代まで祟《たた》り、代々半眼であったため、潟(湖)に舟で出ることも出来なかったと伝えられています。

類話　7の7

(その後)一ノ目潟の姫神が現れて真康を見舞うと、除難《じょなん》(※159)の恩を謝して、〝雨乞証文《あまごいしょうもん》〟を渡しました。

八郎太郎が八郎潟で暮らしていた頃、西木村《にしきむら》(仙北市《せんぼくし》)の神成沢《かんなりざわ》には〝辰子〟という美しい娘が住んで居ました。〝辰子〟は永遠の美しさを手に入れようとして、神成沢と田沢湖との間の山の中腹にある〝大蔵観音《おおくらかんのん》(※160)〟に毎晩通って願掛け(※161)をします。満願成就《まんがんじょうじゅ》(※162)の夜、観音様から田沢湖の側《そば》の泉(※163)の水を飲むと、永遠の美しさを得られるというお告げを戴《いただ》きました。〝辰子〟は、彷徨《さまよ》い歩くと遂《つい》に泉を見つけて、水を掬《すく》って口に含みます。すると辰子の体はみるみるうちに、〝龍〟の姿に変わりました。

母は、家に帰らない辰子を心配して、何日も探し続けていると、やっと湖の畔《ほとり》で〝龍〟の姿になった辰子と逢《あ》うことができましたが、連れ戻すことは出来ずに泣くなく別れて、辰子は田沢湖の主《ぬし》(※164)になりました。

八郎太郎が、眼の傷も治って楽しく暮らしていたある日のこと、八郎潟にやって来た渡り鳥(鴨《かも》)から、田沢湖に辰子という美しい娘が居ることを聞きました。すると冬も押し迫ったある日、八郎太郎は遂《つい》に辰子に逢《あ》いに行く決心をします。八郎太郎は八郎潟の畔《ほとり》で身だしなみを整えた後(潟上市天王塩口《かたがみしてんのうしおぐち》には〝足洗の井戸〟があります)、新関《にいぜき》(潟上市《かたがみし》)、久保田《くぼた》(秋田市)、船沢《ふねさわ》(大仙市《だいせんし》)、西明寺《さいみょうじ》(仙北市《せんぼくし》)などで一夜の宿を乞《こ》いながら、川伝《づた》いに田沢湖へと向かって行きました。

大仙市や仙北市のとある宿では、八郎太郎が泊めてくれた御礼にと〝薬〟の作り方を宿の主人に教えました（28・29の伝説参照）。潟上市や仙北市の宿では、八郎太郎が寝ている時の大蛇の姿を、その家のお婆さんが見てしまったため、後に滅《ほろ》びたと伝えられています。

そして八郎太郎は桧木内川《ひのきないがわ》から潟尻川《かたじりがわ》を経て、霜月《しもつき》の９日（旧暦の11月９日）に、潟尻《かたじり》（※165）から田沢湖に入っていきました。辰子は八郎太郎の来訪《らいほう》（※166）を喜んで、その想いを受け入れます。以来、八郎太郎は冬になる度《たび》に田沢湖を訪れて、辰子と共に暮らすようになりました。そのため、主《ぬし》の八郎太郎が居ない八郎潟は冬に氷《こおり》が張《は》るようになり、八郎太郎と辰子姫の２龍神が暮らす田沢湖は、冬に凍ることもなく、ますます深くなったといわれています。

八郎太郎が田沢湖の水に入った位置には、浮木神社《うききじんじゃ》（※167）が建立されています。

〝田沢湖《たざわこ》〟の呼称は明治《めいじ》期に入ってから広まり、それ以前の付近住民は〝田沢の潟〟と呼んでいました。なお、潟尻の人々は八郎太郎が田沢湖に入る音を聴《き》いたり、姿を見たりしないようにと（見たり聴いたりすると死に至るともいう）、浮木神社で毎年11月９日は夜を徹《てっ》して賑《にぎ》やかに飲んで騒《さわ》ぐものと伝えられています。

仙北市春山地区では、霜月《しもつき》（11月）９日に明神堂にお籠《こ》もりしますが、夜中に禰宜《ねぎ》（※168）殿が祝詞《のりと》（※169）をあげると国鱒《くにます》（※170）２匹を供えて、その後は、皆で大騒ぎをして夜を明かします。これは八郎太郎が黒雲を纏《まと》い、大風雨に乗って〝金鶴子《かなづこ》（※171）〟に逢《あ》いに来る音を聴《き》かないようにするために行《おこな》われるものと伝えられています。

8 十和田神社 ● とわだじんじゃ

［青森県 十和田市（十和田湖）］

十和田神社《とわだじんじゃ》は、十和田湖の西側半島に建つ古社です。社伝で創建《そうけん》は大同《だいどう》2(807)年(※172)、坂上田村麻呂《さかのうえのたむらまろ》(※173)によるものとされています。祭神は日本武尊《やまとたけるのみこと》ですが、かつては〝熊野権現《くまのごんげん》〟や〝青龍権現《せいりゅうごんげん》〟と呼ばれていました。しかし、この神社創建にまつわる伝説はもうひとつあって、それは北東北一帯に広がる、〝三湖伝説〟という壮大な物語です。

この伝説によると十和田神社を創建したのは、〝南祖坊《なんそぼう》(※174)〟という修験僧《しゅげんそう》でした。父親の藤原是真《ふじわらこれざね》が熊野権現《くまのごんげん》(※175)に祈念《きねん》して生まれた子とされています。南祖坊は熊野権現で修行した際、神様から〝鉄《かね》の草鞋《わらじ》(※176)〟と〝錫杖《しゃくじょう》(※177)〟を授《さず》かって「百足《ひゃくそく》の草鞋が破《やぶ》れたところに住むべし」とのお告げを戴《いただ》きました。そして百足目の草鞋が破れた地がこの湖の畔《ほとり》だったのです。

しかしこの湖には、八頭《はちず》の大蛇である〝八郎太郎〟が既《すで》に住んでいました。そこで〝南祖坊〟は法華経《ほけきょう》の霊験によって、自《みずか》らを〝九頭龍《くずりゅう》〟に変化《へんげ》させると〝八郎太郎〟と争って、勝利の末に十和田湖に住み着き、〝青龍権現《せいりゅうごんげん》〟として崇《あが》められるようになったのです。

神社境内の奥へと進んで絶壁《ぜっぺき》を下りると湖面に辿《たど》り着きますが、ここが〝占場《うらないば》〟と呼ばれる場所で、南祖坊が入水《じゅすい》した位置と伝えられています。

また、南祖坊は死後の尊崇著しく、霊験あらたかな神仏として十和田湖を参詣する信者は漸次《ぜんじ》多きを加えて、何時《いつ》となく一大迷信が人心に生ずるに至りました。十和田湖の湖中に一尾の魚も生じないのは、湖神・青龍権現の霊力を示す為《ため》だと謂《い》われて、夏季は参詣者が群衆するものの、半季は人跡の絶える僻地《へきち》（※178）だったと伝えられています。

9
ヒメマス●ひめます
［青森県 十和田市・秋田県 鹿角郡 小坂町（十和田湖）］

十和田湖に流入する河川《かせん》は、神田川《かんだがわ》・大川沢《おおかわさわ》・宇樽部川《うたるべがわ》などで、流出は子ノ口《ねのくち》を起点として太平洋に注ぐ火口瀬《かこうせ》（※179）の奥入瀬川《おいらせがわ》のみとなっています。

明治《めいじ》初期まで青龍権現（※180・南祖坊《なんそぼう》）の霊力により、一尾の魚も棲《す》まないと云《い》われてきたこの十和田湖に、魚の増殖《ぞうしょく》を試《こころ》みた、鹿角郡小坂町の十輪田（十和田）鉱山の技師・和井内貞行《わいないさだゆき》（※181）という人物がいました。

和井内は何度となく養魚に失敗していました。その結果、多額の借金《しゃっきん》を抱《かか》えて苦しい生活を送ることになります。貞行が45歳の時、最後の勝負にでました。それは家具調度品までも売り払って、明治《めいじ》35(1902)年秋、青森県が北海道の支笏湖《しこつこ》から購入した〝カバチェッポ(ヒメマス)〟の卵を譲《ゆず》り受け、十和田湖畔で孵化《ふか》をさせた稚魚を翌年(明治36・1903年)春に放流したのです。

3年後の明治38(1905)年秋、貞行が十和田湖を見つめていると、無風にもかかわらず湖面が細波《さざなみ》立ちました。それは〝ヒメマス〟が大挙して押し寄せてきたもので、養魚を志《こころざ》して22年、貞行の血の滲《にじ》むような努力が実った瞬間となります。

以来、十和田湖では、ヒメマスの増殖漁業による孵化《ふか》事業が行われています。ヒメマスは成熟すると放流された孵化場の前に戻ってくるため、その回帰性を利用して親のヒメマスから採卵して孵化させており、孵化したヒメマスは約5センチメートルの大きさに育ててから十和田湖に放流しています。

〝ヒメマス〟は平成《へいせい》17(2005)年に、小坂町の魚として制定されました。

現在はヒメマスのほか、ニジマス・コイ・フナ・カジカ・ワカサギが十和田湖で生育していますが、いずれも養殖放流によるものとされています。

10

八郎太郎の棲み家

［秋田県 八郎潟周辺］

はちろうたろうのすみか

昔、ありました。

鹿渡《かど》の村（山本郡三種町《やまもとぐんみたねちょう》）に見窄《みすぼ》らしい（※182）姿をした若者（八郎太郎）が1人歩いてきて、「一晩泊《と》めてください」と村の家々に頼《たの》みます。しかし、何処《どこ》の家も「どうしたらいいだろう。阿母《あば》？」「駄目《だめ》だ！」とか「お父《とう》、追ってやれ！」と、誰《だれ》も相手にはしてくれませんでした。

そのうちに日も暮れて暗くなってしまいます。若者は、天瀬川《あませがわ》の老夫婦が住んでいる家を尋《たず》ねると、「お腹が空いてどうしようもありません。一晩泊めてください」とお願いしました。すると「それでは、どうぞ」と中に勧《すす》めて、泊めてやることにします。

ボロボロな着物を着た山のようなその若者は、囲炉裏端《いろりばた》にどんどん上がり込むと、「ああ寒《さむ》い。寒い」と震《ふる》えるものですから、お爺《じい》さんは、木の根を焚《た》いて温かくしてやりました。お婆《ばあ》さんは皿鉢《さらばち》に飯《めし》を盛《も》れるだけ盛ってやると、その飯をデロッと食べた途端《とたん》に、そのまま両足を広げて褌《ふんどし》（※183）を覗《のぞ》かせながら、ゴウゴウと鼾《いびき》をかいて寝《ね》てしまいます。お爺さんもお婆さんも、その様子に驚《おどろ》かされながら早く床《とこ》に就《つ》きました。

夜中になると、この若者は老夫婦を起こして、涙を流しながら「よく泊めてくださいました。本当に良かった。感謝《かんしゃ》します。じつは、朝が来て一番鶏(※184)が鳴くと、この辺《あた》りの山が崩《くず》れて大きな〝湖〟になるかもしれません。俺のことを泊めてくれようとしなかった7つの村の人達は、酷《ひど》い目に遭《あ》うことでしょう。さあ、2人とも時間がないので長者森《ちょうじゃもり》(三倉鼻《みくらはな》)に逃げてください」と伝えた即座《そくざ》に、その若者の姿がみるみると〝大蛇〟に変わって、お爺さんとお婆さんを大変驚かせました。

大蛇は天に届《とど》くように一声叫《ひとこえさけ》ぶと、ドドウと黒い雲が湧《わ》いてきて、ビカビカと稲妻《いなづま》が走ります。お爺さんは慌《あわ》ててお婆さんの手を引っ張って「早く来い、早く出て来い」と急《せ》かせたものですから、お婆さんはうろたえてしまい、戸の外に一度出ましたが、苧麻《ちょま》(※185)の繊維《せんい》を巻き取ったものを忘れたのに気付いて、取りに戻ると、丁度《ちょうど》その時に一番鶏があちらこちらで鳴きはじめました。

「あっ、危ない」と大蛇は、波にのまれるお婆さんの尻《しり》を自分の尻尾《しっぽ》で蹴飛《けと》ばします。するとお婆さんは、葦崎《あしざき》(三種町《みたねちょう》芦崎)の花谷地まで飛ばされてしまいました。

そして、あっという間に大きな湖ができると、水に埋もれた村の人達は、皆流されてしまったのです。若者を追った(泊めようとしなかった)お父さんは、家から出るのを嫌《いや》がって柱にしがみつき、(その夫婦の)お母さんは、お父さんが腰に締めている六尺褌《ろくしゃくふんどし》(※186)を握《にぎ》りしめましたが、そのまま湖に飛ばされると「冷たい。死んでしまう」と叫びながら、足をバタバタさせて水の底に沈《しず》んでいきました。

この出来事以来、この辺《あた》りの人達は誰《だれ》も〝鶏《にわとり》〟を飼《か》わなくなりました。お爺さんとお婆さんも、この後《あと》は会えることがありませんでした。(とっぴんぱらりのぷ)

11 八郎潟の八郎

［秋田県 仙北市］

はちろうがたのはちろう

昔、大湯の草木《くさき》(鹿角市《かづのし》)に〝八郎〟という若者が住んでいました。八郎は雲《くも》を突《つ》くような大男で、誰一人敵《かな》う者が居ない程《ほど》の力持ちです。それでも気立てが優《やさ》しくて、毎日、山や谷を駆《か》け廻《まわ》ると鳥や獣《けもの》を捕《と》ったり、薪《たきぎ》を集めたりして父母を養《やしな》う暮らしをしていました。

ある日、八郎は2人の仲間と一緒に、幾《いく》つも山を越えて奥入瀬《おいらせ》の渓谷《けいこく》に入ります。渓谷には清らかな水が流れていて、3人はこの谷川の近くに小屋を造ると、そこに泊まって山仕事を始めました。

今日《きょう》は八郎が食事の支度《したく》をすることになり、後《あと》の2人は山へ出掛けていきます。八郎が川へ水を汲《く》みに行くと、数匹の〝岩魚《イワナ》(※187)〟が泳いでいました。八郎は木の枝で手銛《ヤス》を作り、3匹の〝岩魚〟を突きます。小屋に戻ると早速、串に刺して火に炙《あぶ》りはじめました。〝岩魚〟はこんがりと焼けてとても美味しそうな香りを漂《ただよ》わせます。

「これは美味《おいし》そうだ。皆、早く帰ってこないかなぁ」と思う八郎でしたが、2人はなかなか戻ってきません。八郎は我慢《がまん》出来なくなって、自分の分を1匹頬張《ほおば》りました。脂《あぶら》がのっていてとろけるような美味しさです。あまりの旨《うま》さに思わず八郎は、残りの2人の分までも〝岩魚〟を食べてしまいました。

すると急に喉《のど》が渇《かわ》きだして、谷川から汲《く》んできた手桶《ておけ》の水をカブガブと飲みはじめます。それでも、飲めば飲むほどに喉の渇きは酷《ひど》くなりました。

「ああ、喉が焼《や》け付くようだ」と八郎は苦しんで呻《うめ》き声をあげながら、谷川に急いで行きます。岸辺で腹這《はらば》いになって身をのりだすと、流れに口を付けてゴクゴクと夢中になって水を飲みました。

どれほどの時間を飲み続けていたことでしょう。

漸《よう》く喉の渇きが落ち着いたので、顔をあげて辺りを見ると既《すで》に夕暮れです。立ち上がろうとして、ふと見た水面には、大きな影が揺《ゆ》れていました。八郎は思わず「あっ！」と驚《おどろ》きの声を上げて、よく見るとそれは大きな目が爛々《らんらん》と輝《かがや》いている、口が耳まで裂《さ》けた〝龍〟の姿です。八郎はいつの間にか〝龍〟になっていました。

そこに八郎を呼びながら、２人の仲間が探《さが》しに来ます。八郎が声のする方を向いた途端に、２人は龍の姿に驚いて逃げ出そうとしました。

「待ってくれ！」と八郎は悲しい声で２人を呼び止めます。

「俺はこんな恐ろしい姿になってしまった。水の無い所では生きていけない。湖を造って、そこで暮らすから、両親にそのように伝えてくれ」と言った途端《とたん》に、八郎は泣き出してしまい、その大きな声は何十里《り》（１里は約３・９２７キロメートル《キロメートル》）も遠くまで響《ひび》き渡《わた》りました。

仲間と別れてからも八郎は水を飲み続け、33日目には体が30余丈《よじょう》（約１００メートル《メートル》以上）もある立派な龍になります。龍になった八郎が山々の谷川を堰《せ》き止めると、満々《まんまん》と水を湛《たた》えた大きな〝湖〟を造りました。これが〝十和田湖〟だと伝えられています。

八郎は、長い体をうねらせながら碧々《あおあお》とした水の中に潜《もぐ》り、湖の底に沈《しず》んでいきました。こうして十和田湖の主《ぬし》（※188）になったのです。

その頃、南部《なんぶ》(※189)の三戸《さんのへ》に〝南祖坊《なんそぼう》(※190)〟という修行僧《しゅぎょうそう》がいました。南祖坊は偉《えら》い僧(※191)になるために全国の霊場《れいじょう》やお寺を巡《めぐ》り、体を鍛《きた》え、心を磨《みが》いて76歳まで修行すると紀州《きしゅう》の熊野山《くまのさん》に入ります。

熊野権現《くまのごんげん》(※192)に21日間のお籠《こ》もりをして、明日は満願《まんがん》(※193)という日の夜、夢の中に1人の僧が現れると、「南祖坊よ。お前はよく60年間の苦行《くぎょう》に堪《た》えた。ここに1足の草鞋《わらじ》を与える。この草鞋の緒《お》が切れた所をお前の永住《えいじゅう》の地とするがよい」と告げて姿を消しました。南祖坊が目を覚ますと枕元《まくらもと》には〝鉄《かね》の草鞋《わらじ》(※194)〟が置かれています。南祖坊は、これこそ正《まさ》に仏様(神様)のお告げに違《ちが》いないと信じて、夜が明けるとその草鞋を履《は》いて出立《しゅったつ》しました。

南祖坊が北の方角を目指して歩いていると、大きな湖の畔《ほとり》に出ます。その岸辺を辿《たど》って行くと「ブツリ」と草鞋の緒《お》が切れました。「おおっ！　草鞋が切れたぞ。ここを私の住処《すみか》としよう」と心を決めた南祖坊は、早速、お経を唱《とな》えながら湖に入ろうとします。すると静かだった湖面が俄《にわか》に波立ちはじめて、大きな波の間から〝龍〟が現れました。

「お前はいったい何者だ。俺は八郎というこの湖の主だぞ。勝手に人の住処に入ってはならぬ」という言葉にも恐れずに南祖坊は、

「何を言うか八郎！　私は熊野権現のお告げでこの湖を住処とする者だ。お前こそ、早く湖か

ら出ていけ！」と言ってお経を唱《とな》え始め、経典の巻物を八郎に目掛けて投げつけます。巻物は空中で忽《たちま》ち9匹の龍に変わり、八郎に襲いかかりました。

八郎も体の鱗《うろこ》を次々と剥《は》ぎ取ると、南祖坊へ投げつけます。宙《ちゅう》を飛ぶ鱗は、小さな龍に姿を変えて、南祖坊に噛《か》みつきました。それまで晴れ渡っていた空は、八郎が呼び寄せた黒雲に覆《おお》われると、雷鳴《らいめい》が轟《とどろ》いて凄《すさま》じい嵐《あらし》になります。

こうして八郎と南祖坊は、十和田湖の主の座を賭《か》けて7日7晩の間争いましたが、なかなか勝負がつきません。最後に南祖坊が声を張り上げてお経を唱えると、経文の文字がひとつずつ鋭《するど》い剣《つるぎ》になって、八郎の体を突き刺しました。八郎の龍体から真っ赤な血が吹き出して、湖に突きだした崖《がけ》の上に這《は》い上がると、岩肌を血の色で染めたのです。これが、御倉半島《おぐらはんとう》の〝五色岩《ごしきいわ》〟だといわれています。

このようにして八郎は、南祖坊の法力に負けて、十和田湖を追われました。

八郎は、比内《ひない》地方を湖にして住もうと考えます。北秋田郡と山本郡の境にある鼠袋《ねずみぶくろ》（※195）を塞《ふさ》いで米代川《よねしろがわ》を堰き止めると、細長い湖が出来ました。しかし、八郎の住処《すみか》としては狭《せま》くて水深も浅く、その体の全《すべ》てを沈《しず》めることができません。この様子を見ていた八座《はちくら》の神様達は、この地から八郎を追い出そうと策《さく》を練《ね》ります。すると八郎に、「ここはあなたが住むには狭《せま》すぎます。この川をさらに下《くだ》って行くと男鹿半島《おがはんとう》までの間に広い場所がありますから、そこに大きな湖を造られてはいかがでしょう」と代案を持ちかけました。

八郎はその話を受け入れましたが、その場で身動きができません。すると神様達は八座のうちの一座を崩《くず》して洪水を起こし、水が流れる勢いで八郎を米代川の河口《かこう》近くまで運んだのです。能代市二ツ井町七座《のしろしふたついまちななくら》は、八座のうちの一座がこの時に崩《くず》されたことによる地名と伝えられています。

川から這《は》い上がって八郎が見渡すと、南の方角には、海から激《はげ》しい潮風《しおかぜ》が吹きつける、草も生えない広々とした土地がありました。

「よし、ここに住処《すみか》を造ろう」と早速、八郎が海岸に土手《どて》（堤《つつみ》）を築《きず》くと、それまで海に流れ込んでいた水が溜《た》まって大きな湖ができました。それは、十和田湖よりも遥《はる》かに広い大きさです。八郎がその水の中に体を横たえると、深さも程良《ほどよ》く、落ち着いて寛《くつろ》ぐことができました。

八郎は、「ああ、やっと自分の住処ができた」と呟《つぶや》いて、十和田湖を追われて以来、体をゆっくり休めることができました。こうしてできた湖が〝八郎潟〟と呼ばれるようになったのです。八郎は疲《つか》れが取れると、溝《みぞ》を掘って湖と海を繋《つな》ぎました。すると、魚は冷たい海の水を逃《のが》れて、温かい湖の水にどんどん押し寄せてきます。八郎は湖の底に体を沈めると、魚が泳いでいる様子を楽しそうに眺《なが》めながら、八郎潟の主《ぬし》になりました。

季節が巡《めぐ》ると、その年も寒い冬がやって来ました。八郎潟は、一面に氷が張り詰めてしまいます。八郎は慌《あわ》てて、冬でも凍《こお》らない湖を探すと、男鹿半島の北浦町《きたうらまち》にある〝一ノ目潟《いちのめがた》〟という湖を見つけました。しかし、一ノ目潟の女神様は、「冬の間を一緒に暮らそう」という申し込みを受け付けません。

八郎は、東の方にある〝田沢湖〟に住んでいるという辰子姫《たつこひめ》も、人間の娘が〝龍〟になったという噂《うわさ》を耳にします。辰子は神代村《じんだいむら》の神成沢《かんなりざわ》（仙北市）に住む美しい娘でしたが、自分の美しさを永遠のものにしたいと観音様に願を掛け（※196）、お告げにより〝龍〟となって田沢湖に住みつくことになったというのです。八郎は思い切って田沢湖を訪ねてみました。すると辰子姫は、快《こころよ》く八郎を迎えてくれます。

それ以来、八郎は冬の間を田沢湖で辰子姫と暮らして、春になると八郎潟に帰るようになりました。八郎が田沢湖に来るのは毎年11月9日の晩と伝えられていて、この日は八郎が田沢湖に入る姿を見ることや、音を聴《き》くことがないようにと辰子姫を祀《まつ》った神明堂で、村人は賑《にぎ》やかに宴会《えんかい》を行《おこな》う習《なら》わしとなっています。

12 ダンブリ長者● だんぶりちょうじゃ

［秋田県 鹿角市］

昔、小豆沢《あずきざわ》(鹿角市《かづのし》八幡平《はちまんたい》)の根本というところに、1人の若者が年老《としお》いた父親と暮らしていました。若者は正直者で、村でも評判《ひょうばん》の良い働き者でありましたが、貧乏《びんぼう》暮らしの毎日です。ある日、若者はいつものように薪《まき》を採るため、山へ出掛けて行きました。

また、その頃、比内の独鈷《とっこ》という村(大館市比内町《ひないまち》)に1人の娘が住んでいました。その娘は優《やさ》しくてとても親孝行《おやこうこう》でありましたが、両親とも数年前に亡《な》くなってしまい、最近は悲《かな》しみをこらえる日々を過ごしていたのです。

ある晩《ばん》のこと、娘は夢を見ると、白髪《はくはつ》の老人から「家の前の小川伝《づた》いに下《くだ》っていきなさい。そして、大きな川にぶつかったら川上の方向へ進んで行きなさい。日が暮れる頃に1人の若者と出逢《であ》うでしょう。その若者は人の倍《ばい》も良く働く若者であるから、その若者と夫婦になるがよい」と告げられました。

夢から覚《さ》めた娘は、これは神様のお告げと信じて、翌朝早くに住み慣《な》れた家を出ると、言われたままの方角へ歩いていきました。日が暮れる頃、娘は小豆沢《あずきざわ》に辿《たど》り着きましたが、道に迷《まよ》いながら山道を進むと、木を伐《き》る作業をしていた1人の若者を発見します。若者の働きぶりは、木を1本伐ると2本倒れ、2本伐ると4本倒れ、3本伐ると6本倒れる程《ほど》でありました。娘はこの人が神様に告げられた人に違いないと信じて、この若者に夢のお告げを全《すべ》て話して聞かせます。話を聞いた若者は娘を家に連れて帰り、父親に相談すると、喜んで一緒になることに賛成《さんせい》してくれたので、2人は夫婦《めおと》になりました。

父親と若夫婦は、真面目《まじめ》に働《はたら》いて仲良く暮らしていましたが、あまりにも正直《しょうじき》すぎるためか、貧乏《びんぼう》暮らしのままです。

ある年の暮れ(12月・師走・正月を迎えようとしている頃)が押し迫《せま》っても、神様にお供《そな》えする餅《もち》や酒《さけ》を用意することが出来ず、一家は「ああ、情けない。新年だというのに神様へのお供え物が何ひとつできない」と、溜《た》め息《いき》をついて悲しんでいました。

大晦日《おおみそか》の晩、夫の夢の中に白髪《はくはつ》の老人が現れると、「我《われ》は大日神《だいにちしん》である。ここはお前たちの住む場所ではない。ここから川上《かわかみ》に進んで行くと広い場所があるので、そこに住むがよい。その場所では田や畑を広く耕《たがや》して、〝長者〟になることができるだろう。此処《ここ》を早く立ち去るがよい」と告げました。夫は、はっと目を覚ますと、側《そば》に寝《ね》ている妻《つま》を起こして、今見た夢の内容を話しはじめましたが、妻も全く同じ夢を見ていたのです。元旦を迎えて神様に感謝した若夫婦は、祭壇《さいだん》を作ると僅《わず》かばかりのお供えをしました。

翌日の正月2日、早速、父親と若夫婦は村の人達に別れを惜《お》しまれながら、川上の方角に向けて出立《しゅったつ》します。日が暮れたころ、お告げの通《とお》りの広い場所に辿《たど》り着きました。そこは田山《たやま》(岩手県《いわてけん》八幡平市)の奥の平又《ひらまた》という村であり、村長から村に住む許《ゆる》しを戴《いただ》いて暮らしはじめると、最初は〝葛《くず》〟や〝蕨《わらび》〟などの根を掘って食べて暮らしていましたが、日毎《ひごと》に田や畑を切り拓《ひら》いていきました。

ある夏の暑い日のことです。畑で働いていた若夫婦は、木陰《こかげ》で昼休みをしていました。夫が暑《あつ》さと疲《つか》れで寝ているところに、少し離《はな》れた岩の陰《かげ》から〝ダンブリ(蜻蛉《とんぼ》)〟が飛んで来て、夫の唇《くちびる》に尾をつけて、また向こうの岩の陰《かげ》へ飛んで行き、また飛んで来ては尾をつけるというような、同じ仕草《しぐさ》を何度も繰り返しています。妻《つま》は不思議なことをしているものだと思いながら、黙《だま》ってその〝ダンブリ〟の様子を伺っていました。

そのうちに夫が目を覚まし、「ああ、俺は今、これまでに飲んだことが無いとても美味しい〝酒〟を飲んでいた。おまえにも飲ませたいなあと思っているところで夢から覚めてしまったが、今でも、その味が口の中に残っているよ」と舌《した》で唇《くちびる》を舐《な》めまわしながら話します。妻は、「あなたが眠っていたとき、向こうの岩の陰から〝ダンブリ〟が飛んで来て、何度もあなたの口にしっぽをつけていましたよ」と、その様子を話して聞かせました。

不思議に思った若夫婦が、〝ダンブリ〟の飛んで行った方をよく見ると、岩の間から良い香りがする〝泉〟が懇々《こんこん》と湧《わ》いていたのです。泉の水を手に掬《すく》って飲んでみると、それは本当に美味しい〝お酒〟でありました。この酒は、飲むと忽《たちま》ち元気が出てくるので、飲んだ人はどのような病気も直《す》ぐに直《なお》り、長生きできる程《ほど》の酒でした。早速、若夫婦はその場所に家を建てて住むことにします。

この宝のような〝酒の泉〟の噂《うわさ》は、近郷近在から四方八方に広まり、次第にその水を求めて人々が集まってくるようになりました。暫《しばら》くすると、この〝泉〟のお陰《かげ》で、若夫婦の元には金や銀、宝石などの財宝が沢山集まり、忽《たちま》ち国一番の〝長者〟になっていたのです。その後、大きな屋敷を建てると、大勢の人々を迎え入れるようになりました。屋敷からは、下男下女《げなんげじょ》(※197)達が食べる米の白い〝研《と》ぎ汁《しる》〟が川下まで流れていくようになり、〝米白川《よねしろがわ》(米代川)〟と呼ばれるようになったのです。

この夫婦は、どのような望《のぞ》みも叶《かな》えられるほどの財産《ざいさん》を持つ〝長者〟になりましたが、40歳を過ぎても子供に恵まれませんでしたので、子供が授《さず》かるようにと毎日、大日《だいにち》の神様に合掌《がっしょう》して祈っていました。するとある時、その願いが叶って女の子が授《さず》けられます。

その子は成長するに連れ、次第に賢《かしこ》くて可愛らしい娘となり、〝秀子〟と呼ばれて、皆《みな》に可愛がられながら大切に育てられました。

大金持ちになった若夫婦は、皆に〝ダンブリ長者〟と呼ばれるようになっていましたが、正式に〝長者〟を名乗るためには、帝《みかど》（天皇）の許《ゆる》しを戴《いただ》かなければいけません。そこで、都に上って帝にお願いすると、「長者というものは、世の中すべての宝物《たからもの》を持っていなければならない。第一の宝は子供であるが、お前に子供はあるのか」とのお言葉がありました。若夫婦は「女の子が1人おります。都を見せたいと思って、連れて参っております」と答えて、娘を帝の御目に掛けました。すると秀子はとても美しい女性であったため、帝に気に入られて、宮中に仕えることになります。若夫婦は本当の〝長者〟を名乗る許しを得たうえに、沢山の褒美《ほうび》を戴《いただ》いて、喜んで故郷《こきょう》に帰りました。都に残った秀子は、〝吉祥姫《きっしょうひめ》〟と名前を変えると、後に帝（第26代継体天皇《けいたいてんのう》）のお后《きさき》になって幸せに暮らします。

月日も経ち、長者夫婦が年老いて亡くなると、次第に〝酒の泉〟もただの水となり、その場所に住んでいた多くの人達も居なくなってしまいました。

そのような故郷の様子を都で聞いた〝吉祥姫〟は悲しんで、「私の両親は、夢に現れた大日神のお導《みちび》きで〝長者〟の位まで戴《いただ》けました。その謂《い》われをぜひ後の世まで伝えたいと存じます」

と帝にお願いします。帝は「神は国の守りである。長者が尊んでいた大日神の神社を、長者の故郷に建てるがよい」と応《こた》えて、使いの者を小豆沢《あずきざわ》へ派遣《はけん》すると〝大日堂（※198・大日靈貴神社《おおひるめむちじんじゃ》）〟を建立させました。

そして、大日堂のお祭りが毎年正月2日に行われるようになります。これは、長者夫婦が夢の中で神様のお告げを戴《いただ》いて、運が開けるようになったのが正月2日だったことに由来します。都《みやこ》からは、踊《おど》りや笛《ふえ》、太鼓《たいこ》の囃子《はやし》を教示《きょうじ》する人が大勢来て伝承し、大里《おおさと》・小豆沢《あずきざわ》・長峰《ながみね》・谷内《たにない》の4地区の人達が、祭りの時に舞を納めるようになりました。これが、国指定重要無形文化財〝大日堂舞楽《だいにちどうぶがく》（※199）〟の始まりと伝えられています。

年月も過ぎて〝吉祥姫《きっしょうひめ》〟が亡《な》くなると、姫の遺言《ゆいごん》どおり、故郷の大日堂の近くに（※200）〝吉祥姫〟の墓が造られ、側には墓印として銀杏《いちょう》の木（※201）が植えられました。

13 だんぶり長者

［岩手県二戸市］

● だんぶりちょうじゃ

継体天皇《けいたいてんのう》（第26代）の時代（507～531年頃）、米代川の下流にある小豆沢《あずきざわ》（秋田県鹿角市八幡平）の根元という所に、大変お酒が好きなお爺《じい》さんが居ました。働いたお金はすぐに酒に変わって呑《の》むばかりで、蓄《たくわ》えも無く、行く末もわからない生活をしていたので、村の人達は気の毒に思いながら世話をしていました。

ある日、この村に突然、若者が訪ねて来ます。

「私の生まれは京都ですが、訳《わけ》があって長牛《なこうし》(鹿角市八幡平)に住んでいます。両親も身寄りもありませんので、お爺さんを親としてお世話をさせてください」と申し出ました。村の人達は奇特《きとく》(※202)なことと思いながら、見守ることにします。

若者は朝早くから柴刈《しばか》りをするなどして働き出すと、そのお金でお爺さんにお酒を呑ませるようになり、良い養子が出来たものだと、村人達は大変喜んでいました。

ある日の夕方、いつものように若者が柴刈《しばか》りをしていると、旅に疲《つか》れた娘が1人、若者の働く様子を黙《だま》って立ったまま見ています。

どうしたものかと尋《たず》ねると、娘は川下《かわしも》の独鈷《とっこ》(秋田県北秋田郡比内町)に両親と一緒に暮らしていましたが、流行病《はやりやまい》で両親を亡くし、泣いていると夢枕に白髪の老人が現れたと話しはじめました。

「お前の夫になる若者が、川上《かわかみ》に居るので逢《あ》うがよい」と、その老人が手を取りながら導《みちび》いて、若者が働いている場所に辿《たど》り着きます。その働きぶりは1本の木を切り倒せば2本倒れ、2本倒せば4本倒れるというものでした。それを指して「あの若者がお前の夫となる人だ」と告げられた途端《とたん》に眼が覚《さ》めました。そこで早速、川上に向かって歩いて来ると、「あなたがその若者のようだ」と言うのです。

若者はこの娘を家に連れて帰ると、養父のお爺さんに相談しました。お爺さんは、「これは日頃信心している大日神の御陰《おかげ》だから、末永く、仲睦《なかむつ》まじく暮らしなさい」と言って、2人を夫婦《めおと》にさせました。

しかし、この若夫婦はあまりにも正直すぎるせいか、いくら働いても貧《まず》しい生活が続いています。「正月を迎えるというのに、食事も事欠くうえに神様にお供え物すら出来ない」と溜《た》め息《いき》をついていました。すると2人はその晩、夢を見ます。現《あらわ》れた大日神が「お前達が川上に住むならば、福来たり、徳集まりて大功を成すであろう」と告げたのです。

若夫婦は神様のお告げの通りに、移住することにしました。そこは米代川の源流である平又《ひらまた》（八幡平市）という地です。村の人々にこの地を開拓することを願い出て許されると、一生懸命に藪《やぶ》を切り拓《ひら》き、畑を耕《たがや》して働きました。

そんな秋日和で、畑の作物の収穫《しゅうかく》に忙《いそが》しいある日のことです。木陰《こかげ》で昼休みをしていた夫は疲れに負かせて居眠りをはじめました。すると、その唇に〝赤だんぶり（赤蜻蛉《あかとんぼ》）〟が尾をつけては飛んでいき、また飛んできては尾を唇につけるという仕草を繰り返しています。

ふと夫が眼を覚ますと唇が甘いことに驚いて、妻に尋《たず》ねました。その様子を聞くと、夫は妻と一緒に〝だんぶり〟が飛んでいった場所に行ってみます。するとそこには、岩陰から懇々《こんこん》と〝泉〟が湧いていていました。しかも、その水は甘い〝お酒〟です。

夫婦は喜んで泉を汲《く》むと、養父に持って帰りました。お爺さんは喜んでこれを百薬《ひゃくやく》の長《ちょう》（※203）と言って呑《の》んだところ、忽《たちま》ち元気になったのです。

医者も居なくて、薬も無い時代のことでした。この泉の噂は、村人をはじめとして、近郷近在に知れ渡ります。日増しに泉の水を譲《ゆず》り受ける人が増えていきました。正直な夫婦は、求められるがままに分け与えます。それが二度、三度と繰り返すようになると、宝物を持参して来て、交換するようになりました。遠くは伊達郡《だてぐん》（福島県）から黄金のふきめ百匹、出羽比内郡《でわひないぐん》（秋田県）からは孔雀石《くじゃくいし》、階上郡（しなのへのこほり・しなのへぐん・宮城県多賀城周辺）からは漆《うるし》万杯、津軽郡《つがるぐん》（青森県）からは合浦《がっぽ》の球など、東北の各地から宝物という宝物が集まって蔵が40も建つ程《ほど》になり、夫婦はいつの間にか裕福《ゆうふく》になっていたのです。

しかし、この夫婦には子供がありませんでした。思い付くばかりにありとあらゆる占術《せんじゅつ》や功徳《くどく》を施《ほどこ》しましたが、どうしても授《さず》かりません。とうとう稲庭岳《いなにわだけ》を越えて天台寺《てんだいじ》の桂清水観音に二十一日の願を掛けました。満願の日の夜、観音様からお告げを戴《いただ》くと姫を授かって、〝桂子姫《かつらこひめ》〟と名付けます。

〝長者〟の印号を受けるために京の都に上って帝《みかど》に拝謁《はいえつ》した夫婦は、「どのような宝を持っているのか」と尋《たず》ねられました。夫婦は「第一に味も絶えない泉の酒、第二に奥州の黄金十万両と漆万杯、第三に天人が蓮糸《はすいと》で織った錦衣、第四に大蛇の角、駒の角……」と申し上げました。すると帝は「宝物の一番の宝は子宝であるが、幾人あるか」と尋ねます。夫婦は「娘が1人居ります」と申し上げると、帝はこの姫を宮中に仕えるように命じられて、〝吉祥姫《きっしょうひめ》〟と名を改めました。

夫婦は長者になったものの、娘と離れて寂《さび》しく帰郷し、望みの光が消えたようになってしまいます。長者は遂《つい》に病《やまい》に倒《たお》れると89歳で世を去りました。妻もその後、三十五日（仏教の冥界《めいかい》で閻魔大王《えんまだいおう》の裁きを受ける日とされます）も過ぎないうちに85歳で亡くなります。長者夫婦の死とともに〝泉〟もただの水になりました。

14

田沢湖の名称

［秋田県 仙北市］

● たざわこのめいしょう

秋田県の中東部に位置する〝田沢湖〟は、全域が〝田沢湖抱返《だきがえ》り県立自然公園〟で、日本百景にも選定されている景勝地となっています。直径は約6キロメートルの円形、最大深度は423・4メートルで日本第1位(2位・支笏《しこつ》湖:北海道、3位・十和田湖)、世界では17番目に深い湖です。湖面標高が249メートルであるため、最深部の湖底が海面下174・4メートルで、真冬でも湖面が凍《こお》り付くことがありません。そして、この湖水に差し込んだ太陽光は水深に応じて明るい翡翠色《ひすいいろ》から濃《こ》い藍色《あいいろ》に彩るため、日本のバイカル湖(※204)とも呼ばれています。

〝田沢湖《たざわこ》〟の名称は、明治《めいじ》時代(1868年以降)に入ってから定着したようで、それ以前の文献では、〝田沢の潟〟〝辰子潟〟などと記されていました。古名の由来は〝田沢村の潟〟という意味、またはアイヌ語で〝盛り上がった円頂の丘〟を意味する言葉の〝タプコプ〟が変化したなどの説があります。

〝辰子姫《たつこひめ》〟も以前は〝鶴子《つるこ》〟などとされていて、この名前は変遷《へんせん》があったものと推察《すいさつ》され、由来は明らかでありませんが、〝鶴子〟は熊野信仰との関係性、広く知られている〝辰子〟は田沢湖の古名である〝辰子潟〟から転じたとする説もあります。

15 辰子伝説

［秋田県 仙北市］ ● たつこでんせつ

田沢湖周辺には、〝岩魚《イワナ》〟を食べた後《あと》に水をがぶ飲みして、〝龍〟の身体になった八郎と辰子が巡《めぐ》り逢《あ》うと夫婦になる説話があります。

田沢湖の畔《ほとり》、神成村《かんなりむら》に〝辰子《たつこ》（※205）〟という娘が暮らしていました。辰子は類《たぐ》い希《まれ》な美しい娘でありましたが、その美貌《びぼう》に自ら気付いた日を境に、日毎《ひごと》に衰《おとろ》えていくであろうその若さと美しさを永遠に保《たも》ちたいと願うようになります。辰子はその願いを胸に、村の背後の院内岳《いんないだけ》（※206）にある〝大蔵観音《おおくらかんのん》（※207）〟で百夜の願掛けをはじめました。その必死の願いに観音が応《こた》えて、山深い〝泉（※208）〟の場所を辰子に示します。お告げのままに辰子は〝泉〟の水を口にしましたが、途端《とたん》に激しい喉《のど》の渇《かわ》きに襲《おそ》われて、いくら飲んでも渇きは増して激しくなり、その狂奔《きょうほん》（※209）する姿は、いつの間にか〝龍〟へと変化《へんげ》していきました。自分の身に起こった報《むく》いを悟《さと》った（※210）辰子は、田沢湖に身を沈《しず》めると、その主《ぬし》（※211）として暮らすようになります。

辰子の母は、帰って来ない娘の身を案じて（心配して）いましたが、やがて湖の畔《ほとり》で対面することができました。辰子は人間の姿で母を迎えましたが、その実体は既《すで》に人ではありません。辰子に別れを告げる悲しむ母が投げた〝松明《たいまつ》〟が湖の水に入ると〝魚〟の姿に変わって、これが〝国鱒《くにます》（※212）〟の発祥《はっしょう》（発生）と伝えられています。

類話 15の1 辰子の父親が、田沢湖に「この木、鱒《ます》になれ」と〝木の尻〟を投げると鱒になりました。この鱒を〝キノシリマス（※213）〟と呼びます。

秋田の海沿いに〝八郎潟《はちろうがた》〟という湖があります。ここは、人間から〝龍〟へと姿を変えた〝八郎太郎〟という者が、終《つい》の住処《すみか》と定めた〝湖〟です。しかし八郎太郎は、いつしか田沢湖の主《ぬし》・辰子に惹《ひ》かれると、辰子もその想いを受け入れました。それ以来、八郎太郎は辰子と共に田沢湖で暮らすようになり、主《あるじ》が居なくなった八郎潟は、年を追うごとに年々浅くなり、田沢湖は冬に凍《こお》ることもなく、増して深くなったのだと伝えられています。

辰子には〝不老不死《ふろうふし》（※214）〟の願望《がんぼう》がありましたが、のちに夫となる八郎太郎には、そのような願望はなく、たまたま唯《ただ》、岩魚《イワナ》を食べて、水を鯨飲《げいいん》（※215）しているうちに〝龍体〟となってしまったと伝えられています。

16 辰子姫伝説
［秋田県］
● たつこひめでんせつ

昔、田沢村(仙北市)に〝辰子〟という娘が、母と2人で暮らしていました。辰子は近隣でも評判《ひょうばん》の美人でしたが、いつしかその美しさを永遠に保ちたいと願うようになり、百日もの間、観音堂に通い続けて祈ると、遂《つい》に〝霊泉《れいせん》〟のお告げを戴《いただ》きます。

その霊泉を探しに辰子は、近所の娘達3人と共に山に入りました。辰子は川で捕《と》った魚を焼くと、あまりもの美味しさに他の娘達の分まで食べてしまいます。すると激しい喉《のど》の渇《かわ》きに襲《おそ》われて、水を求めて彷徨《さまよ》い歩いた先に〝泉〟を見つけだしました。その水を何時《いつ》までも飲み続けていると、気が付いた時には体が〝龍〟に変化《へんげ》していたのです。

龍の姿になった辰子は、激しい豪雨《ごうう》と山崩《やまくず》れによって現れた〝湖〟に入ると、そこの主《ぬし》(※216)になりました。

龍に変わった辰子の姿に驚いて、逃げ帰ってきた娘達の話を聴《き》いた辰子の母は、松明《たいまつ》を手にして辰子に逢いに向かいました。湖の畔《ほとり》で母が泣きながら辰子を呼んでいると、人間の姿で辰子が現れます。しかし、辰子は母に好物の魚を送ることを約束して別れを告げると、龍の姿になって湖の底に戻っていきました。

母は嘆《なげ》き悲しみ、手に握《にぎ》る松明の燃え残り(木の尻)を湖に向けて投げ放ちます。すると、湖水に波紋を拡げながら、木の尻が〝魚〟に変わりました。これが〝国鱒《くにます》(※217)〟の発祥といわれていて、別名を〝木《き》の尻鱒《しります》〟とも呼び、母の家では湖から送られてくる国鱒が絶えることが無かったと伝えられています。

八郎太郎伝説と辰子姫伝説は、後《のち》に結びついて〝三湖伝説〟となります。

八郎潟の八郎太郎の元に鴨《かも》が渡ってきて、辰子姫が八郎太郎に逢《あ》いたがっていることを伝えました。そこで八郎太郎が人間に化身して田沢湖を訪ねると、〝南祖坊《なんそぼう》(※218)〟が阻害《そがい》(※219)しにやって来たのです。前回は十和田湖の主《ぬし》の座を争って、八郎が負けましたが、今度は八郎太郎が打ち勝って、辰子に逢うことができました。以後、八郎太郎は、春から秋の季節は八郎潟で暮らして、冬になると田沢湖で辰子と暮らすようになります。そのため2人が暮らす田沢湖は冬でも凍らず、一方、主《あるじ》の居ない冬季の八郎潟は、凍《い》てついた氷の上を人が渡れるようにまでなったと伝えられています。

例年12月10日頃に八郎潟の氷上を渡ると、2、3丈《じょう》四方（1丈＝約3・03m《メートル》）の大きさで凍《こお》らない所があり、これは、湖水の神である八郎が通う道だと伝えられています。

17 鶴子伝説《つるこでんせつ》

［秋田県 仙北市 田沢湖周辺］

【1】神のお告げ

昔々、院内《いんない》の神成沢《かんなりざわ》に〝鶴子《つるこ》〟という美しい娘がいました。18歳になると、近くの観音様に〝不老長寿《ふろうちょうじゅ》〟を祈願《きがん》します。満願《まんがん》の百日目に「鶴子よ、お前の願いを聞き届けよう。山の峰《みね》伝いに北へ行くと〝霊泉《れいせん》〟が懇々《こんこん》と湧いています。本当にその美しさを保ちたいのならば、その霊泉に顔を映してご覧《らん》なさい」というお告げがありました。

鶴子は頷《うなず》いて決心します。「その泉に行ってみよう」

夜更《よふ》けの満天《まんてん》の星空に包まれながら、北へ足を進めました。どれ程《ほど》歩いたのかわかりません。ただ、お告げを信じて歩きます。時折、梟《ふくろう》の声が聴《き》こえてきました。山道の薮《やぶ》を手で分けながら、微《かすか》かな月の光だけを頼《たよ》りに歩き続けます。すると木立に囲《かこ》まれた岩に突き当たりました。

鶴子がその岩をよく見ると、丁度《ちょうど》、目の高さの所が丸い鏡《かがみ》のようになっています。月の光で、そこに微《かす》かに映《うつ》る自分の姿を見つめました。初めに髪を整えてから、着物の乱れを直します。暫《しばら》く鶴子は岩の鏡に向かいながら無意識に、観音様を百度参り（※220）して、お告げを戴《いただ》いたことを喜《よろこ》んでいました。

夜空を眺《なが》めると「なんて美しい星だろう。この星の一つひとつが私に話しかけている」と、星のすべてが鶴子には微笑《ほほえ》んでいるように見えました。また歩きだすと、木立の繁《しげ》みに入ります。すると〝霊泉〟がそこにありました。鶴子は観音様のお告げを思い出して、星を見上げながら「これがお告げの泉だ……。今頃、父母はよく眠っているのだろう……」と思うと母の顔、父の顔が瞼《まぶた》に浮かんで、まるで走馬燈《そうまとう》のように、家の中や庭の木々の様子までもが脳裏《のうり》に映し出されます。すると鶴子は、自分がこれまで毎日密《ひそ》かに家を抜け出して、観音様に祈願し続けてきたことが不思議に思えてなりませんでした。

【2】 鶴子の誕生

「こんなに綺麗《きれい》な子は見たことが無い」これは神様からの授《さず》かりものだと、村中が三之丞《さんのじょう》の家の女の子の誕生をお祝いして、誰もが我が子のように小躍《こおど》りして喜んでいました。

「この子にどんな名前をつけようか」と言われた母は、ただ頷《うなず》くばかりです。父の三之丞は、「まだ雪もあることだし〝雪子〟ではどうかな。いやそれよりも、もう春も近いから〝春子〟と付けるかな」と独り言を繰り返しては、産まれたばかりの子の名前に迷《まよ》っていました。

「〝雪子〟〝春子〟〝冬子〟それとも3月だから〝弥生《やよい》〟にしようかな」……考えれば考える程に決めかねておりました。そのうちに2日過ぎ、3日過ぎて、もう7日になっていました。

子供が産まれて7日目は〝お七夜《しちや》〟といって、子供の成長と家の繁栄《はんえい》を祝う習慣《しゅうかん》があります。村の人達は夕暮れが近くになるにつれ、重箱にお料理と濁《にご》り酒を手に提げてお祝いに来ました。

「三之丞さん、本当に綺麗な子だよ、産まれた時より一段と美しくなったな」

「三之丞さん、鳶《トンビ》が鷹《タカ》を産むというが、これは何と言ったらいいだろう」などと、お祝いに来た人達に、入れ替わり立ち替わりで話掛けられ、父と母は喜びながらお酒を注《つ》ぎに廻《まわ》ります。

いきなり隣の家の六兵衛さんが、大きな声で「この子に何という名前を付けたか教えろ」と尋《たず》ねると、賑《にぎ》やかな宴《うたげ》の席は、急に静かになって皆が耳を傾《かたむ》けました。

しかし、三之丞からは返事がありません。今度は3軒目のおトメ婆さんが「名前は何と付けた」と繰り返し何度も聞いてきて、三之丞も困《こま》ってしまいました。未《ま》だ名を付けていないとも言えないし、どうしたものかと考えていた矢先《やさき》に、ふと「つ、鶴子《つるこ》だよ」と答えました。

「この子は〝鶴子〟なそうだよ」と村人達が口々に言い合っては、「いい名だ、いい名前だ」と口を揃《そろ》えて喜びました。

「鶴というのは、白い羽根、長い嘴《くちばし》、長い首に長い脚《あし》。大きな白い羽根で飛んでいる美しさは、他に例《たと》えようもないだろう。この子にはぴったりだよ」と誰かが言うと、「そうだ、そうだ」とより一層《いっそう》、賑《にぎ》わいました。その中で三之丞は返事の出来ない子供に、「鶴子、鶴子」と何度も呼び掛けていました。

【3】 幼年時代

1年経ち、2年経つと鶴子は、益々綺麗な子供になっていました。

鶴子の産まれた村には、家が何件もありません。森が近くにあって、小川の清流には魚が泳いでいます。

鶴子は5歳になると、近くの子供達と一緒に、田の畦道《あぜみち》を駆《か》けっこしたり、隠《かく》れん坊したり、毎日元気に遊んでいました。父や母が田圃《たんぼ》や畑に出掛けると、後に付いて行って、お昼には御握《おにぎ》りを一緒に食べました。

冬には藁沓《わらぐつ》の中に雪を入れて叱《しか》られたり、春には桜の下で友達と一緒にお弁当を食べたり、夏は小川で水遊びをしたり、秋には稲刈《いねか》りで忙《いそが》しい父や母のお手伝いをしたりと、楽しい日もあれば、男の子に叩《たた》かれて泣いたりもしながら、普通の子供と変わりなく日々を過ごしていました。それでも綺麗な姿は成長するにつれて一層美しくなっていきます。そのような鶴子のことは、遠く隣村《となりむら》や町までも知れ渡っていました。

【4】お嫁《よめ》の話

清楚《せいそ》で美しい鶴子の容姿は、秋田を代表するにふさわしい程《ほど》になりました。年頃になると鶴子にもお嫁になる話が持ち掛けられるようになりましたが、両親はこのことを鶴子には話しませんでした。それでも、日々あちらこちらからお嫁に欲しいと訪ねて来る人達に、鶴子が気付かない訳《わけ》がありません。「お母さん、あの人達は誰なの。何しに来たの」と時折聞いてみましたが、母は本当のことを話してはくれませんでした。

三之丞の家では、鶴子はたった1人の娘なので、嫁に行かせることを拒《こば》んで（※221）いたのです。

そうしているうちに1年、2年と過ぎても、なお、お嫁に欲しいと訪ねてくる人が日毎《ひごと》に増えていきます。その間に、周りの友達がお嫁に行ってしまうと、話し相手も少なくなって寂《さび》しい日々を過ごすようになりました。

それでも、そんな寂しさには負けずに鶴子はよく働いています。春は田畑の仕事が終わると野山に山菜を採りに、秋は野菜の漬け物の手伝いや、キノコを採りに山に行ったりしているうちに、院内付近の山や野原をすっかり知り尽《つ》くしていました。

【5】 観音様のこと

鶴子は17歳になりました。

ある日、友達と院内嶽《いんないだけ》の観音様に行ったことを両親に話すと、夕御飯を早めに済《す》ませて、鶴子は床《とこ》に就《つ》きました。

布団《ふとん》の中で鶴子は、その日の出来事を振り返るような夢を見ます。うららかな春の日に山菜を採ったり沢蟹《さわがに》を捕ったり、御握《おにぎ》りを食べていると見上げる大空に鳶《とんび》が輪をかいたことなど、そして特に印象深いのは観音様のことでした。静寂な観音堂の境内は、神秘的であり、何処か懐《なつ》かしくさえ思えました。

「観音様が私を呼んでいる。手を招《まね》いて……」そこで目が覚めました。

その日の朝、父が話し掛けてきます。

「鶴子よ、お嫁に行かないか。あちらこちらからお嫁に欲しいと言われている。お前は一人娘なのでどうしたらよいものかと、今まで話さずに居たが、来年はもう18歳になるのだ」

「私がお嫁に」と驚いた鶴子は、即座に返事も出来ず、慌《あわ》てて外に出て行くと、「皆が私のことを美しいと言うけれども、そんなに美人なのかしら」と呟《つぶや》いていました。

【6】 百度参《ひゃくどまい》り

「何処《どこ》かに嫁《とつ》がないか」という話を聞いてからの鶴子は、両親と一緒の楽しい日々の生活がお仕舞《しま》いになってしまうのかと思うと、悲しくて涙が出てきました。

「もし私がお嫁に行ったら、父や母はどうなるのだろう」

それから数日が過ぎると、鶴子は自分の美しさを永遠のものにしたい。何としても何時《いつ》までもこの姿のままで居たい。そう思うと居ても立ってもいられなくなりました。部屋に閉《と》じ籠《こ》もって口も利《き》かなくなり、日増しに痩《や》せていく様子に、両親は心配を募《つの》らせました。

鶴子はある日、「そうだ、今晩から行こう。観音様に百度参りをして、この自分の姿が何時《いつ》までも変わらぬように祈願しよう」と思い立って起き上がると、両親の寝静まった頃を見計《みはか》らって、こっそり家を抜けだしました。

山道を歩いて参道を進むと、見えてきた観音堂が月の光に照らされている様子は、薄気味悪ささえ感じられます。それでも鶴子は、御堂の前で手を合わせると祈り始めました。

時には風が吹き付け、雨に打たれて全身がずぶ濡《ぬ》れになることもありました。それでも鶴子は絶えること無く、毎晩そっと家を出ては観音堂に向かったのです。そして遠くの山々には白い雪が見えて、身体は凍《い》てつくように冷たくなるような頃、満願の百日目を迎えました。その日も鶴子はいつもと変わらずそっと家を出ます。

三之丞の家には、鶴子が生まれる前から1人の雇《やと》い人が居ましたが、それはもういい年の〝爺《じい》や〟でした。この爺やが毎晩、鶴子が家を出ていくのに気が付くと、何をしているのかと不思議に思いながら、今日はその後を付けてみることにしたのです。

鶴子は観音堂の前で手を合わせると、「今日で百日目です。どうかお告げをお聞かせ下さい」と一心に祈り続けていましたが、疲《つか》れ果ててその場に眠《ねむ》ってしまいました。暫《しばら》くして、鶴子はふと眼を覚ました途端に歩き出したのです。爺やも鶴子に気付かれないように、さらに後を追いました。霊泉の畔《ほとり》に辿《たど》り着くと、鶴子は黙《だま》って水面を覗《のぞ》いていましたが、そのうちに両手で水を掬《すく》いあげて飲みはじめます。その瞬間のことでした。

鶴子は、月の光に照らされた自分の顔が、泉の水面に映ったのを見て驚きました。

「これは、何?」

その瞬《また》く間に鶴子は恐《おそ》ろしい〝龍〟の姿になっていたのです。観音様から戴《いただ》いたお告げは、〝龍神〟になることでした。全身が〝龍神〟と化した鶴子は、吸い込まれるようにその霊泉の中に入っていったのです。

この様子を見ていた爺やは、驚きのあまりに腰が抜けて立つこともできません。やがて鶏の鳴く声が聞こえて、うっすらと夜が明けてきました。爺やは急いでこのことを鶴子の両親に知らせねばと、足を引きずりながらも、やっとの思いで家に辿《たど》り着きました。顔面蒼白になって、眼の色までも変えた爺やが話すことを両親は本気にしてくれません。しかし、陽が沈んで暗くなっても鶴子が家に帰らないので、両親は心配になって、爺やと一緒に霊泉へ行ってみることにしました。その後から大勢の村人達も駆《か》けつけます。

「鶴子ぉー。鶴子ぉー」と代わるがわる呼び続けていると、泉は忽《たちま》ち大きな〝湖〟となって、水面は風に吹かれて黒く波打ち、樹々のざわめきが聴《き》こえています。皆は、叫《さけ》べども返事の無い鶴子を繰り返し呼び続けていました。

【7】 母との対面

母には、湖の中から微《かす》かな鶴子の声が聴こえました。すると〝龍神〟が母の目の前に現れて、声は無くとも、母にその姿を見せて、無言で気持ちを伝えています。

母は、「お前が鶴子……」と驚きのあまり声が出ず、その場に竦《すく》むと龍神を見上げて、瞳《ひとみ》を見つめるばかりでした。

今となっては、再び人間の姿の鶴子を見ることはできません。母は、誤《あやま》った育《そだ》て方をしたのだろうかと涙を流して自分を責《せ》めても、どうしてこうなってしまったのかわかりません。

龍神は「お母様、これまで本当に優しくしていただいてありがとうございました。どうか何時《いつ》までもお元気で」とだけ伝えると静かに湖の中に入っていきました。

以後、鶴子が龍神になったことが村から町まで伝わり、田沢湖の哀歌《あいか》となって、今では名前も〝辰子姫《たつこひめ》〟として語り伝えられています。

18

［秋田県 仙北市（田沢湖）］

御座石神社・御座石・潟頭の霊泉・鏡石

ござのいしじんじゃ・ござのいし・かたがしらのれいせん・かがみいし

〝御座石神社《ござのいしじんじゃ》〟は室町《むろまち》時代（１３３６～１５７３年）、熊野修験僧（※222）が御座石付近を修験の場と定め、祠《ほこら》を建てたのが創建とされています。古代の龍神信仰と熊野信仰が混交《こんこう》したものと考えられて、〝辰子《たつこ》〟を明治《めいじ》以前には〝鶴子《つるこ》〟や〝亀鶴《かめつる》〟等と呼称し、これは、熊野信仰の神話に登場する姫や女官に〝ツル〟と付く名が多く見られる事から、関係が深いものと推察《すいさつ》されます。

〝御座石《ござのいし》〟は神社前の田沢湖畔に建つ鳥居《とりい》の位置にあり、田沢湖に向って広がる上部が平《たい》らな巨石です。出羽久保田藩《でわくぼたはん》2代佐竹義隆《さたけよしたか》公が慶安《けいあん》年間（1647～1651年）の頃、この岩場に床机《しょうぎ》（※223）を据《す》えて田沢湖の景色を眺《なが》めたことから付いた名で、御座所の石（岩場）という意味です。ここには〝延命水〟という泉も湧《わ》いていたと伝えられていますが、確認できません。昭和《しょうわ》15（1940）年頃、玉川に発電所が出来てから湖の水位が低くなったことにより、岩の風化が進んで、その広さは当初の10分の1になったといわれています。

〝潟頭《かたがしら》の霊泉《れいせん》〟は御座石神社の西100米《メートル》付近に祀られていて、永遠に変わらぬ美しさを求め、院内の〝大蔵観音《おおくらかんのん》〟に願を掛けた（※224）辰子が満願の日（※225）、神のお告げによってこの泉の水を飲み、〝龍神〟に化したと伝えられています。背後の高鉢山《たかばちやま》自体を神聖視して、山裾から湧く清水も霊的な力があると信仰されたことから、辰子伝説と結び付いたことが推測《すいそく》されます。

〝鏡石〟は高鉢山の中腹にあり、現在でも信仰の対象となっている奇岩です。まだ普通の人間の娘であった頃の辰子は、山菜取りなどでよくこの辺《あた》りに来ていました。ここには、〝鏡〟のように磨《みが》かれた不思議な石があり、鏡が無い時代に、辰子はこの鏡石に向って髪を結い、化粧をしたと伝えられています。この岩は木々に囲まれていますが、当時は白い岩肌が光に反射して特異な景観を作り出していたことが推察され、特に岩の中心部には人工的に彫り込まれたような六角形の突起部《とっきぶ》があることからも、その魅力を一層《いっそう》、醸《かも》し出しています。

19 田沢湖と龍神 ● たざわことりゅうじん

［秋田県 仙北市］

昔、田沢湖《たざわこ》神代《じんだい》の神成沢《かんなりざわ》に安倍三之丞《あべさんのじょう》（阿部三之丞）の家がありました。早くに父親を亡くして、母親と2人で暮らしていた一人娘の〝辰子《たつこ》（タッ子、または金釣子《かなづこ》）〟は、近郷近在では肩を並べる者がないほど希《まれ》な美しい娘でした。

この辺《あた》りに住む娘たちは、春になれば山菜を摘《つ》みに〝こだし（※226）〟を肩に掛けて出掛けます。山には薇《ぜんまい》、蕨《わらび》、蕗《ふき》の薹《とう》、タラの芽などが沢山あって、清々《すがすが》しくなる食べ物が溢《あふ》れていました。秋には、娘たちが揃《そろ》って野萩《のはぎ》（※227）を刈り、夕暮れになると野菜を沢山積《たくさん》んだ馬が、蹄《ひづめ》の音を響《ひび》かせながら家路に着くのです。

ススキ野原を辰子が馬に跨《また》がって走らせる姿は、美しさに満ち溢《あふ》れていました。そのような辰子は家の暮らしを助けてよく働き、村の人達とも仲良く過ごしていたので、周囲の人々は自分たちの娘のように愛《いと》おしがっては、誇《ほこ》りにも思っていました。

村の人達は顔を合わせる度《たび》によく語り合います。

「辰子ほどの美しい娘が、今までこの世にいただろうか……」

辰子は、そのようなことは少しも気に止めませんでした。〝美しい〟ということが、どういうことなのか考えたこともありませんでした。ただ生きる喜びに溢《あふ》れていて、野山で皆と一緒に働き続けていただけなのです。

そんな秋も深いある日のことです。一日中、木の実を拾《ひろ》いながら山を歩き廻《まわ》った辰子は、泉の側に座って水を飲み、ほっと一息つきました。上気《じょうき》した頬《ほお》が赤らむと、髪《かみ》も乱れていましたので、泉を覗《のぞ》きながら辰子は、櫛《くし》で髪をとかしはじめます。水を飲む時に広がった波紋《はもん》は静まり、水面は鏡のように澄《す》んで辰子を映していました。

辰子はふと、櫛《くし》を動かす手を止めました。

「まあ、なんて綺麗《きれい》な……」白い肌は泉の底から照り映えて滑《なめ》らかに、大きな瞳《ひとみ》は蒼味《あおみ》を帯《お》びて澄み通っています。唇《くちびる》は愛らしく、気品に満ち溢れていました。

「これが私？　私はこんなに美しかったの？」辰子は眼を見張り、呆然《ぼうぜん》としていつまでも水鏡に映る自分の姿を見つめ続けていました。

今まで心の向くままに野山を走り廻《まわ》っていた辰子は、この日を境にして物思いに耽《ふけ》るようになります。

やがて冬が訪れ、雪が降り積もりました。囲炉裏《いろり》の側に座って燃《も》える炎《ほのお》を見つめながら、辰子は考え続けています。

「やがて春が来る。そして夏が過ぎ、秋が過ぎて、また冬が巡《めぐ》ってくる。このように年をとって、美しい娘たちも腰《こし》の曲がった年寄りになっていくのだ……」

辰子は両手で頬《ほお》を押さえました。

「ああ、私は我慢《がまん》できない。私も何《いず》れそうなるのか？　この私も……」そう思うと、辰子の胸は締《し》め付けられるように切なく苦しくなっていきます。村の年寄り達が炉端《ろばた》に寄っていく様子さえ、辰子は見ていられません。

「いずれ、私もあのようになるのだ」と、遂《つい》には母の姿が自分の将来の姿と思われ、人間に生まれたことすら呪《のろ》わしくなり、考えれば考えるほど眠れない夜が続いたのです。暗闇《くらやみ》を見つめては辰子の身は悶《もだ》えるのでした。

「ああ、私は年をとりたくない。いつまでも、この美しい姿のままでいたい……」

ある真夜中のことです。辰子はふいに起きあがりました。

「神様にお願いしてみよう。一心にお願いしたら、この願いが叶《かな》うかもしれない」そう思うと、辰子は途端に家を抜け出しました。残雪の道は白く、月の光が一段と身を刺すような寒さも忘れて、辰子は院内嶽《いんないだけ》(※228)の〝大蔵山観音《おおくらやまかんのん》(※229)〟のお堂に向かって歩き続けます。

その日から辰子は、雨の日も風の日も、真夜中の道を観音堂へと向かっては、一心に祈り続けました。遠い山路《やまみち》を、しかも真夜中に通い続けることは、若い娘の身にとって並大抵のことではありません。得体《えたい》の知れない獣《けもの》の叫《さけ》び声や木々の枝葉が擦《こす》れる音、不気味な梟《ふくろう》の鳴き声の中、ある時は嵐のように吹き巻く雨風に道を見失うことがあっても、辰子は少しも恐れませんでした。窶《やつ》れた頬《ほお》さえ美しさを増して、思い詰めた瞳《ひとみ》は怪《あや》しいほどに輝《かがや》いていたのです。

観音堂に通《かよ》って百日目の夜のことです。御堂の前に座り込んで一心に祈り続ける辰子は、日頃の疲《つか》れも手伝うと、いつの間にか夢とも現《うつつ》ともわからなくなりましたが、確かに観音様のお姿を拝すると声を聴《き》きました。

「辰子よ、よくぞ百日間通い続けた。おまえがそれほど願うなら、この山を北へ踏《ふ》み分けて行くがよい。そこに清らかな〝泉〟が湧いているので、その水を飲めば、永劫《ようごう》(永遠)の美しさを得《え》ることができるだろう。しかし辰子よ、もう一度考えてみるがよい。おまえの願いは人間の身には許されない願いなのだ。後から悔《く》やんでも元に戻ることはできませんよ」この言葉に、「この美しさを保つことができるなら、悔いる（※230）ことはありません」という自分の声で、ハッとして我に返った辰子は、ただ蒼《あお》い月の光に包まれていました。

「夢ではない。確かに観音様のお告げを戴《いただ》いた。泉の水を飲むようにと……」辰子の瞳《ひとみ》は嬉《うれ》しさに輝きを増すばかりです。

「辰子よ、もう一度よく考えてみるがよい……」この言葉を何度も繰り返して考えてみましたが、「喩《たと》え、どんなことになっても悔いはしない」と、辰子は自分の気持ちに揺《ゆ》るぎが無いことを確かめました。

それから幾日か過ぎたある日、辰子は近所の娘達3人を誘《さそ》うと、山菜を採りに行くと言って家を出ました。夜ごとに願掛けで通った道を歩きながら、辰子は今日こそ、その願いを叶《かな》える決心をします。蕨《わらび》などを折りながら院内嶽を越え、靄森《もやもり》を過ぎ、高鉢山《たかばちやま》の下を辿《たど》って行きましたが、目指す〝泉〟は何処《どこ》にも見あたりません。陽《ひ》も高くなり、疲れきった辰子と娘達が草原に寝転《ねころ》んで青い空を眺めていると、心地良い爽《さわ》やかな風が吹いて、眠り込んでしまいました。

しかし、辰子だけは足音を忍《しの》ばせながら、寝ている娘たちの側を離《はな》れると、1人で森の奥深くに分け入って〝泉〟を探し求めます。暫《しばら》くすると、水の流れる音が聴《き》こえてきました。その音に引き寄せられるがままに進むと、小川には今まで見たこともない珍《めずら》しい魚が泳いでいたので、持ち帰って3人の娘たちと一緒に食べようと、辰子は白い手を延ばして数匹の魚を掬《すく》い上げ、串に刺して焼きはじめました。

魚の焼ける匂《にお》いはとても美味しそうで、つい、堪《こら》えきれずに1匹を食べてしまいます。その味の良さは何にも喩《たと》えようがなく、2匹、3匹と辰子は1人で全部食べてしまいました。すると、急に喉《のど》の渇《かわ》きが襲《おそ》いだして、我慢《がまん》できない程《ほど》になります。

辰子は谷間を駆《か》け下《くだ》ると、喉の渇きは一層増して、さらに下《お》りて行くと碧々《あおあお》とした苔《こけ》の中に、キラキラと輝いているものが見えました。

「あっ！　泉だ！」懇々《こんこん》と水が湧いています。辰子は慌《あわ》てて走り寄り、手を差し伸べて口に含みました。二口、三口と飲みましたが、いくら飲んでも喉《のど》の渇《かわ》きは激《はげ》しくなるばかりです。何もかも忘れて岩の上に腹這《はらば》いになり、丹《あか》い唇《くちびる》を泉につけては心ゆくばかりに飲み続けました。美味《おい》しさのままに、酔《よ》うが如《ごと》く飲み続けていると、辰子は目が眩《くら》んで気が遠くなり、異様な感に襲《おそ》われて、その姿が見るみるうちに恐ろしい〝蛇体〟へと変化《へんげ》していったのです。

それまで麗《うら》らかだった春の日が俄《にわか》に曇《くも》りだして、天地も裂《さ》けるような稲妻《いなづま》や地鳴《じな》りの音が轟《とどろ》きはじめると、槍《やり》のような豪雨《ごうう》が降り出し、山は崩れ落ちて谷は裂《さ》け、瞬《また》く間に景色はどんどん変わりました。するとそこには満々と水を湛《たた》えた〝湖〟が現れて、〝龍〟の姿となった辰子は、その湖水の底に姿を消したのです。

3人の娘たちが目を覚ましてみると、辰子が居ないことに気がつきました。その辺で蕨《わらび》でも採っているのかと思いましたが、いくら呼んでも返事がありません。次第に不安になって、声を嗄《か》らしながら呼んでは、森の奥へと入って行きます。しばらくすると、微《かす》かに辰子の返事が聞こえてきました。

「あぁ! この森の奥だ!」と娘たちは、胸を撫《な》で下ろしながら向かうと、そこには見たこともない大きな〝湖〟が紺碧《こんぺき》の水を満々と湛《たた》えています。その畔《ほとり》の岩の上には、恐ろしい〝龍〟の姿が見えて、返事をしているのは、その〝龍〟だったのです。

3人の娘たちは、驚いて夢中で転がるように山を下り、大声で叫びながら辰子の家に飛び込むと、母にこのことを知らせました。

「辰子が〝龍〟になっただと? そんなことがあるものか?」この騒ぎに集まった人々も、呆《あき》れて顔を見合わすばかりです。

炉端《ろばた》に座ったまま身動きもせずに娘達の話を聴《き》いた辰子の母は、立ち上がると囲炉裏《いろり》に燃え盛る〝薪《まき》〟を手にして、娘の名を叫びながら半狂乱《はんきょうらん》(※231)になり、夕闇《ゆうやみ》の中を走り出しました。

村の人達もその後を追い掛けます。院内嶽《いんないだけ》を越えた辺《あた》りかと思った頃、見慣《みな》れた山の姿も、林や丘の跡形《あとかた》もなく、雷《かみなり》に打たれた崖《がけ》は崩《くず》れていて、歩を進める程《ほど》に、辺りの景色は人々に不安を募らせました。さらに木立の中に分け入ると、辰子の母と村人達は、驚いて思わず息を飲み込みます。黒雲の間から微《かす》かに漏《も》れる半月の薄明かりに、照り返して鉛色《なまりいろ》に鈍《にぶ》く輝く〝湖〟がそこに拡《ひろ》がりました。辰子の母は、湖に向かって気も狂《くる》わんばかりに叫びます。

「辰子ぉー。辰子よぉー」

水面の波は静まり、湖の中の淡い光から水飛沫《みずしぶき》を上げて、銀色の鱗《うろこ》を輝かせた〝龍〟が浮かび上がりました。

辰子の母は、「私の娘は、こんな恐《おそ》ろしい〝龍〟ではない」と、手にしていた薪《まき》の木《き》の尻《しり》(燃えさし)を投げつけると、湖面に落ちた水音とともに〝尾びれ〟がついて、美しい〝魚〟の姿となって泳《およ》いでいきました。

龍が静かに姿を消すと、母のいる岸辺の波間近くに、輝くばかりに美しい人間の姿の辰子が現れます。驚いた母は、我に返ると「辰子、早く家に帰ろう」と手を差し伸ばしましたが、辰子は静かに首を振りました。

「お母さん、お許し下さい。私はもう人間ではありません。私は永遠の美しさを求めて観音様に願を掛けたのです。その願いが叶《かな》って〝龍〟となり、この湖の主となって住むことになりました」という言葉に、母は座り込んで泣き崩れてしまいました。

「辰子よ、母さんは、そのままの辰子でいて欲しいのだよ」

「お母さん、もう嘆《なげ》くのはやめて下さい。私が龍の姿になって、さぞ悲しいことでしょうが、これは避《さ》けられない宿命《しゅくめい》(※232)なのです。何一つ孝行のできなかったことをどうぞお許し下さい。辰子はもう二度とお目にかかることはできません。その代わり、私の形見《かたみ》として、お母さんの大好きな〝生魚〟を四六時中《しろくじちゅう》、絶《た》やさぬように水屋《みずや》(※233)に送ります。どうかその魚を見る度《たび》に、辰子は湖の中で若く美しく、幸せに暮らしていると思って下さい」と伝えた途端《とたん》に〝龍〟の姿に戻り、辰子は湖の底に消えていきました。

声の限りに悲痛《ひつう》な叫び声を上げていた母と村人達も、ただ項垂《うなだ》れてしまい、聴《き》こえてくるのは細波《さざなみ》の音ばかりになりました。泣き疲れた辰子の母は、村人達に抱《かか》えられながら家に帰り着きます。その後、家の水屋の流しには、年中〝魚〟が絶えることはありませんでした。

辰子を主《ぬし》としたこの湖は、その美しい姿を想わせるままに、水は清らかに碧《あお》く澄《す》み、湖畔には辰子の好きだった白百合《しらゆり》の花が一面に咲き乱れるようになりました。

辰子の母が手にしていた薪《まき》の木の尻《しり》(燃えさし)を湖面に投げつけたとき、不思議にもこれが1

匹の魚となって泳ぎ去ったと伝えられていますが、これが田沢湖特産の〝国鱒《くにます》(※234)〟で、別名を〝木《き》の尻鱒《しります》〟と呼びます。鱗《うろこ》がなく、全身に黒い斑点《はんてん》のある白身の魚で、昭和《しょうわ》の初めまでは珍重して保護されていました。しかし、昭和《しょうわ》15(1940)年頃、大東亜戦中に東北電力会社の電源開発によって玉川水系に生保内発電所が建設されると、玉川の〝毒水《どくすい》(※235)〟が田沢湖に流入したままで発電所の水源としたために、湖の魚の殆《ほとん》どが死滅《しめつ》の運命を辿《たど》ったのです。このため〝木の尻鱒〟は、その鱗片《りんぺん》すら見られなくなりましたが、最近では〝うぐい〟、〝鯉《こい》〟など数種類の魚が対毒性を帯びて生息するようになり、仙北市西木町《せんぼくしにしきちょう》の放流事業も手伝って、これらの数は増加傾向を辿《たど》ります。

その後、平成《へいせい》22(2010)年3月、山梨県《やまなしけん》の富士五湖のひとつ、西湖《さいこ》で京都大学の研究チームが70年ぶりに国鱒を発見しました。これまでは〝国鱒は、サケ科ヒメマスとごく近い種で、日本国内の秋田県田沢湖にしか生息していない〟〝昭和《しょうわ》15(1940)年頃までは生息していた〟〝絶滅の直接の原因は、強酸性の水が湖に導入されたことによる水質悪化〟〝絶滅する前に、他の水域への移殖放流も試みられたが、成功しなかった〟といわれる幻の魚でした。しかし、西湖は過去に国鱒の移殖が試《こころ》みられた場所のひとつだったのです。この報道記事では〝田沢湖で絶滅する5年程前、放流用に国鱒の卵が10万粒、西湖に運ばれた記録がある〟とのことですから、失敗したと思われていた移植放流から生き残っていたとみられて、国鱒の生息確認ができたのです。その後、仙北市は国や県と協力して田沢湖の水質改善を進めるなど、将来的には国鱒を田沢湖に戻すことを前提とした諸活動を計画して〝クニマス里帰りプロジェクト〟を発足。研究・調査等が続けられています。

20 爺石婆石 ● じじいしばばいし

［秋田県 仙北市］

田沢湖町《たざわこまち》院内《いんない》の神成沢《かんなりざわ》に住む、阿部三乃丞《あべさんのじょう》（安倍とも）の娘に生まれた〝辰子〟は、とても美しい娘でしたが、永遠に変わらぬ若さと美しさを授《さず》かりたいと願い、院内嶽《いんないだけ》にある〝大蔵山観音《おおくらやまかんのん》〟に百日の願を掛けると、満願《まんがん》の日に「〝泉〟を探すように」との神意が下ります。

ある日、山菜を採りに仲間と山に入った辰子は、激《はげ》しい喉《のど》の渇《かわ》きを覚《おぼ》えると、湧《わ》き水を求めて彷徨《さまよ》い歩きました。〝泉〟を見つけた辰子は、喉の渇きに身悶《みもだ》えながら、その水を口に含みます。しかし、不思議なことにいくら飲んでも喉の渇きは癒《いや》されません。

水を飲みながら、ふと水面に映った自分の姿を見ると、もはや人間ではなく、恐ろしい〝龍〟

に変わっていました。それに気付いた途端に、雷鳴と激しい雨で背後の山が二つに裂《さ》けると、押し流された山水は〝湖〟となって広がっていきます。〝龍〟になった辰子は、目の前に出来た湖の中に静かに潜《もぐ》っていきました。

そのように辰子が田沢湖の主《ぬし》(※236)になってからというもの、阿部三乃丞の家の流しには、〝国鱒《くにます》(※237)〟や雑魚《ざこ》が届けられるようになったことで、両親の暮し向きは良くなります。辰子は、母親が40歳になってから授《さず》かった子供なので、15、6歳になった時に母親は55、6歳、父親は60過ぎでいい歳《とし》の〝爺《じ》んじ〟、〝婆《ば》んば〟になっていました。

辰子が神成沢から居なくなって季節が巡《めぐ》り、また冬が来ます。

食事をしていると、婆んばがぽつんと言いました。

「爺んじ、こういう時に辰子が居ればなあ」

「んだ(その通りだ)、辰子が居れば、どれ程良《ほどよ》かったのだろう……」

「婆んば、辰子は〝大蔵の観音様〟に願い事をして、田沢湖の主になったんだ。今度は俺達の願いを聞いて貰《もら》って、辰子を戻してくれないだろうか。今度は俺達の言うことを聞いてくれる筈《はず》だ」……しかし、今は冬なので、雪が消える春を待って観音様にお参りすることにします。

春が訪れると、爺んじと婆んばは2人で観音様にお参りして、「何とか辰子を私達の元に戻してください」と、手を合わせました。しかし、その場でいくら待てども観音様からは何の音沙汰《おとさた》もありません。

「一回だけのお参りでは駄目《だめ》だ。やっぱり願を掛けなければいけないのか」……そして、爺んじと婆んばは思いました。

「辰子は百日の願を掛けたけれども、俺たちは年寄りなんだから、二十一日の願でお願いして、何とか辰子を戻していただきましょう」

願を掛けてから1週間が過ぎた時、観音様の声が聞こえました。

「爺んじ、婆んば、お前たちの願いが叶《かな》うことは無い。辰子は願い事をして田沢湖の主になった。何として、お前たちに戻すことが出来ようか。お前たちの願い事は、駄目《だめ》だ、駄目だ」と言われましたので、これに爺んじは「それでも観音様、辰子の願い事を聞いて、何故《なぜ》、俺《おれ》たちの願い事は聞いてもらえないのですか」と尋《たず》ねました。すると観音様は、「辰子は自分から望《のぞ》んだことで、私が導《みちび》いたことではない。天の声(神の力)で成されたことで、私は取り次ぎをしただけなのです」と答えられましたが、それでも爺んじは、「俺だって願い事をしているのだ。また参ります」と言って、次の日も更《さら》にお参りを続けていると、観音様はこう告げました。

「お前達、世の中には、叶わない、出来ないこともある。だが、本当に辰子を戻して欲しいのならば、簡単な事ではないことを肝《きも》に銘《めい》じて願を掛けるがよい」……そして3週間、21日間通って満願《まんがん》の日を迎えました。爺んじと婆んばが合掌していると観音様の声がして、「お前達の願い事は聞き届けてやろう」という言葉に、爺んじと婆んばは俄《にわか》に喜びましたが、その後に続く言葉を聞いて驚《おどろ》きました。

「覚悟《かくご》を決めなさい。これから田沢湖の水に入るのです。そして、辰子と一緒に暮らすがよい」……

「そこを何とか家に辰子を戻して貰《もら》って、家で一緒に暮らしたいのです」と2人は重ねて頼みましたが、「辰子と暮らすには田沢湖に入るしかないのだ。それが出来ないのであれば、お前達の願いは無かったことにします。どちらが良いか決めなければいけません」

2人は家に帰っても、「大変だぞ、田沢湖に行って水に入れというのか」「どうしたものだろう婆んば」「何とする爺んじ」と繰り返すばかりで、いつまで経《た》っても決心することも覚悟《かくご》することもできません。どうしたものかと観音様のお堂に行くと、また観音様の声がしました。

「お前たち、今すぐこの宮から戻《もど》って、払川を渡って仁王門をくぐるまでに決心しなさい。決められなければ、お前達はとんでもない罰当《ばちあ》たり(※238)。結論《けつろん》を出さなければ駄目《だめ》なのです」と言われ、2人は払川まで来ても「どうする爺んじ」「どうする婆んば」というばかりです。

「辰子、家さ戻ってくればいいなあ」と、話しているうちに、仁王門をくぐってしまいました。門の外では、美しい花が咲いているのが婆んばの目に映ります。「ああ、この花っこ、辰子の墓(※239)に、あげてやろうか」と、花をもぎ取ろうとして手を延ばした瞬間、婆んばの身体はそのまま〝石〟になってしまいました。爺んじは急に見えなくなった婆んばを探して、「婆んば、何処《どこ》だ」と辺りを見廻《みまわ》すと、爺んじもそのまま、〝石〟になってしまいました。

こうして三之丞の家は跡取《あとと》りが居なくなってしまい、娘も親も人間には叶《かな》わない願い事をしたので、こうなってしまったんだと村の人達は噂《うわさ》し合いました。

類話 20の1

田沢湖は日中に凪《なぎ》いでいても(風が吹かずに波立たないでいても)、夜には波が起きて渚《なぎさ》を洗います。湖畔の人々はこれを〝タツ子の掃除《そうじ》〟と呼んで、昼間に投げ捨てられた紙屑《かみくず》や木の葉、枝等を波で湖底に運び寄せて掃除するといわれています。また、湖岸の白砂を湖中に投じると雨が降るともいわれています。

湖の中央には大渦巻があって、湖水はそれに巻かれて出口の洞穴から出るといいます。田沢湖で難船《なんせん》(※240)すると浮かんでくる人が居ないのは、湖底が鋸《のこぎり》の歯のようになっていて、その上を引き回されて体がザクザクに切り裂《さ》かれるためだと伝えられています。

類話　20の2

田沢湖を〝雌潟《めがた》〟、八郎潟を〝雄潟《おがた》〟とも呼びますが、この潟は地中で通じていると伝えられています。八郎潟は冬の間は氷が張り、氷上を渡る（歩く）ことができますが、春分の頃になると、氷が裂《さ》けて流れ出すようになります。これは八郎潟で龍神の雌雄が逢う日で、狐《きつね》が先立って歩き、氷は狐の歩いた通りに割れていきますが、氷が張り始める時も狐が渡るようになれば、人が渡り歩いても良いといわれています。

類話　20の3

昔、ある男が舟に乗って漁をしているうちに、田沢湖の深さを探《さぐ》ることを思い立ち、縄の先に山刀《やまがたな》を結んで湖中に下ろしてやりました。縄が無くなっても湖底に着いた様子がなく、付近の葛《くず》の蔓《つる》を縄に結びつけましたが、それでも湖底に着いた手応えが無いので、諦《あきら》めて蔓を放しました。

八郎潟で、ある漁師が網《あみ》を下ろすと、縄のついた山刀が掛かり、縄を引いていくと縄の先には何かの蔓がついてあったといいます。この噂が田沢湖の方にも伝わると、男の耳にも入り、男は田沢湖と八郎潟の底が繋《つな》がっていると信じました。

なお、田子の木地域にも同じような伝説が残っています。大沢地区と田子の木地区を合わせて家数が18件の頃、両地区の寄り合いの時、田沢湖の深さを測ってみようという発言があり、村中で縄を出し、舟で湖心に出て、縄を繋いで湖中に下ろしてやりましたが、湖底に届いた感触がなく、付近の葛蔓《くずつる》を採っては継ぎ足しました。そのためこの両地区には葛が生えないといわれています。

21

琴の海 ● ことのうみ

［秋田県 南秋田郡 八郎潟町］

〝琴《こと》の海《うみ》〟とは〝八郎潟〟の別称です。

田沢湖に辰子姫が住んでいることを聴《き》いた八郎太郎は、どうしても姫に会いたくなり、八郎潟が凍《こお》る冬になると訪ねて行きました。お互いに心惹《ひ》かれた2人は、雪のない季節はそれぞれの湖を守り、冬は氷の張らない田沢湖で暮らすようになります。辰子は八郎太郎が八郎潟に旅立つ時、琴《こと》を奏《かな》でました。八郎太郎はこの琴の音《ね》のように聴こえる〝細波《さざなみ》〟を八郎潟にも起こすようになります。

また、〝琴の海〟は、大同《だいどう》2（807）年8月8日に一夜で湧《わ》き出たと伝えられています。

異説に、八郎という者が川で〝山《やま》べ（※241）〟という魚を2、3匹釣りました。連れの男が来ないので、魚を焼きながら待っていたところ、あまりに旨《うま》そうな匂《にお》いがするので、1人でみな食べてしまいます。すると喉が渇いて川水を飲みましたが、渇きが止まりません。川に口をつけて飲んでいるうちに、全身に鱗《うろこ》が生え、20尋《ひろ》（約30メートル以上）の大蛇となりました。川に身を投げると淵《ふち》を永住の場とします。これが八郎潟です。これを〝雄潟《おがた》〟と呼び、角館山中の潟を〝雌潟《めがた》（田子の潟）〟と呼びます。それぞれの主《ぬし》の雌雄は年に一度逢《あ》うといわれていますが、この時、八郎潟の氷が鱗《うろこ》のようになります。祠《ほこら》から〝神渡《かみわた》り〟をすることは土地の人も見ることがあり、信州諏訪湖《しんしゅうすわこ》の神渡りのようだとも言われています。

22 八郎と辰子

はちろうとたつこ

［秋田県 仙北市］

八郎潟に住んでいるという八郎の事を聴《き》いた辰子は、冬の間だけでも八郎が田沢湖に来てはどうだろうと考えて、〝鴨《かも》〟に相談を持ち掛けました。〝鴨〟から辰子の誘《さそ》いを聴いた八郎は喜んで、冬は田沢湖に行くことにします。次の年から冬の間、八郎は田沢湖で過ごし、花の咲く春になると八郎潟に帰っていきました。帰り際に、また冬に来る約束をすると、辰子は細波《さざなみ》を立てて〝琴の音《ね》〟を八郎に聴かせます。八郎潟を〝琴の海〟と呼ぶのはこの時、辰子が奏でた音を八郎が持ち帰って、八郎潟の水面をサワサワと波立たせるからだと伝えられています。

そのような八郎と辰子に横恋慕《よこれんぼ》(※242)した十和田湖の主・南祖坊《なんそぼう》(※243)が八郎と戦いを始めました。南祖坊は小折戸沢の千蔵松に隠れて、八郎を待ち伏せします。田沢湖の上で大乱闘が始まりましたが、八郎が四方八方から〝木の尻鱒〟を投げつけると、宙《ちゅう》でその魚が木の尻(※244)に変わり、炎をあげて燃え出したため、南祖坊は火傷《やけど》を負って十和田湖に逃げて行きました。これ以来、八郎と辰子は、さらに愛を深めると、冬の間は主《あるじ》が居ないので八郎潟は浅くなり、逆に田沢湖は深くなったといわれています。

八郎潟の湖畔の農民は、水底から〝龍《りゅう》の髭藻《ひげも》(※245)〟を採ると、田の肥料《ひりょう》にすることを許されました。

あちらこちらの神様達に追いやられて心が荒《すさ》んでいた八郎は、辰子の元に通うようになって落ち着き、今でも八郎潟―仁井田《にいだ》―上淀川《かみよどがわ》―神宮寺《じんぐうじ》―中川《なかがわ》―西明寺《さいみょうじ》―田沢湖の行程を人間に姿を変えて通っているのです。(とっぴんぱらりのぷう)

類話 22の1　昔、西木村西明寺の小山寺に、赤坂吉右エ門という豪家《ごうか》(※246)があり、毎年霜月《しもつき》(11月)に一夜の宿を乞《こ》う旅人がいました。高貴の者と見えて、旅立つ時は金子《きんす》（※247）を恵《めぐ》んでくださるので、吉右エ門宅ではこの者のために一番上等の部屋を空けて置く程でした。ある年、吹雪《ふぶき》の夜、旅人は酒を飲み、御馳走《ごちそう》を食べ、寝姿を見ないようにと家人に伝えて、奥座敷にさがります。老婆が真夜中にその部屋を覗《のぞ》くと、大蛇が蜷局《とぐろ》を巻いて鼾《いびき》をかいていたので、老婆は腰を抜かして家人に知らせました。旅人は覗かれたことを知り、逃げるように立ち去ります。翌年の6月に豪雨があり、大洪水が起こると山津波が押し寄せて老婆は濁流《だくりゅう》に呑《の》まれ、大邸宅も田畑も山林までも流されてしまいました。その後、吉右エ門宅は再建されましたが、火事があったり、流行病《はやりやまい》に冒《おか》されたりして、相次ぐ凶変《きょうへん》に子孫も絶えてしまい、旅人は八郎潟の主だったと伝えられています。

類話　22の2

協和村上淀川が宿場として栄えた頃、西明寺の場合と同じように、ある宿屋に旅の僧が訪れ、奥にある部屋を所望し、翌朝、大枚の金銭を払って旅立って行きました。このようなことが数年間続いて宿屋は繁盛《はんじょう》しましたが、女中が金の屏風《びょうぶ》に鎌首《かまくび》をもたげて眠っている大蛇の姿を見てしまったため、旅の僧は来なくなり、宿屋はもとのように貧乏《びんぼう》になってしまいました。これと同じ話が隣の境地区にもあります。境は当時、宿場として上淀川と半月代わりで勤《つと》めていた(営業していた)といわれます。八郎の宿は秋田市にもあります。八郎潟を出発した八郎は、秋田または仁井田《にいだ》—上淀川《かみよどがわ》(または境《さかい》・秋田新幹線羽後境駅付近)—神宮寺《じんぐうじ》—中川《なかがわ》—西明寺《さいみょうじ》—田沢湖という行程で辰子に逢いに行ったようです。

類話 22の3

船沢(秋田新幹線・大張野駅の南付近)に八郎太郎の泊まる宿があり、泊まった後には大判小判が落ちていましたが、宿の者に大蛇に変わった姿を見られてからというもの、その宿には泊まらなくなり、宿も家運が傾いてしまいました。

類話 22の4

八郎は立派な親方になって前田の八兵エの家に泊まるのでした。来る度に沢山お金を置いていくものだから、そこの家は八郎が来る度に金持ちになっていきます。八郎は寝る前に必ず「寝姿を絶対見ないでくれ」と伝えたのですが、家人が覗《のぞ》いてみると、〝龍〟が大鼾《おおいびき》をかいて部屋中ながまって(※248)いました。朝になると八郎はもう居なくなっていて、二度と泊まることはありませんでした。そのうちに女房の腹が大きくなり、産気づくと簾《すだれ》の上に跨《また》がって子を産みました。しかし、出てくる子はすべて〝蛇〟だったのです。それから八兵エの家は廃《すた》れてしまいました。

23

秋田雪譜

［秋田県 南秋田郡 八郎潟町］ ●あきたせつふ

旧暦の11月10日、八郎潟の八郎が、田沢湖の辰子のところへ越冬しに行きます。その沿道の仙北中川村北沢の仙波三右衛門宅は、昔、八郎が泊まった宿だと伝えられていて、今でも9日に祭事をしていますが、田沢湖畔の家では10日の夜はしっかり戸を閉《し》めて、夜酒を飲んで踊り歌う習わし（※249）になっています。これは八郎が来た音を聞くと〝年内に死に至る〟という伝承があるためです。田沢湖は龍神の宿なので氷が張らず、八郎潟は主《あるじ》が留守《るす》なので、この日から氷が張り出すといわれています。

24

八郎太郎、辰子姫に想いを寄せる

［秋田県 南秋田郡 八郎潟町］ ●はちろうたろう、たつこひめにおもいをよせる

八郎太郎は故郷が恋しくなり、錦木《にしきぎ》の里辺《あた》りで米代川を堰《せ》き止めようとしましたが、失敗します。その後、きみまち阪（※250・能代市二ツ井町）の辺《あた》りで米代川を堰き止めて住処《すみか》を作ることに

成功しました。その頃、八郎太郎は田沢湖に辰子龍が住んでいることを知ると、辰子の元へ通い始めます。その昔、辰子のところに南祖坊《なんそぼう》(※251)の来訪があっても、性《しょう》の荒々《あらあら》しいのを嫌《きら》って受け入れませんでしたが、八郎太郎は心優《こころやさ》しいので、辰子も心が動かされるようになっていきました。

25

[秋田県 仙北市]

神話《しんわ》

八郎潟の八郎と田沢湖の辰子は恋仲《こいなか》になり、冬の間は八郎が田沢湖に渡って来ます。このために田沢湖は冬も凍らず、八郎潟は凍るといわれています。また、八郎が帰る頃には、田沢湖の〝白砂〟が帰り道に敷かれるというので、遠い村々からも白砂が見えるといわれています。八郎が田沢湖に来る途中、立ち寄る宿があります。中川の北沢地区の千波三右衛門家がその家で、今もその家の周囲は〝白砂〟が敷き詰めれています。西明寺村字小山寺の赤坂家も宿でしたが、ある時、家の者がこっそり八郎の部屋を覗《のぞ》いて〝龍〟になった姿を見てしまったので、その家はやがて絶えてしまいました。

類話 25の1

二ツ屋の潟(秋田市・秋田県立秋田南高等学校の敷地)を〝中休潟《なかやすみがた》〟とも呼び、田沢潟にいる八郎龍が八郎潟に帰る途中、毎年春彼岸の中日《ちゅうにち》に一泊する潟であったと伝えられていました。

26 八郎太郎と南祖坊

［秋田県 鹿角郡 小坂町 十和田］

● はちろうたろうとなんそぼう

七崎村の戸渡五郎左衛門は、熊野権現(※252)に3年間祈り続けると男児が生まれて、〝熊之進〟と名付けました。7歳の時に熊之進は永福寺(53の伝説参照)に預けられると、名を〝南祖坊《なんそぼう》(※253)〟と改めます。13歳の時には意を決して寺を抜け出し、諸国行脚《しょこくあんぎゃ》の旅に踏み出しました。熊野三社(※254)に願を掛けた満願の日、夢に現れた老人から〝鉄《かね》の杖《つえ》〟と〝鉄《かね》の草鞋《わらじ》(※255)〟が与えられます。草鞋の重くなった処を住処《すみか》にせよと告げられました。南祖坊が十和田湖に着くと鉄の草鞋も切れ、杖も動かなくなったので、畔《ほとり》の岸壁《がんぺき》で荒行《あらぎょう》(※256)を始めます。それまで十和田湖の主であった八郎太郎と、そこを自分の住処にするために、追い出そうとする南祖坊の争いは7日7晩に及び、八郎太郎は敗走《はいそう》してしまいました。

27 八郎太郎の行先

はちろうたろうのいきさき

［秋田県 鹿角市］

十和田湖を追われた八郎太郎は、南部の地内(※257)に至《いた》る志和郡高水寺ケ岡(岩手県紫波郡紫波町・高水寺城跡か?)の麓《ふもと》から南部をうち眺《なが》むるに、駒岩(?)と偵岳(?)の2山の間を閉塞《へいそく》して、北上川の水を湛《たた》え、潟とすると遊水不足にあらずと相計れる所に、里犬が頻《しき》りに吠えたため、さては機密漏《も》れたるかと北方に帰り、鹿角郡に逃げ延びました。

28 土川鳥井野に薬法を伝える

つちかわとりいのにやくほうをつたえる

［秋田県 大仙市］

ある日の夕方、仙北郡土川村半道寺鳥井野(秋田新幹線羽後境駅付近)の長右ェ門の家に、左眼に白布を巻いた若者が一夜を乞《こ》いました。その若者は、何度も此処《ここ》を宿にしたことのある若者でありましたが、いつもと違って顔が蒼白《そうはく》でまるで別人のようでした。若者からは部屋を覗《のぞ》かないようにと言われていましたが、この家の女主人は寝姿をこっそり隙見《すきみ》(覗《のぞ》き見)してしまいます。

なんと四斗樽《しとだる》(※258)よりもまだ太いと思われる大蛇が鎌首《かまくび》(※259)をもたげて梁《はり》(※260)を枕《まくら》にすると、もの凄《すご》い鼾《いびき》を立てて眠っていたのです。夜が明けて、出立の仕度の終わった若者は家人に対して、もうこの家には寄らないが、〝薬〟を授けるといって静かに去りました。以来、長右エ門宅ではこの薬が家伝となっていて、近在の人たちに重宝《ちょうほう》されています。この左眼を巻いた若者こそ、八郎太郎だったといわれています。

29 突目の薬 ［秋田県 大仙市］

つきめのくすり

西仙北町土川字小杉山鳥井野に旧名・佐々木長右エ門という家があり、この家に伝わる〝薬〟について語り継がれています。

昔、この家には年に数度、男振りのよい若い旦那《だんな》が来て泊まるのが常《つね》になっていました。行く先は角館《かくのだて》ということで、いつとり街道(刈和野角館線一の鳥居街道)を行くので、別に気にも止めていませんでした。こうして数年過ぎましたが、夜更《よふ》けにその男が言うには、「今夜が最後の一晩だから、俺の寝姿を見ないように」というのです。しかし家人は、夜半にこっそり覗《のぞ》いて見てしまいます。大蛇が部屋一杯に蜷局《とぐろ》を巻いて、鎌首《かまくび》は高い差木《さしき》を枕にして眠っていました。翌朝には男姿になると、お礼にと〝突眼《つきめ》の薬〟の処方(作り方)を教えて立ち去ったと伝えられています。これは一子相伝《いっしそうでん》(※261)で、相続人以外の人が調剤したものは効能《こうのう》(※262)がないといわれます。この薬は、五月節句の〝牛尾菜《シオデ》(ヒデコ)〟〝蓬《ヨモギ》〟〝菖蒲《ショウブ》〟等を材料に作るとされ、これは、八郎潟の主の八郎太郎が、田沢湖の主の辰子姫に通った時の話だといわれています。

類話 29の1　神宮町神宮寺の大浦にも八郎の宿があったといわれています。宿料の銭を棚の上に置いておき、翌朝見ると十倍にも二十倍にもなっていたという。寝姿を覗《のぞ》いたため、再び旅人が来ることは無くなりましたが、別れに際して〝痔《じ》の薬〟を授《さず》けていきました。この薬は黒い薬で、飲んでも貼り付けても効き、貼り付ける時は飯粒《めしつぶ》で練《ね》って貼ると良いと伝えられています。

30 湖を造る話

［秋田県 北秋田市］

● みずうみをつくるはなし

八郎潟の八郎が、阿仁川《あにがわ》を堰《せ》き止めて湖を造ろうとしました。阿仁《あに》や火内《ひない》（比内）の困った神様達が集まって相談をします。森吉山《もりよしざん》の薬師様（※263）が白鼠たちに、杭《くい》や柵《さく》を嚙《かじ》らせたので、八郎は湖を造ることを諦《あきら》めました。この時、高い所に祀《まつ》られていた七座の天神様だけは、相談しに来なかったので、山の上から引きずり下《お》ろされてしまいました。

31 大石の稲荷様

［秋田県 北秋田市 阿仁町］

● おおいしのいなりさま

荒瀬川地域から、萱草鉱山《かやくさこうざん》へ行く途中の杉林の中に、高さ十数米《メートル》におよぶ〝巨石〟があって稲荷様を祀っています。昔、十和田湖で南祖坊《なんそぼう》（※264）と争って敗れた八郎が、米代川の七座天神に〝座《くら》（※265）〟を築いて、川を堰き止めて自分の住処を造ろうとした時、最後の仕上げの大石を採るために森吉山《もりよしざん》に登りました。八郎が〝大石〟を探しあてて、七座を見下ろすと、どうしたものか、せっかく築いた座が破れて水が流れ出しているのが見えました。悔《くや》しがった八郎が怒りだして、その〝大石〟を投げ飛ばしたのが荒瀬川に落ちたもので、〝大石の稲荷様（阿仁町《あにまち》）〟として祀られています。

32 雄鶏《おんどり》

［秋田県 南秋田郡 三種町］

八郎は夜に美男に化けると、天瀬川で一番鶏が鳴くまでの間、人間の娘との逢瀬《おうせ》（※266）を楽しんでいました。鶏が鳴く時間を教えてくれるよう、夫権現《おとどごんげん》と姥御前《うばごぜん》に頼《たの》んでいましたが、ある時、姥御前が伝えるのを忘れてしまったために、朝になると八郎は、人間の娘に蛇体であることを知られてしまいます。怒った八郎は姥御前を芦崎《あしざき》に蹴《け》り飛ばしました。

類話 32の1

昔、八郎太郎と南祖の坊は、十和田湖の奪《うば》い合いで争いますが、八郎太郎は負けて追われてしまいました。困り果てた八郎は、寒風山《かんぷうざん》の手前に広い大きな潟を見つけ、自分の住処《すみか》にします。潟の畔《ほとり》、天瀬川付近に長者の爺と婆が住んでいて、そこに綺麗《きれい》な娘が居ました。それを見初めた八郎太郎は、若者に化けて娘のところへ夜な夜な通いました。婆は怪《あや》しい奴《やつ》だと心配して、ある夜中に足音を忍ばせながら節穴《ふしあな》から部屋を覗《のぞ》いて大蛇の姿を見てしまいます。老夫婦は、八郎太郎が毎朝〝一番鶏（※267）〟の鳴き声を合図に潟へ帰ることに気付くと、鶏の声を真似《まね》て帰らせようとしました。八郎太郎は正体を見破られては大変だと思って、名残惜《なごりお》しげに帰って行きます。しかし、日毎《ひごと》に早くなる合図に八郎太郎は不思議《ふしぎ》がり、とうとうバレてしまいます。その事実を知ると八郎太郎は婆を蹴《け》り飛《と》ばし、爺と二度と一緒に暮らせなくなりました。婆の落ちたところは芦崎と名付けられ、姥御前《うばごぜん》として祀られます。爺は三倉鼻の夫権現《おとどごんげん》として祀られました。天瀬川と芦崎では八郎の怒りを恐れて、鶏を飼わなくなったばかりか、卵や肉も食べなくなりました。

33

塩口の清水

［秋田県 潟上市］

● しおぐちのしみず

塩口地区に旅の者が来て、漁についての注意を村人に諭《さと》して歩き、濁酒《にごりざけ》の寄進に預《あず》かっていました。ある時、その旅の者が「今までの寄進の御礼に清水を授《さず》けよう」と言って、大地を蹴《け》ったところ、清水が湧き出します。そして、その水が流れていつの間にか〝八郎潟〟になりました。村人は、あの者は〝八龍大明神〟に違いないと語り合い、その時に湧き出た清水が地域の飲料水となって、八郎潟が凍る時には、この清水も凍り付いたと伝えられています。

34 バクバク石 ● ばくばくいし

［岩手県 二戸市］

昔ある時、〝八郎太郎〟という大男が十和田湖の南僧坊《なんそぼう》に喧嘩《けんか》で負けて、浄法寺《じょうぼうじ》に〝どしんどしん〟と音を立てて歩いて来ました。ちょうど太田と杉沢の間まで来ると、中峰(太田と杉沢の間の丘)が八郎太郎の通り路《みち》を邪魔《じゃま》していましたので「こんな山は綱《つな》で引いて片寄せてやる」と、太い綱《つな》を掛けて引っ張りだしたのです。

あまりにも強い力で引っ張ったため、綱は〝ブツリ〟と切れてしまいました。勢《いきお》い余《あま》った八郎太郎は、よろけて〝でんでん〟と転がり、手代森(岡本と宮沢との間の山)に手をついて止まります。

八郎太郎は、手代森の上に立ち上《あが》って辺《あた》りの山の様子を眺《なが》めると〝ハチラゴ(八羅子・〟はつらご〟

とも・尾根の端の意味。二戸市浄法寺町漆沢《にのへしじょうぼうじまちうるしざわ》と二戸市福田の境界付近)〟の位置は沢が狭くなっているので、この場所を堰《せ》き止めて大きな沼を造り、その沼の主《ぬし》になろうと考えました。

すると〝御山観音様《おやまかんのん》(※268)〟が、向かい側から大きな声で「〝ハチラゴ〟を堰《せ》き止めてはならん。止めると川上に住んでいる人達が困るではないか。絶対に止めてはならぬ」と言って、八郎太郎を睨《にら》みつけました。八郎太郎は怒《おこ》りだして、近くの岩を〝ガクッ〟と欠《か》くと観音様を目掛けて投げつけます。しかし、観音様の輝《かがや》きが眩《まぶ》し過《す》ぎて狙《ねら》いを定めることが出来ず、八郎太郎は目を瞑《つぶ》ったまま岩を投げてしまいました。すると岩は、御山に行く坂の途中(観音様の手前)に〝バクバク〟と地面を揺《ゆ》るがして落ちたのです。

〝バクバク石〟というのは、その〝礫石《つぶていし》〟のことで、〝バクバク石〟は別当・池本坊(小向伊喜雄氏宅)に置かれて、このような伝説を伝えています。

35 天台寺 ● てんだいじ

［岩手県二戸市］

天台寺《てんだいじ》は、二戸市浄法寺町御山《にのへしじょうぼうじまちおやま》にある天台宗《てんだいしゅう》の寺院です。寺伝によれば、奈良《なら》時代・神亀《じんき》5

（728）年に行基《ぎょうき》（※269・行基菩薩《ぎょうきぼさつ》）が聖武天皇《しょうむてんのう》（第45代）の命を受けると、8つの峰と8つの谷を併《あわ》せて八葉山《はちようざん》と名付け、山中の桂《かつら》の大木を刻んだ本尊の聖観音菩薩を祀《まつ》り、天皇直筆の額を掲《かか》げて開山しました。参道下の桂の大木の根元から清水が湧き出ていたことから〝桂泉観音《けいせんかんのん》〟〝御山の観音〟と呼び親しまれて、桂清水が観音の霊場として崇《あが》められると、古代で国内最北の仏教文化へ発展したものと推察されています。

〝天台寺〟の名が初めて資料に見えるのは南北朝《なんぼくちょう》時代、正平《しょうへい》18（1363）年の銅鰐口《どうわにぐち》（※270）で、元中《げんちゅう》9（1392）年と伝えられる銅鐘銘《どうしょうめい》には〝桂泉〟の名が刻まれています。この頃には南部氏が天台寺を崇敬・保護して、室町中期には、糠部《ぬかのぶ》三十三所観音巡礼の第一番礼所となりました。江戸期には、萬治《まんじ》元（1658）年に盛岡藩主・南部重直《なんぶしげなお》公が天台寺を再興《さいこう》（※271）させて、続いて元禄《げんろく》3（1690）年には南部重信《なんぶしげのぶ》公が伽藍《がらん》の大修理を行っており、この時に建築されたものが現在の本堂（観音堂）です。当時、敷地内には27社もの末社が整備されて隆盛《りゅうせい》を誇《ほこ》っていました。藩からは100石を超える寺領《じりょう》（※272）が与えられて、別当（住職）桂寿院を中心に、徳蔵坊・池本坊・実蔵坊・宝蔵坊・中之坊・代仙坊・月山別当三光院などが一山の運営や管理にあたっていました。

明治維新政府が、初年に神道と仏とを分ける政策〝神仏分離令〟を布告すると、その分離政策を神道関係者と地方官吏に〝仏法を廃し、釈迦《しゃか》の教えを棄却《ききゃく》（※273）する〟までに拡大解釈されて、天台寺は国内最大級の被害を受けます。明治《めいじ》3(1870)年12月、当時の青森県官吏が実地調査に入ると、天台寺境内は周囲約1ヘクタールのみとして末社を悉く《ことごと》廃止しました。山林は官有林になり、数多くあった仏像も焼き払われてしまいます。本尊などは当時の檀家《だんか》の人々によって山林内に隠《かく》されたために、破壊《はかい》や焼失《しょうしつ》からは逃《のが》れたものの、土中に埋められたり、野ざらしの状態で保管されていたことから状態が良いものではなく、本堂、薬師堂、毘沙門堂、十一面観音堂以外の社殿は焼き払われて、梵鐘《ぼんしょう》も破壊されるとともに、宝物であった大般若経写本までも焼かれました。

36 ダンブリ長者

［岩手県 二戸市 浄法寺町］

だんぶりちょうじゃ

昔、1人の農夫が炎暑《えんしょ》の夏に、木陰《こかげ》で昼休みにうとうとしていると、耳元で「朝日射し、夕陽輝くそのもとに珍の泉湧きてあらん」と囁《ささや》く声がして眼を覚ました。辺りを見ると1匹のダンブリ(蜻蛉《とんぼ》)が人を招く仕草《しぐさ》をしています。ダンブリの後に付いて行くと、崖の岩の間から甘い香りのする良い酒が、懇々《こんこん》と湧き出していました。農夫はこれをもとに大長者になります。

しかし、この農夫には子供が無かったため、浄法寺《じょうぼうじ》の桂清水観音（天台寺）に祈願すると、一女（桂子姫《かつらこひめ》）を授《さず》かりました。その娘が長じて帝の中宮（吉祥姫《きっしょうひめ》）として宮中に仕え、両親が他界すると供養のために郷里に帰り、小豆沢に五大堂（※274）を建てましたが、吉祥姫自身も薄命に終わります。その後、姫の遺言通り小豆沢に葬られ、銀杏樹《イチョウ》を植えると、それが長く姫の形見になりました。

小豆沢の大日堂を大日孁神《おおひるめ》として祀ったことから、大日と大日孁の呼称の混淆《こんこう》が始まり、ダイビル（大日靈・大毘盧）から、〝ダンブリ〟という言葉に変化したものと推察されています。ダンブリをトンボとするのは、古い民俗信仰にも関わり、トンボを神の使いとして信仰する習わしのようなものが結びついたのでしょう。

37 八郎太郎《はちろうたろう》

［岩手県 九戸郡 山形村］

昔、ありました。

安家《あっか》村の山奥の方に、〝八郎太郎〟という若者が住んでいました。ある夏の日、八郎太郎の兄弟3人が山形村の遠別岳《とおべつだけ》の麓《ふもと》へ〝マダハギ(※275)〟に行きます。3人で一生懸命稼《かせ》いでいると、お昼になったので、近くの谷川の岸に腰《こし》を下ろして弁当をひろげました。ふと川に目をやると〝雑魚《ざこ》〟が沢山《たくさん》泳いでいます。3人は、これはいい〝おかず〟になると思いながら、その雑魚を捕《と》って火に炙《あぶ》ると、塩をつけたり味噌をつけたりして食べました。その美味《おい》しさは格別で、3人はお腹《なか》いっぱいになります。

弁当も食べ終わり、3人は銘々《めいめい》に暫《しばら》く昼寝をしていましたが、八郎太郎は急に水が飲みたくなって、急いで川に下ると、両手で水を掬《すく》って飲もうとしました。ところが手の中で〝赤い岩魚《イワナ》〟がピチピチと飛び跳《は》ねています。驚いてその水を捨《す》てて、別の水を掬いました。それでも手の中には、〝赤い岩魚〟が入っていました。同じことを何度繰り返しても、やはり〝岩魚〟が入っていたのですが、とうとう八郎太郎は我慢《がまん》しきれず、その〝岩魚〟が入ったままの水を飲んでしまいます。喉《のど》を潤《うるお》した八郎太郎は心地良くなり、〝岩魚〟のことはすっかり忘れて、繰り返して水を掬っては飲みました。さらにその水は、口も溶《と》けるような美味《おい》しさです。こうして何度も水を掬って飲んでいましたが、ますます気が狂うほどに激しく喉が渇《かわ》きました。八郎太郎は手で掬うのが面倒《めんどう》になって、手元の石を寄せ集めて堰《せ》き止めると、川に頭を突っ込んで飲みはじめました。それでも喉がヒリヒリして、どうにもなりません。今度は川の中に入ってゴクゴクと飲みました。しかし、口に入る水が少なくなって、ふと気が付くと川の水はすっかり涸《か》れ果てています。八郎太郎は喉を押さえながら、水を探して彷徨《さまよ》い歩くと、奥の谷川まで入ってしまいました。

そして一休みしようと一息ついた瞬間、八郎太郎の体は、みるみると恐ろしい〝大蛇〟に変化《へんげ》したのです。

昼寝していた2人の兄弟が目を覚まして、「どれ、一踏《ひとふ》ん張《ば》りでもするか」と言いながら立ち上がると、八郎太郎が居ないことに気付いて捜《さが》し廻《まわ》りましたが、川の方に行ってみても居ません。しかも川の水はすっかり涸《か》れ果てていて、石ころだけになっています。この景色を見た2人は、余計に八郎太郎のことが心配になって、急いで川伝《づた》いに歩いていくと、そこには〝大蛇〟が体をうねらせて寝そべっていました。恐ろしくなった兄弟は、夢中でその場を逃げ出します。〝大蛇〟は、その気配にも気付かずに、苦しみながら川の水を探し求めていました。

やっとの思いで水のあるところに辿《たど》り着いた〝大蛇〟が、この場所と決めて住もうとしたのは、人家のある川井《かわい》（久慈市山形町《くじしやまがたまち》）の沼袋《ぬまぶくろ》でした。八郎太郎は2つの川を堰《せ》き止めると、悠々《ゆうゆう》と水を飲みながら大きな湖を造ります。その大きさは川井の里が、すっぽり埋まる程《ほど》でした。この湖の側を〝大蛇〟は住処《すみか》にすることにします。湖から這《は》い上がって見渡すと、居心地《いごこち》の良さそうな小高い山がありました。大蛇は、湖も出来て良い住処《すみか》を見つけたと思って、安心して寝そべっていると、この場所には既《すで》に主《ぬし》が居たのです。それは〝川井明神様〟でした。この明神様は「ここは俺の住むところだ」といって、〝大蛇〟を追い出してしまいます。

〝太郎大蛇〟は当《あ》ても無いまま、また、あちらこちらと彷徨《さまよ》い続けました。水が沢山あるところでなければ、苦しくてどうにもならないので、川伝《づた》いに歩き続けます。見つけてもすぐに飲み干してしまいますので、川の水だけでは足りません。ですから大きな湖を探して歩き続けました。そのうちに、やっと辿《たど》り着いたのは秋田の〝田沢湖〟でした。八郎太郎は、此処《ここ》なら大丈夫と思って湖に入ってみましたが、やはりここにも主がいて、すぐに追い出されてしまいます。八郎太郎は、また湖を探して歩き続けました。喉《のど》の渇《かわ》きが激しく、死にそうになるのを堪《た》えながら進むと〝八郎潟〟が目の前に広がります。ここにも主が居ては、また追い出されると思いながら、気をつけてよく様子を窺《うかが》いましたが誰《だれ》も居ません。

八郎太郎はようやく安心して、この大きな湖に住み着いたのです。

38

八郎太郎

● はちろうたろう

［岩手県 岩手郡］

八郎太郎という若者が〝放牧《ほうぼく》〟を生業《なりわい》としていて、ある日、川で〝雑魚《ざこ》3匹〟を捕《と》り、焼くと良い香りがしたので3匹とも1人で食べてしまいました。すると喉《のど》が渇《かわ》きだして、川の水をいくら飲んでも治《なお》らず、体も大きく腫《は》れました。友達が家人に知らせて迎えに来て見ると、大きな沼があるだけで八郎太郎の姿はありません。沼から〝大蛇〟が現れて、「俺が八郎太郎だ。この沼の主《ぬし》の雑魚《ざこ》を食べたのでこんな姿になった」と伝えました。何年か後、大嵐が起こると、その沼から〝大蛇〟が雲に乗って飛んで行き、秋田の浜に落ちました。そこが〝八郎潟〟です。

39

八郎太郎

● はちろうたろう

［岩手県 八幡平市］

八幡平市《はちまんたいし》松尾《まつお》野田《のだ》の〝田中八郎〟が、友達2人と前森山《まえもりやま》(※276)へ行き、辺《あた》りの小川の水を汲《く》むと、〝岩魚《イワナ》〟が3匹捕《と》れたので1人で全部食べました。八郎は喉《のど》が渇《かわ》いて小川の水と沼の水を飲み干すと、異様に太って化け物になります。八郎は小山を背負って鬼清水《おにしみず》の集落を築こうとしますが、〝田村大明神（※277）〟に咎《とが》められて十和田湖に行き、そこの主《ぬし》になりました。背負って来て、下《お》ろした小山で出来た森は〝八郎森〟と呼ばれます。その後、盛岡市の永福寺《えいふくじ》の〝南祖坊《なんそぼう》（※278）〟が巡歴先《じゅんれきさき》（※279）の熊野山（和歌山県《わかやまけん》）で自分の所有地（※280）を尋《たず》ねると、「草鞋《わらじ》の切れた場所を住処《すみか》にせよ」と教えられ、十和田湖畔に辿《たど》り着きました。南祖坊は八郎と争って勝つと十和田湖の主《ぬし》になり、八郎は負けて秋田県の日本海岸の湖水に住みました。それが今の〝八郎潟《はちろうがた》〟です。

40 八郎太郎《はちろうたろう》

［岩手県 九戸郡 野田村］

安家森《あっかもり》の岳山に百姓《ひゃくしょう》（農家）の子供が2人いました。兄の八郎太郎が谷川で〝ジャッコ（雑魚）〟を捕《と》っているとき、赤い〝ジャッコ〟を捕《つか》まえて飲み込み、急に喉《のど》が渇《かわ》いたので水を飲むと、飲む程《ほど》に体が大きくなりました。1年もすると相撲《すもう》とりほどに、2年もすると山のような大男になりました。八郎太郎は家を出て、野田海岸《のだかいがん》で藤《ふじ》や葡萄《ぶどう》やアケビの蔓《つる》を集めて縄《なわ》を綯《な》い、七ツ森、高森、和佐羅比山、小倉山、三崎山を背負ってきました。最後に階上岳《はしかみだけ》を背負うと、縄が切れてしまい、八郎太郎は力抜けして西の方に去《さ》っていきました。

41 八郎太郎 ● はちろうたろう

［岩手県 下閉伊郡 田老町］

3人の兄弟で山へ〝マタ(※281)〟の皮剥《かわは》ぎに行き、末子《まっし》(すえっこ)の八郎は、昼ご飯に〝川魚3匹〟を釣《つ》って串焼《くしや》きにします。八郎が兄弟の2人を待ちきれず、3匹の魚を1人で食べてしまうと、ひどく喉《のど》が渇《かわ》くので、沼の水を飲みました。それでも渇きが治まらないので、沼の水を飲み干すと体が大きくなりました。川を下《くだ》って、十和田湖の主《ぬし》・秋田三吉《あきたさんきち》(※282)と争いますが勝負がつきません。海岸の村に来ると、五月節句の行事をする時節でしたが、1軒の爺と婆の住む家だけでは何もしていませんでしたので、尋《たず》ねると「貧乏《びんぼう》でできない」といいます。八郎は「貧乏な者を助ける者が居ない村は悪い村だ」と、爺と婆を逃がしてやり(避難《ひなん》させて)、その家の囲炉裏《いろり》に火箸《ひばし》を差してぐるぐると回すと、その途端に水が湧き出て、村は〝湖〟となって〝八郎潟〟になりました。

42 八郎太郎

〔岩手県 宮古市〕

はちろうたろう

3人の木挽《こび》きが木樵《きこり》のために山に入り、若い者が飯《めし》の支度《したく》をします。おかずに〝川魚3匹〟を釣り、焼いていると食べたくなり、1匹食べるとあまりもの美味しさでたまらなくなって、3匹とも食べてしまいました。喉《のど》が渇《かわ》くので川の水を飲もうとすると、額《ひたい》に〝角《つの》〟が生えているのが水面に映ります。男は十二神山《じゅうにしんざん》（※283・宮古市《みやこし》）に登って沼に入り、沼の主《ぬし》になりました。

43 八郎太郎

〔岩手県 遠野市〕

はちろうたろう

八郎という杣《そま》（木樵《きこり》）が小屋掛けして働いているとき、炊事《すいじ》の支度《したく》をするために川へ米を研《と》ぎに行くと〝魚〟が泳《およ》いでいました。八郎が魚を釣って帰り、焼いて喰《く》うと喉《のど》が渇《かわ》きます。川に降りて水を飲むうちに体が大きくなり、小屋に入ることができなくなりました。八郎が住処《すみか》を探して山から里へ降りると、5月の節句《せっく》で何処《どこ》の家の屋根にも菖蒲《しょうぶ》（※284）が差してあります。村はずれの一軒屋に入ると、その家の爺婆は芦崎山《あしざきやま》へ登って東と西に傾《かたむ》いた石になりました。八郎の入った家は〝沼〟となって、〝八郎潟〟と名付けられました。

44 八郎太郎 ● はちろうたろう

［岩手県 下閉伊郡 山田町］

稼《かせ》ぎ人が川に米を研《と》ぎに来て、〝魚〟を3匹捕《と》って焼いて食べると、喉《のど》が渇《かわ》いて水を飲みました。仲間が捜《さが》しに来ると、「ここは沼になるから逃げろ」と伝えて、間もなく一帯は〝沼〟になりました。

45 八郎太郎 ● はちろうたろう

［岩手県 久慈市］

昔、ありました。
夕向峠のずっと向こうの荒津前《あらつまえ》という所に、〝八郎太郎〟という子供がおりました。

ある時、兄弟3人で川に行って〝雑魚《ざこ》〟を捕《と》って焼きました。3人で食べるのを八郎太郎が1人で全部食べてしまいます。そうすると、とても喉《のど》が渇《かわ》いて我慢《がまん》できなくなり、川に降りて水を手で掬《すく》いました。手の中には、〝赤はら（※285）〟が1匹入っていて、驚《おどろ》いて掬い直したのですが、また〝赤はら〟が入っています。

手に掬ったものを空けると何も入っていなくて、いくら掬い直しても、やっぱり〝赤はら〟が入っていました。それでも八郎太郎は喉の渇きが苦しくて我慢《がまん》できずに、目を瞑《つぶ》って〝赤はら〟が入ったままの水を飲んでしまいます。その水はとても美味しくて、頬《ほお》が落ちるようでした。はじめのうちは手で掬って飲んでいましたが、飲めば飲むほど喉が渇いて、間に合わなくなると川にふさぎ込んで、ガブガブとお腹いっぱい飲みます。そうすると八郎太郎の体が大きくなりだして、1丈《じょう》（約3メートル）にもなりましたが、それでもまだまだ大きくなりました。

それからの太郎は、一時でも水無しでは居られなくなって、川の水を飲み尽《つ》くしてしまいましたが、それでも喉が渇いて別の川を探して歩くと、一山《ひとやま》越えたところに川がありました。八郎太郎は大きな手で「ドッコイショ」と山を持ってきて、川を塞《ふさ》いで水を溜《た》めて飲みましたが、その跡というのが小久慈《こくじ》の大沢田にあるモッコ山です。

八郎太郎は、何時《いつ》の間にか山のような大男になって、その体の大きさは〝テンゴ松（天狗《てんぐ》が宿るという松の大木)〟程《ほど》もあるので、一跨《ひとまた》ぎに20間《けん》も30間も歩きました(1間は約1・8メートル)。力も強くて、山が持てるようになったので、八郎太郎は何か人のために役に立つことがしたくなりました。山に腰掛けて辺《あた》りを見渡すと、あちらこちらに田圃《たんぼ》があって、米刈り(稲刈り)している人達が居ましたが、まだまだ荒野原《あれのはら》も沢山《たくさん》あるのが見えます。

「あの野原に水を引くと、いくらでも田圃《たんぼ》にすることができるのに」と、久慈、夏井、大野に堰《せき》(※286)を掘《ほ》りました。八郎太郎が一掘りすれば、1回に20間も30間も掘れます。

その時、〝じょうり(※287)〟に付いた土を落とした所が森になって、小久慈の〝じょうり森〟になりました。昼飯を喰《く》った所は、その後〝ひりーば(広場か?)〟と呼ばれるようになりました。

あちらこちらに堰《せき》が出来たので、村の人達は喜びました。それでも、せっかくの堰の水を八郎太郎がまた、ガブガブ飲んで無くしてしまうと困《こま》ると察《さっ》した村の人達は、八郎太郎に旅をさせようとして「八郎太郎様の力は、たいしたもんだ(大変なものだ)。八戸の力持ちに勝てば、日本一でしょう」と話しました。

そうすると八郎太郎は早速、八戸に出掛けて行って、力持ちに〝力くらべ〟を申し込みます。力持ちは、「俺の家来の〝熊《くま》〟を相手に〝力くらべ〟と〝智恵《ちえ》くらべ〟をして、勝ったら弟子《でし》にしてやる」と言いました。八郎太郎は自分が日本一だと思って、「やかましい！　人を馬鹿《ばか》にして！〝熊〟など踏《ふ》んづけてやる」と怒りだして〝熊〟に手を掛けましたが、逆に投げられて負けてしまいました。智恵くらべをしますと、これも負けてしまいました。八戸の力持ちは、「お前、まだまだ力も頭も駄目だ。この〝金《かね》の草鞋《わらじ》〟をやるので、これを履《は》いて切れる所まで行って、切れたらそこで暮らせ」といって、八郎太郎に〝金の草鞋〟をくれました。

八郎太郎は、その〝金の草鞋〟を履《は》くと、あちらこちらと彷徨《さまよ》い歩いて、秋田の辺《あた》りに行った時、「プッッ」と草鞋の緒が切れました。

「草鞋が切れた。ここで暮らすことにしよう」と決めて、側《そば》の家に「旅の者ですが、一晩泊めてください」と頼《たの》みますと、その家には、年寄り阿母《あば》（※288・あぼ）しか居なくて、「さあさ、よくお出《い》でくださいました。入ってください」と家の中に勧《すす》めてくれました。

八郎太郎が家の中に上がって座ると、大変喉《のど》が渇《かわ》いて、火箸《ひばし》で囲炉裏《いろり》の灰《はい》を突《つつ》きはじめました。すると、囲炉裏からドコドコと水が湧《わ》いて出てきたのです。

八郎太郎は、年寄り阿母を山の上に座らせると、また火箸で囲炉裏の灰を「ジャギジャギ」と突いたので、出てくる水は止まらなくなり、何時《いつ》までも出続けると遂《つい》には大きな沼になって、太郎はその沼の主《ぬし》になりました。この沼は、〝八郎潟〟と呼ばれています。（どっとはれぇ）

46

［岩手県 八幡平市］

八の太郎 ● はちのたろう

八幡平市野駄田中《はちまんたいしのだ》の住人である〝八の太郎〟は、マンダの皮剥《かわは》ぎ（※289）が生業《なりわい》でした。前森で仲間と作業中に〝岩魚《イワナ》（※290・味噌田楽）〟の盗《ぬす》み食いをしてしまい、〝巨人《きょじん》〟に変身します。アセ沼を飲み干した八の太郎は、大量の水と住処《すみか》を求めて東北各地を彷徨《さまよ》い歩きました。西根《にしね》地区では〝七時雨山《ななしぐれやま》の太郎〟や〝松川の太郎〟と呼ばれる伝説になっています。

47

［岩手県 八幡平市］

鬼清水と八郎太郎 ● おにしみずとはちろうたろう

松尾村野駄《まつおむらのだ》（八幡平市）に〝八郎太郎〟という若者が暮らしていて、友達2人と前森山《まえもりやま》で、木の皮剥《かわは》ぎ作業をしていました。

ある日、八郎太郎が米を研《と》ごうとして小川に鍋《なべ》を入れると〝岩魚《イワナ》（※291）〟が3匹入ります。この〝岩魚〟を味噌田楽焼き（※292）にして、八郎太郎が3匹とも平らげてしまいました。すると八郎太郎は喉《のど》が渇《かわ》き、小川の水、さらには沼の水も殆《ほとん》ど飲み干《ほ》したところ、体が異様《いよう》に太《ふと》りだして〝龍〟になりました。
人間に戻《もど》れなくなった八郎太郎は、沼を造って住もうとして、小山を背負って鬼清水《おにしみず》という集落に腰を下ろしましたが、岩手山頂の〝田村大明神（※293）〟がその計画を咎《とが》めた（※294）ために、果たせませんでした。この小山は〝八郎森〟と呼ばれています。

48

八郎太郎　はちろうたろう

［岩手県 久慈市 山形町］

昔、下閉伊郡岩泉町安家《しもへいぐんいわいずみちょうあっか》に住んでいた〝八郎〟とその一族が、山形村《やまがたむら》に狩猟《しゅりょう》（※295）をしに来ました。喉《のど》が渇《かわ》いた八郎は、川の水と一緒に不思議な〝赤い魚〟も飲み込んでしまいます。すると八郎の体は次第に〝蛇体〟から〝龍〟に変化《へんげ》しました。この体では一族と一緒に暮らせないと思った八郎は、山形村《やまがたむら》の川井から沼袋にかけて湖を造って住むことにします。ところが、川井明神（明神岳・標高887メートル山頂に祀られています）に「湖を造れば地元民に迷惑《めいわく》が掛かる。他の場所に移れ」と言われて十和田湖に行きました。しかし、さらに十和田湖では自分が住む所だという修験僧と争いになり、敗《やぶ》れた八郎は〝八郎潟〟に追われました。

49

［岩手県］

八郎太郎と南祖坊

はちろうたろうとなんそぼう

時は何時《いつ》の頃か、奇瑞《きずい》（※296）や妖《あやかし》（※297）が刺草《いらくさ》のように蔓延《はびこ》り、人の世を毒したり歓喜《かんき》に酔いしらされたりしていた頃のお話です。

そのような世に八郎太郎は、無垢《むく》（※298）な子として生まれました。この八郎太郎、マダ皮剥《は》ぎ（※299）が生業《なりわい》で、特別に秀《ひい》でた得意なものがあるわけではなく、生まれながらに童心《どうしん》（※300）を持ち続けていることだけが取り柄《とりえ》でした。

ある夏の日、八郎太郎が松尾《まつお》の北にある前森山《まえもりやま》に朋輩《ほうばい》（※301）と泊まりがけで、マダ皮剥ぎに出掛けました。山中に入ると、耐え難《たがた》い暑さに喉《のど》の渇《かわ》きを覚《おぼ》えて、岩根の泉で渇きを癒《いや》す時に、誤《あやま》って小さな〝サンショウウオ（イワナ・イモリなど諸説あります）〟までも飲み込んでしまいます。

その水は真《まこと》に甘露《かんろ》（※302）のようで、飲んだ途端《とたん》に八郎太郎の目先に、パチパチと七色の火花が輝《かがや》きました。

「これは？」と背伸びをすると、ぐんぐんと背丈が伸びだして、気が付くと高い木の梢《こずえ》から頭を出しています。

「大変だ！」と叫んで、八郎太郎が巨人《きょじん》になった姿を見た朋輩たちは、仰天して逃げ帰ってしまいました。

八郎太郎はこの時から小鳥や獣《けもの》、山の草木の言葉が聞き分けられるようになります。

八郎太郎の喉の渇きは限りなく続き、沼の水を飲み尽くして涸《か》らしてしまったので、次は山を崩《くず》して川の流れを堰《せ》き止めようとすると、岩手山の神である〝田村明神（※303）〟に咎《とが》められました。諦《あきら》めて当てもなく彷徨《さまよ》い歩いて行くと、奥入瀬《おいらせ》の渓流を伝《つた》って十和田湖に辿《たど》り着きます。

「この湖こそ、わが喉の渇きを癒《いや》すもの」と十和田湖を見つけた嬉《うれ》しさに八郎太郎は、音を立てて水を飲み始めました。湖の水は、あの日以来の甘露《かんろ》の味です。飲みながらふと、太郎は水面に映る自分の影を見ました。なんとそれは、八つの頭を持つ〝龍〟の姿だったのです。

「なんて恐ろしい、これが俺の姿か……」八郎太郎は身を震《ふる》わせると、八つの頭の十六の眼から涙が光って零《こぼ》れ落ちました。恐《おそ》る恐《おそ》るもう一度水面を覗《のぞ》いて見ると、不思議にも巨人の姿に戻っています。

「幻《まぼろし》だったのか？」と胸を撫《な》でおろして再び水を飲みはじめましたが、水面に映っているのは、やはり〝龍〟の姿でした。この因果《いんが》(※304)を知った八郎太郎は、自ら〝十和田湖〟の底深くに潜《もぐ》ってしまいました。

八郎太郎がこのようにして十和田湖の主《ぬし》となってから、幾年月が流れます。

南部の盛岡《もりおか》城下〝永福寺《えいふくじ》〟に、都の藤原是行《ふじわらこれゆき》の子と伝えられる〝南祖坊《なんそぼう》(※305)〟という法力の優れた修験僧(※306)が居りました。この修験は勅勘《ちょっかん》(※307)を蒙《こうむ》って、陸奥《むつ》の国に流されたのです。修験僧となって諸国を巡るうちに紀《き》の国《くに》(和歌山県)の熊野権現《くまのごんげん》で〝鉄《かね》の草鞋《わらじ》(※308)〟を授《さず》けられ、その切れた場所を住処《すみか》にせよとのお告げを戴《いただ》きました。

南祖坊は暫《しばら》く永福寺に足を留《とど》めて居ましたが、再《ふたた》び北へ向けて歩きだし、十和田湖の畔《ほとり》まで来ると、プツリと草鞋の紐《ひも》が切れました。

「さては茲《ここ》を住処《すみか》にせよとのご神慮《しんりょ》」と周囲を見渡しますと、山の佇《たたず》まいや蒼《あお》い湖水は、本当に修験・修業の場に相応《ふさわ》しい所と見えます。しかし、ただ一つ、南祖坊の眼には気になるものが映りました。湖面から、しきりと妖気《ようき》が立ち上っていたのです。南祖坊は湖に向かうと合掌して数珠《じゅず》を揉《も》み、悪魔退散《あくまたいさん》の祈りを捧《ささ》げました。

水底深くで永い眠りについていた龍の姿の八郎太郎の耳に、呪文《じゅもん》の声が届《とど》くと、身震《みぶる》いして眼が覚めました。

「何者ぞ。わが眠りを妨《さまた》げるのは……」八郎太郎が跳《は》ね起きると湖上に現れて、「我はこの湖に年古く棲《す》む八郎太郎、何故《なぜ》わが平安を乱す！」と叫んで、白い水飛沫《みずしぶき》が滝のように南祖坊の頭上に落ちてきます。

「喝《かつ》！」と南祖坊が一声あげると、水飛沫は天高く舞いあがり、八郎太郎化身の〝龍〟の姿も、そのままぴたりと虚空《こくう》（※309）に固《かた》まってしまいました。南祖坊は「八郎太郎と名乗る化生者《けしょうもの》め、我《われ》は熊野権現の感応を受けて、ここを安住の地と定《さだ》めた。よって汝《なんじ》はこの地を去れ」と告げます。これは、後から来た南祖坊が不法に思えますが、この時代の神は絶対で、あえてその絶対に八郎太郎は立ち向かったのでした。

八郎太郎は「この湖、千年程もわが憩《いこ》いの座となっていたところ、何故にお前のような旅の修験などに渡さなければならん」と告げると、自身の通力で南祖坊の金縛《かなしば》りから抜けだし、忽《たちま》ち雲を呼び寄せると霧《きり》を吹き上げ、八つの龍頭を打ち振るいながら襲いかかりました。これに対して南祖坊は少しも恐れず、9巻の経文を空に向かって投げ上げると、それは忽《たちま》ち九頭の〝龍神〟に化けて、八郎太郎に立ち向かいます。

この争いは7日7夜も続きました。八頭に九頭、数だけでも八郎太郎の方が足りません。いかに八郎太郎が牙《きば》を鳴らし、角を振り立てても、次第に敗色が濃くなっていきました。

最後の手段で八郎太郎は、自身の龍の鬣《たてがみ》を引き抜いて息を吹きかけると、数多《あまた》の小龍が飛び出して加勢に付きます。

これに対し、南祖坊も負けてはいません。経文の文字の一つひとつを降魔《ごうま》の剣《つるぎ》に変えては雨霰《あめあられ》と降らせたために、八郎太郎の体に突き刺さり、さすがに八郎太郎もこれには力が萎《な》えてしまい、湖の水を巻き上げては滝のように降らせると、泣《な》き喚《わめ》きながら水を求めて奥羽《おうう》の山並みに逃げ去りました。

十和田湖から南下した八郎太郎は北上川《きたかみがわ》の流れを堰《せ》き止めて（27の伝説参照）、自分が棲《す》む湖を作ろうと思い立ちましたが、里の犬達に吠《ほ》え立てられ、三十二座《くら》（※310）の岩手の山々の神様達には石を投げつけられましたので、この場所も諦《あきら》めて去るしかありませんでした。八郎太郎の生まれ故郷の鹿角に戻ると、米代川《よねしろがわ》の水を七座山《ななくらやま》の麓《ふもと》で堰《せ》き止めて手頃な湖を作ります。しかし、ここも安住の地ではありません。七座の神々が騒《さわ》ぎ出して、おびただしい数の〝鼠《ねずみ》〟たちの力を借りて湖の土手に穴を開けさせようとしました（※311）。八郎太郎はこれに対して里の〝猫《ねこ》〟たちを味方に引き入れようとしましたが、神々が〝猫〟に惰眠《だみん》（※312）の安楽を与えて、その策を阻《はば》みます。湖は遂《つい》に鼠穴から決潰《けっかい》して、奔流《ほんりゅう》が里を襲《おそ》うと、下流は悉《ことごと》く洪水《こうずい》の被害《ひがい》を受けました。

この濁流《だくりゅう》に巻かれて爺と婆を乗せた一艘《そう》の小舟が、木の葉のように浮かんでいます。八郎太郎はこの小舟を肩《かた》で受け止めると、「危ねえでねえか、爺《じい》さま、婆《ばあ》さま」と助けてやりますが、婆さまが〝糸べそ（※313）〟を忘れて家に戻ってしまったので、その時から爺と婆は、東と西の岸にそれぞれ別々になって、〝夫権現の宮《おっとごんげん》〟と〝老婆御前の宮《うばごぜん》〟として祀《まつ》られるようになりました。

八郎太郎はそれから後《のち》も方々の山々を巡《めぐ》った末に、秋田の男鹿《おが》に大きな湖を見つけます。「この水は太古《たいこ》の匂《にお》いがする」と気に入った八郎太郎は、ここを安住の地と定めて、八頭の〝龍〟の姿になると湖底に沈んで行き、この時から男鹿の湖には、〝八郎潟《はちろうがた》〟の名が付けられました。

しかし、ここは水深が浅いために冬には凍結《とうけつ》してしまいますので、八郎太郎が田沢湖《たざわこ》に住む辰子《たつこ》という〝女龍〟からの誘《さそ》いを受けると、冬季はそこで暮らすようになります。

田沢湖の主は、八郎太郎の敵《てき》となった十和田湖の主・南祖坊を忌《い》む（※314）こと甚《はなは》だしく、〝鉄杖《てつじょう》〟や〝鉄の草鞋《かねのわらじ》〟の故事通りに、湖中に誤《あやま》って〝鉄気〟を含むものが入ると、忽《たちま》ち湖面が荒れて〝龍神〟が怒《おこ》ると伝承されています。そのため昔は、田沢湖に浮かべる舟には〝金具《かなぐ》（釘《くぎ》など）〟を一切使わず、大木を刳《く》り抜《ぬ》いた丸木舟（※315）が使われていました。

近世、八郎潟干拓で湖を狭《せば》められた八郎太郎は、一年中、田沢湖だけで暮らすようになったのかもしれません。

50

［岩手県 盛岡市］

袂石 ● たもといし

盛岡市《もりおかし》上米内《かみよない》中居《なかい》にある姥懐橋《うばふところばし》の堀割《ほりわり》（水路）には大石があって、〝袂石《たもといし》〟と呼ばれています。袂石は昔、大蛇となって水を探し求めて歩いた〝八郎太郎〟が、米内川《よないがわ》を堰《せ》き留《と》めて山に囲まれた平地に水を溜め、住処《すみか》にしようとして川留めにかかり、袂《たもと》（※316）に入れて運んだ石と伝えられています。

八郎太郎は松尾村《まつおむら》野田《のだ》の田中《たなか》の生まれといいます。八郎太郎は田植えの後、前森山《まえもりやま》（※317）の小川で〝岩魚《イワナ》〟を捕《と》って焼いて食べました。この〝岩魚〟の辛《から》さのあまりに、いくら水を飲んでも喉《のど》が渇《かわ》き、探し求めてはあちらこちらの水を飲みました。八郎太郎の体は水を飲む度《たび》にブクブクと膨《ふく》れ、仕舞《しまい》には〝大蛇《だいじゃ》〟になってしまったのです。

大蛇となった八郎太郎は、水を探して山々を彷徨《さまよ》い、山に囲まれた平地の上米内《かみよない》に水を溜《た》めて住処《すみか》にしようと考えると、米内川《よないがわ》の川留《かわど》めを始めました。

姥懐橋を川留めの場所と決めて、袂に〝石〟を入れて運びます。米内の〝石〟は八郎太郎を恐れて逃げ出し、〝石〟に逃げられた八郎太郎は、松の木平の舘山を運んで堤《つつみ》を築こうと考え、舘山に荷縄《になわ》をかけて、「わっしょい、わっしょい」と大声を出して運びました。

八郎太郎の大声に、米内の神様・高洞山《たかぼらやま》(※318)の権現様が驚いて「こらあ、おれの足元で何をする」と、八郎太郎を叱《しか》りつけたのです。頭の上から聞こえる権現様の銅鑼声《どらごえ》に、八郎太郎は慌《あわ》ててその場を離れると、大岩に足を滑らせて米内川に落ちてしまいました。

川から這《は》い上がると、山岸の長根に登った八郎太郎は、濡《ぬ》れた股引《ももひき》を乾かしながら、米内は怖い所だと言って逃げ出しました。この界隈《かいわい》では姥懐橋の〝袂石《たもといし》〟、松の木平の舘山の〝荷縄掛《になか》け山〟、山岸長根の〝股引山《ももひきやま》〟、〝股引沢《ももひきざわ》〟の地名が伝えられています。

米内から追われた八郎太郎は水を探して、岩手の山から去《さ》ると、水が尽《つ》きることの無い湖といわれる青森の〝十和田湖〟に入り、住処《すみか》としました。

その頃、青森県八戸市豊崎町《あおもりけんはちのへしとよさきまち》の七崎《ならさき》にあった永福寺《えいふくじ》2代目・凡志和尚の弟子〝南宗坊《なんそぼう》(※319)〟が諸国を修行して、熊野権現《くまのごんげん》(※320・和歌山県)に参拝します。熊野権現は、〝南宗坊《なんそぼう》〟に〝金《かね》の草鞋《わらじ》(※321)〟を与え、この草鞋が切れた場所を汝《なんじ》の住処《すみか》にせよと告げました。

南宗坊が各地を巡《めぐ》り、十和田湖の岩屋に辿《たど》り着いた時、〝金の草鞋〟がぷっつりと切れると、此処《ここ》が私の住処《すみか》と信じて岩屋に立ち、小石を湖に放《ほう》り投げました。小石は波静かな湖に音を立てて沈むと、湖の底に居た八郎太郎を驚かせて、「俺の住処を荒らす者は何奴《なにやつ》」と、湖から姿を現して南宗坊に襲《おそ》いかかりました。

法華経《ほけきょう》を唱《とな》えて仏にすがる南宗坊の姿は、九つの頭を持つ〝青龍《せいりゅう》〟と変化《へんげ》して、八頭龍《はちずりゅう》の八郎太郎と十和田湖の主《ぬし》の座を賭《か》けた死闘《しとう》を繰り返します。7日7晩の戦いに力尽きた八郎太郎は、南宗坊の法力に敗《やぶ》れてしまい、十和田湖を血の海にして岩屋をよじ登り、岩手の山を経て西の果てに行くと、秋田の〝八郎潟〟に入って主《ぬし》となりました。南宗坊は、〝青龍権現《せいりゅうごんげん》〟と呼ばれて十和田湖の主となり、十和田神社にお祀《まつ》りされました。

真言宗《しんごんしゅう》の名寺と謳《うた》われた八戸の七崎《ならさき》の〝永福寺〟は南部家の寄進《きしん》を受け、青森県南部町《なんぶちょう》に移り、南部家が盛岡《もりおか》に移城の際、城の東北（※322・鬼門《きもん》）の守護を受け賜って、盛岡の山岸《やまぎし》に移りました。永福寺は南部五大山の筆頭寺として栄え、3月21日には護摩修法《ごましゅうほう》の例祭が盛大に行われていますが、例祭には必ず青龍権現になった南宗坊が雷雨《らいう》を伴《ともな》って訪れ、印に鱗《うろこ》を残して行くと伝承されています。

※**青龍《せいりゅう》**＝中国で朱雀《すざく》（南）・玄武《げんぶ》（北）・白虎《びゃっこ》（西）と共に四神の一つとされる神聖な龍。東方の守護とされ、東に上る太陽と川は穀物の実りを助け、青龍は成功と出世・富を導くといわれます。姿は鹿の角、馬の首、蛇の尾、魚の鱗をもつ青い色（緑色）をしている龍で、蒼龍《そうりゅう》ともいう。

51

八郎太郎と権現さん

［岩手県 盛岡市］

はちろうたろうとごんげんさん

上米内《かみよない》に高洞山《たかほらやま》がありますが、この山には昔、〝権現《ごんげん》さん〟が住んでいて村里の人達の守り神でした。そこに〝八郎太郎（八《はち》の太郎《たろう》）〟という大男がやってきて、米内川《よないがわ》を堰《せ》き止めると、山に囲まれた平地に水を溜《た》めて、ここを自分の住処《すみか》にしようとします。

八郎太郎は、鹿角《かづの》（秋田県）の柴内村《しばうちむら》の〝またぎ（狩人《かりゅうど》・猟師《りょうし》）〟でした。ある日、仲間と共に猟《りょう》に行き、岩魚《イワナ》を３匹捕《と》って焼いて食べたところ、ひどく喉《のど》が渇《かわ》きます。手桶《ておけ》の水を飲み干し、沢の水を飲み干し、堤《つつみ》の水を飲み干してもまだ喉の渇きは止まりません。次々と川の水を堰《せ》き止めては水を飲み干し、遂《つい》には〝大蛇《だいじゃ》（もしくは〝龍〟）〟の姿となって、水を求めて彷徨《さまよ》い歩くと、とうとう米内までやってきたのです。八郎太郎は、手当たり次第に手頃な石を拾《ひろ》い集めては米内川を堰き止めました。大きな石を手に持ちきれなくなると、袂《たもと》に押し込んで運びました。水が溜《た》まってくると、近くの山に太い荷縄《になわ》をかけ、力いっぱい引き寄せたので、米内の山々はぐらぐらと揺《ゆ》れて崩《くず》れはじめます。

これを見た高洞山の権現さんは大変に怒って「こらっ、山を壊《こわ》してはならんぞ太郎！」と大きな声で叱《しか》りつけました。これにはさすがの八郎太郎も仰天《ぎょうてん》してしまい、思わず緊張《きんちょう》して〝ぼっこ(糞《ふん》)〟をしてしまいます。さらに、あわてて逃げようとすると、〝キャッパリ(※323)〟してしまいました。太郎は一目散で山岸《やまぎし》まで逃げると、濡《ぬ》れた股引《ももひき》を山に掛けて干《ほ》した(乾かした)のです。こうして権現さんに叱《しか》られた八郎太郎は、米内の地に住むことを諦《あきら》めて、十和田湖《とわだこ》方面に逃げていきました。

やがて八郎太郎は十和田湖に住みましたが、後から来た〝南祖坊《なんそぼう》(※324)〟と争い、十和田を追われると西に逃げて〝八郎潟〟まで行き、そこの主《ぬし》になりました。〝南祖坊〟という大力のお坊さんは、山岸《やまぎし》に移転する前の三戸《さんのへ》の永福寺《えいふくじ》(53の伝説参照)で修行していたそうです。

中津川《なかつがわ》と米内川《よないがわ》の合流地点にある水道橋《すいどうばし》の位置から、米内川に沿って上流に向かうと姥懐橋《うばふところばし》があります。その近くに〝袂石《たもといし》〟という大岩があり、米内川には〝ぼっこ石〟とか〝けぇっぱり石〟と呼ばれる大石があったといわれています。他に、〝荷縄掛山《になかけやま》〟のほか、山岸には〝股引山《ももひきやま》〟の地名が残されました。八郎太郎が堤を作って水を飲もうとした米内には、水道浄水池が造られ、盛岡市水道部米内浄水場として盛岡の水瓶《みずがめ》となり、市民の喉を潤《うるお》しています。

52

片手石《かたていし》

［岩手県 盛岡市］

名乗《なのり》の山（名乗坂付近）にあったという重さ15～16ﾄﾝもある大石は、片手で押して動いたことから〝片手石〟と呼ばれていました。

昔、飼草《きゃぐさ》（※325）を刈りに行った者が、「今日は盆《ぼん》の13日だから、早く刈って帰ろう」と夢中になって鎌《かま》を動かしていました。すると眼の前に大岩があるのに気が付きます。

「いつもここに飼草刈りに来ているのに、今までこんな岩を見た事がない」と思うと、ゾッと寒気がしたので急いで家に帰りました。

このことを聴《き》いた近所の若者が、盆休みということで4、5人で出掛けてみると、確かに今まで見た事もない大岩がありました。

「どれほど重たいものだろう」と1人が押してみると「動くぞ。不思議な事もあるものだ」と言いだし、代わるがわる押してみると、やはり動きました。だんだん気味が悪くなって逃げ帰り、年寄りに話してみると「それは、〝八ノ太郎（八郎太郎）〟が何処《どこ》からか持ってきて、高洞山《たかほらやま》の権現さんに睨《にら》まれて置いていったものだろう」というのです（高洞山の権現さんは何時頃《いつごろ》か南昌山《なんしょうざん》に飛んで行ったと伝えられています)。

年を経て明治《めいじ》36(1903)年頃、この大岩は数十人の手を借りて、河原の阿部長右衛門の屋敷の庭に運ばれました。さらにその後、阿部邸が新築の際に移動されたようです。今では紫波町《しわちょう》〝城山公園《しろやまこうえん》(高水寺城跡)〟に置かれている岩動道行《いするぎみちゆき》(※326)氏の句碑が〝片手石〟と伝えられていて、〝**郭公《かっこう》や杜の都の山河映え**　鯨汀〟の句の金属板が嵌《は》め込まれています。

地誌『盛岡砂子《もりおかすなご》　巻三　名乗』には、〝路左に茶店有、其庭に片手石、又ゆるき石とも云有、高さ五尺《しゃく》(約150《センチメートル》)計りの、丸き大石也。片手にて揺せはゆるく也、然とも幽にて見えす、杯に水を湛て上に置は、ゆるく所見ゆる也〟と記されています。

53
永福寺　[青森県 八戸市]
● えいふくじ

永福寺《えいふくじ》の開基は、坂上田村麻呂《さかのうえたむらまろ》将軍が東夷征伐の砌《みぎり》、聖戦勝利、国土安泰を祈願する為に〝十一面観世音菩薩〟をお祀《まつ》りして建てられた奥州六観音のひとつで「楢崎観音《ならさきかんのん》(※327)」と呼ばれ、延暦《えんりゃく》19(800)年に、青森県八戸市七崎《あおもりけんはちのへしならさき》に建立されました。〝南宗坊《なんそのぼう》(※328)〟が永福寺に入寺して修行されたのは、此処《ここ》での出来事です。その後、鎌倉《かまくら》時代に南部初代光行《みつゆき》公が、奥州糠部《ぬかのぶ》五郡の領主となって、居城・三戸城を今の青森県三戸郡南部町《さんのへぐんなんぶちょう》に築城の際、累代の御祈願寺として承久《じょうきゅう》2（1220）年に三戸城下南部町に建立しました。南部27代利直《としなお》公の慶長《けいちょう》年間に盛岡に居城が移転築城となりましたが、その際、京都の比叡山、江戸の東叡山に例して、領民安泰、居城鎮護の為に、盛岡城東北の地・山岸に移転建立され、旧地は自坊として七崎を普賢院、三戸を嶺松院と称するようになりました。明治《めいじ》初年の神仏分離によって、現在の伽藍《がらん》は往時の草庵跡《そうあんあと》に建立されたものです。

54
盛岡山永福寺縁起
［岩手県 盛岡市］
もりおかさんえいふくじえんぎ

盛岡山永福寺（真言宗豊山派・盛岡市山岸）の創建は、今から千百年前に遡《さかのぼ》り、坂上田村麻呂《さかのうえたむらまろ》に依《よ》って建立された十一面観音堂に始まる。

その後、幾多の変遷を経て、当地に移ったのは元和《げんな》年間（1615年）南部27代藩主・利直《としなお》公が居城を盛岡に移したことに依《よ》る。

後醍醐天皇《ごだいご》(第96代)の詔宣《しょうせん》により、懐良親王《かねよししんのう》が遷座《せんざ》されたという高野大師(弘法大師《こうぼうだいし》・空海《くうかい》)霊作の〝大聖歓喜天《たいしょうかんぎてん》〟を本尊とし、新城より東北の地に鬼門鎮護祈祷の道場として伽藍を建立した。寺領860余石を有する藩公の祈願寺として、盛岡五山の筆頭寺院であり、末寺、支配寺院最も多く隆盛を極めた。

往時は、約3万余坪の境内に荘厳な七堂伽藍が建立され、老杉、老松の鬱蒼《うっそう》と茂る盛岡山一帯であった。

明治《めいじ》初年の廃仏毀釈《はいぶつきしゃく》によって、七堂伽藍は取り壊しの処置を受け、寺領は没収されて、辛うじて法灯を守る草庵のみが残された。

大正《たいしょう》12(1923)年、60世・道安和尚が復興に着手して以来、昭和《しょうわ》17(1942)年、現在地に本尊寺歓喜院(本堂)を再興し、昭和47(1972)年、当代・精海に依って、内内陣が再建された。

南部氏が南朝に参加して以来歴代の藩公は、歓喜天の信仰が篤く、特に南部29代藩主・重信《しげのぶ》公はご自身の出世はもとより、多くの霊験をいただき〝出世聖天〟と尊称された。重信公が〝兜神〟として奉祀された〝歓喜天像〟が当山に伝わっている。

また、当山は、兵法の奥伝を授ける修行道場でもあった。記録によると、七日七夜の参籠の後、兵法口伝が山主より授けられたとあり、切り紙、伝書等、往時からのものが伝世されている。

当山の御本尊、秘尊〝大聖歓喜天（聖天様）〟が現世の衆生の眼前に、御尊容を出現になられ、御名を〝奇瑞聖天〟と申し上げます。当山では10年に1度の御開扉本尊として奉安し、広く信仰をあつめております。聖天様は、この世に生きる私たちのいかなる願求にもお応えになられ、叶えてくださる尊天で、誠に不思議な霊尊であられます。商売の神様、和合の神様として人気を集めておりますが、また、人造りの神様でもあられ、利益を得て満足した者は、現世を明るい世の中、安心して生活できる世の中、即ち、浄土造りの菩薩としての行為、他に施す心、仏恩に感謝する心等を亡失してはならないとのことを戒《いまし》めておられます。

55 八郎太郎伝説

［岩手県 岩手郡 雫石町］

はちろうたろうでんせつ

十和田湖の主《ぬし》だった八郎太郎は、〝南祖坊〟と争うと負けて好摩《こうま》（盛岡市玉山区）の地へ逃れ、七窪から土を運んで北上川を塞《ふさ》ぎ止めようとして失敗すると、滴石《しずくいし》（雫石町）へやって来ました。大森《おおもり》（生森山）に腰かけて滴石盆地を眺めていましたが、「そうだ、この大森を運んで滴石川《しずくいしがわ》（雫石川）を塞《ふさ》ぎ止めると立派な俺の住処《すみか》ができるぞ」と手を叩《たた》いて喜びました。

好摩《こうま》では、お山の権現様と話し合って失敗したので、今度は黙《だま》って造ってしまうことにしました。幸いお山は曇《くも》っていて見えません。多分、朝早いために眠っていることでしょう。八郎太郎は大森に〝荷縄《になわ》〟を掛けて背負って立ち上がろうと地面に膝《ひざ》をつきました。

雲の中からこれを見つけたお山の権現様は、「そんなことをされては、可愛い滴石の人達がみんな死んでしまう」と、お山の上から大きな岩を八郎太郎目掛けて次々と投げつけました。これにはさすがの八郎太郎も逃げ出してしまいます。大森の中腹の凹地《くぼち》は〝荷縄〟を掛けた跡で、夫婦石、唐戸石と呼ばれる大きな岩は、権現様の投げつけた岩であり、麓《ふもと》の大きな窪地《くぼち》は八郎太郎の膝《ひざ》の跡だと伝えられています。

または、雫石川を堰き止めて湖を造ろうとした八郎太郎は山を運びます。これで完成するという8つめの山の〝負森山（生森山）〟を背負うという時に、地元の権現様に説得されてこの作業を止《や》めてしまったとの説もあります。※大森は（背）負う森。

そのあと、九十九沢《つくもざわ》の地に来た八郎太郎は、もし此処《ここ》に沢が〝百〟あったら、この場所を住処《すみか》にしようと〝蛇〟の姿になって数えましたが、〝九十九〟しかなかったので止めました。

八郎太郎が、蛇の姿でうろうろしているのを見たこの地の守り神様・墓どこ森の権現様は、「こんな化け物がこの辺に居られては大変」と山の上から大きな岩を投げつけました。桂集落の田圃《たんぼ》にある大きな岩がその岩で、夫婦石と呼んでいます。九十九沢の山の上に見える〝蛇型くら〟はその時の八郎太郎の姿だと伝えられています。

56 主になった八郎

〔岩手県 和賀郡 西和賀町 沢内〕

ぬしになったはちろう

昔、この地に〝八郎〟という若者が居ました。八郎には兄弟がたくさんあって、ある夏の時季に兄弟3人が連れ立って、マダの木の皮剥《かわは》ぎ(※329)をするため、山に登りました。山に小屋を掛けて、その中に寝泊まりするのです。ある日のこと、炊事当番に当たった八郎が沢に下りて水を汲んでいると、3匹の〝岩魚《イワナ》(※330)〟が泳いでいました。八郎は早速これを捕まえて、「よい魚が捕《と》れたぞ。これで今夜は3人で一杯やろう」と独《ひと》り言《ごと》を言いながら、小屋に持ち帰ってすぐに焼きはじめました。

すると、とても良い香りがしてきて、八郎は我慢《がまん》ができなくなり、「他の2匹を兄弟に残したら食べてもよかろう」と、まず1匹を食べました。するとその味がとてもよかったので、1匹で満足できなくなり、さらに1匹、また1匹と、遂《つい》に3匹を思わず食べ尽くしてしまいました。

食べるが早いか、忽《たちま》ち喉《のど》が渇《かわ》きだしたので、急いで沢に下りて水を飲み始めましたが、いくら飲んでもまだ飲み足りない始末です。とうとう流れに伏《ふ》して飲み始めました。その様子はまるで馬のようです。沢の水は下流に流れなくなり、それとともに八郎の体は見るみるうちに腫《は》れ上がって、全く人間の様相ではなくなりました。

夕方、兄弟が小屋に帰ると、八郎の姿が見えず、呼べども叫べども返事がありません。ふと、沢の方から唸《うな》り声が聞こえました。2人が近づいてみると、これはどうしたことか、八郎がもの凄《すご》く大きくなって唸っているのです。兄弟は驚《おどろ》いて肝《きも》を潰《つぶ》すと山を逃《のが》れ出ました。漸《ようや》く山から下りた頃、山も崩《くず》れんばかりの恐ろしい音が鳴り響きます。

それとともに八郎は、身も心も人間離れした恐ろしい姿となって、山深くへと入って行きました。山また山、谷また谷を越えて幾十日、秋田の海岸に出たところで行く先がなくなります。そこで大きな湖の岸に立って、「俺は、永《なが》くこの湖に住んで主《ぬし》になろう」と、湖に飛び込むと姿が見えなくなりました。

兄弟の話を聞いた八郎の妻〝タコ(田子)〟は、夫の帰りがあまりに遅いので、松明《たいまつ》にする薪《まき》を背負うと、暗い夜にはそれを灯《とも》して山中を尋《たず》ね歩きました。いくら叫んでも夫の返事はなく、山に〝こだま〟する自分の声ばかりです。幾日か過ぎたある日の朝方、大きな沼の前に出ました。そして、まだ赤々と燃え盛る松明を沼に投げ込むと、「夫が居なくなった私は、もはや生きる望みはない。死んで恋しい夫のもとに行こう」と、この言葉も言い終わらないうちに投身したのでした。

八郎が入水した湖を〝八郎潟〟と呼び、タコ(田子)の投身した沼を〝タコ潟(田子潟)〟と呼んだそうです。

田沢湖を当地の人は〝田子沼〟とも呼んでいます。のちに田沢湖から捕《と》れた鱒《ます》を、この地では〝木の尻鱒(※331)〟と呼びました。木の尻とは薪の燃え残りのことです。また、八郎が上《のぼ》った(辿《たど》った)沢を〝八郎沢〟といい、珍しいほどに小石で美しい流れがありましたが、毎年夏の頃になると、ここに1尺《しゃく》足らず(約30センチメートル弱)の太い〝鰻《うなぎ》〟が泳いでいて、これを捕《と》っても、また何処《どこ》からか1匹現れるので、里人はこれを〝八郎の魂《たましい》〟だと信じて捕らなかったと伝えられています。

沢内村大木原の〝八郎屋敷〟という場所からは土器が発掘《はっくつ》されましたが、八郎は実在の人であったのではないかと推察されています。

57 蒼前信仰と南祖坊

[青森県三戸郡]

● そうぜんしんこうとなんそぼう

南部地方には〝蒼前《そうぜん》〟、あるいは〝蒼前平〟、〝蒼前久保〟などという地名が数多くありました。お蒼前さま信仰では、〝馬〟が守護神ですが、祀ってあるものは〝仏典にある馬の神・勝善神〟、〝馬の医者・宗善〟、〝馬術の祖・小笠原宗前〟など諸説あり、さらに当て字も多く、蒼善、正善、惣善、相染などの表記から土着信仰らしさを伺うことができます。

〝木ノ下のお蒼前様〟と呼ばれて馬産家の尊崇を集めてきた氣比神社《けひじんじゃ》(上北郡下田町《かみきたぐんしもだまち》)の縁起には、十和田湖の主《ぬし》〝南祖坊《なんそぼう》〟が登場して、『十和田神教実秘録』や『十和田山神教記』には次のように記されています。

昔、都の綾小路に住む関白・藤原是実《これざね》は、無実の罪によって嫡男《ちゃくなん》・是行《これゆき》と共に奥州気仙へ流されました。是実は間もなくこの地で亡くなり、是行公は数人の従者と浜伝いに北を目指します。糠部《ぬかのぶ》は馬渕川《まべちがわ》べりの斗嘉村《とがむら》(三戸郡南部町《さんのへぐんなんぶちょう》)に至り、この地の霊験堂の別当が藤原式部と名乗っていると聞いて訪ねてみれば、3代前に藤原関白家から分家した公家の末裔《まつえい》と判ります。式部の薦《すす》めで斗嘉を〝終《つい》の住処《すみか》〟と定めた是行は、名を〝藤原宗善《そうぜん》〟と改めて余生を送ることになり、

〝南祖丸（南祖坊の幼名）〟が生まれました。

その頃から馬の出処だった斗嘉の里で、宗善は馬を飼うのを楽しみにしていましたが、いかなる荒馬も宗善の厩《うまや》へ入ると忽《たちま》ち悪癖《あくへき》が直り名馬となりました。このため村人が持ち込む馬が厩に余《あま》るようになり、次々に野に放しました。これが〝野馬《のうま》（※332）〟の言い初めということです。

宗善は午《うま》の年、午の日、午の刻の生まれとされています。

「我死せる後は、一宇を建て我を馬頭観音と祭るならば、馬一通りの願い何にても守るべし」と言い残して亡くなったのは61歳の午の年、午の日、午の刻のことでした。村人は早速一堂を立て馬頭観音を祀ります。以来、〝ご宗善様《そうぜんさま》〟と呼ばれるようになり、後に〝宗善堂《そうぜんどう》〟となって、各地の〝蒼前信仰《そうぜんしんこう》（※333）〟の源となりました。

［その他の関連類話］

58 八郎太郎関連

はちろうたろうかんれん

【青森県十和田湖町《とわだこまち》蔦沼《つたぬま》】 南八甲田山の赤倉岳東山麓に、蔦七沼と呼ばれる小湖沼群があります。その中で一番大きな〝蔦沼《つたぬま》（面積0・6平方キロメートル《キロメートル》、深度15メートル《メートル》）〟は、周囲をブナの原生林に覆われ、森閑《しんかん》とした佇《たたず》まいを見せています。沼にはコイ、ヒメマス、イワナなどが生息しています。

昔、南祖坊という僧侶《そうりょ》が全国を修行していました。京の町なかを経《きょう》を唱えながら托鉢《たくはつ》していたところ、公家の娘〝蔦子姫〟が彼の美声に惹《ひ》かれて、後を追うようになりました。時に、南祖坊42歳、蔦子姫は17歳。しかし、南祖坊は修行中の身です。困り果てた南祖坊は、姫から遠ざかるため、ひたすら歩き続けて奥州道までやって来ます。姫も命がけで追い掛けますが、いつしか大きく引き離され、とうとう南祖坊は十和田山へ登ってしまいました。姫も遅れじと、奥入瀬の渓谷へ分け入りますが、行く手を阻《はば》むかのように雨が降りはじめ、やがて雨は熱湯となって降り注ぎました。十和田山は女人禁制（※334）の山だったのです。女の身で山に登ることが許されないと気付いた姫は、もはやこれまで、恋しい南祖坊の側へは魂魄《こんぱく》（霊）となって行くより他に術《すべ》はないと思いを定め、焼山から南八甲田の山へ入って行きます。その山懐に七つの沼がありました。姫はそのうちの一番美しい沼に身を沈めて、安らかに沼の主となりました。それから、この沼を〝蔦沼〟と呼ぶようになりました。

【岩手県胆沢郡《いさわぐん》金ケ崎町《かねがさきちょう》】　金ケ崎町の栗駒《くりこま》国定公園地内、経塚山南東麓2キロメートル《キロメートル》のキッツ川上流に〝八郎沼〟があります。樹林に囲まれ、水面の海抜《かいばつ》高度805メートル、周囲900メートル、水深3メートル。堰止《せきと》め湖とも火口湖《こ》ともいわれ、名称は八郎太郎の伝承に由来して、『邦内郷村志《ほうないごうそんし》』によると、〝旱魃《かんばつ》の年にこの沼で雨を請えば霊験《こ》あり〟と記されていて、大正《たいしょう》の頃まで土地の人々の〝雨乞《あまご》い〟がみられたと伝えられています。この沼まで行くには登山道が不備で、周辺は〝熊〟の生息地なので、春先と熊の冬眠前の秋などは特に注意が必要な場所となっており、立ち入りが難しいため、沼の縁《ふち》に立った人は地元の人でもあまりいないようです。

この〝八郎沼〟には、昔話の伝説があります。

昔、八郎太郎という者が住んでいました。水を飲もうと谷川に降りて見ると、川に〝鯉《こい》〟がいたので捕まえて焼いて食べたところ、急に喉が乾き、水瓶の水を飲み、挙《あ》げ句《く》の果《は》てには川の水まで飲み干してしまい、堪《たま》らなくなって、駒形湖に入って湖の水を泳ぎながら飲む、という有り様です。やがて八郎太郎の体は〝大蛇〟となって湖に没し、その沼の主《ぬし》になり、その後は〝八郎沼〟と呼ばれるようになりました。

【秋田県鹿角郡《かづのぐん》小坂町《こさかまち》】 小坂町《こさかまち》鳥越集落の北方、鴇《とき》入口バス停付近には〝十和田山青龍大権現《とわだやませいりゅうだいごんげん》〟の碑があります。〝十和田山青龍大権現〟とは、八郎太郎を追い出して十和田湖の主となった南祖坊《なんそぼう》の化身の〝龍神〟のことです。天保《てんぽう》3(1832)年に建立された石碑は、〝神仏混交《しんぶつこんこう》〟時代の名残があり、小坂地域の十和田湖信仰の深さを伝えています。この碑の裏面には〝左面十和田道〟とあり、〝道標〟の役割もありました。江戸時代、十和田湖は十和田山青龍大権現をご神体とする聖域でした。修行の場を求める山伏たちや信心深い者たちが、険しい峠道を越えて修行に訪れています。その中心となったのが現在の十和田神社で、〝休屋《やすみや》〟という地名は参拝者の休息地を意味しています。かつて十和田湖へ至る道路は、一般に白沢道と呼ばれた道(国道103号線)と、藤原道と呼ばれた道が主要道でした。そして、それぞれの入口(大湯の四の岱と、鴇《とき》の入口)に〝十和田山青龍大権現碑〟が建てられて、これより先は神の領域であることを意味する標識の役割を果たしていたのです。

【秋田県鹿角市《かづのし》草木保田《くさきぼた》】 昭和《しょうわ》49(1974)年11月、鹿角地区に〝八郎太郎誕生の地の碑〟が草木に建立されました。草木保田の黒沢善次郎氏宅では、同地区一帯の惣右衛門屋敷(屋号)でも最も古い家と謂《い》われ、八郎太郎もその先祖といわれています。屋敷内には産湯《うぶゆ》に使ったという井戸もあり、先祖代々供養を行ってきました。それまで出生地に何も無かったことから、自宅の敷地内に自然石の碑を建立したものです。

59

［秋田県］

田沢湖潟尻畔のたつこ像

たざわこかたしりはんのたつこぞう

田沢湖の潟尻畔には、舟越保武《ふなこしやすたけ》（※335）氏［大正元《たいしょう》（1912）年―平成《へいせい》14（2002）年］が制作した〝たつこ像〟があります。

舟越氏は、岩手県二戸郡一戸町小鳥谷《こずや》に生まれています。岩手県立盛岡中学校（現・岩手県立盛岡第一高等学校）では、のちに画家となる松本竣介《まつもとしゅんすけ》と同級でした。この在学中に高村光太郎《たかむらこうたろう》訳の「ロダンの言葉」に感銘を受けて彫刻家を目指します。昭和《しょうわ》9（1934）年、東京美術学校彫刻科塑造部に入学。14（1939）年、新制作派協会彫刻部創立に参加、会員となります。このころから大理石彫刻を始め、直彫りによる石彫の第一人者になりました。16（1941）年には、盛岡で松本竣介と二人展を開催。2人の交友は、23（1948）年の竣介の死まで続きました。

25（1950）年、舟越氏は長男が生まれて間もなく急死したことを機に、盛岡カトリック教会で洗礼を受けて、内面を凝視した人間像を重厚に表現する作風を確立させました。完成までに5年を要した《長崎26殉教者記念像》で第5回高村光太郎《たかむらこうたろう》賞を受賞。また、島原の乱の舞台となった原城跡で得たイメージをもとに制作した《原の城》では、47（1972）年に中原悌二郎《なかはらていじろう》賞を受賞します。この作品がローマ法王庁に贈られると、翌48(1973)年にローマ法王から「大聖グレゴリオ騎士団長」の勲章が授与されました。

42(1967)年には東京芸術大学教授に就任して、43(1968)年、田沢湖に《たつこ像》を、翌年《ダミアン神父》を制作しています。52(1977)年、釧路市《くしろし》の幣舞橋《ぬさまいばし》に設置された《道東の四季－春－》では長谷川仁《はせがわじん》記念賞を受賞。53(1978)には芸術選奨文部大臣賞を受けました。62(1987)年、脳梗塞《のうこうそく》に倒れたものの退院後には左手でデッサンや彫刻を始め、平成《へいせい》11(1999)年には、文化功労者に選ばれています。

昭和58(1983)年、日本エッセイスト・クラブ賞を受賞した舟越氏のエッセイ集『巨岩と花びら』には、〝たつこ像〟を制作するにあたっての逸話が、『彫刻の顔　田沢湖の「たつこ」』として記されています。これは、辰子伝説とともに、田沢湖で〝たつこ像〟を観る人全てに伝えたいものと思い、これに掲載させていただきました(一部修正・略)。

……私は郷里の盛岡から、田沢湖へと仙岩峠を車で越えた。毎年、春には雪のために荒れた峠の道は、あちこちに道路工事の作業の人が働いていた。中には女の人も、すげ笠をかぶって男たちと一緒に働いていた。

その中の一人の若い娘さんを車の中から見て、「これだ」と私は思った。

ほんの数秒間の出来事であった。あれこれ迷い探していた〝たつこ〟の顔を、私はそのすげ笠の下に見た。

峠の道で毎日働いていて、何故こんなに美しいのだろうと私は不思議でならなかった。すげ笠の下の、手拭で半分顔をかくしたあの娘さんの顔を、私は、一瞬の中に私の瞼に焼きつけた。

潟尻のあの湖畔に立って、永い間、沖を見つめて〝たつこ〟の物語りを心にきかせて、夕闇せまるまで思いをめぐらせた〝たつこ〟の顔は、峠の道でかいま見たあの娘さんの顔と、ぴったり重なった。

あの峠で見た娘さんは、現実の人であったろうか。思いあぐねて迷っている私のために、伝説の〝たつこ〟が働く村娘の姿を借りて、私の前に現れたのだったかも知れない。

鹿角金山発見伝説

かづのきんざんはっけんでんせつ

秋田県《あきたけん》鹿角市《かづのし》にある〝尾去沢鉱山《おさりざわこうざん》(※336)〟の本鉱床発見の歴史は古く、和銅《わどう》元(７０８)年に銅山が発見された伝承があり、空の異人が住民から奪《うば》った〝梵天《ぼんてん》(※337)〟を投げつけて銅の存在を示したという伝説や、天平《てんぴょう》20(７４８)年に村民の清吉が異人に会し、その採集していた石を金鉱と知り、奈良に送ったという伝説もあります。

実際には、長坂や田郡から産出した〝金〟が奈良《なら》・東大寺の大仏鋳造《ちゅうぞう》に使われ、平安末期には、藤原氏によって築かれた平泉《ひらいずみ》の黄金文化を代表する中尊寺《ちゅうそんじ》(金色堂)でも用いられたと伝えられています。そして、慶長《けいちょう》３(１５９８)年に南部藩の北十左衛門が白根金山を発見したことにより、後に、民謡〝南部牛追唄《なんぶうしおいうた》〟で『田舎なれども南部の国は西も東も金の山』と歌われる程《ほど》の金鉱山として開発されました。その反面、この和銅開山と伝える俚伝《りでん》(※338)は、明治期《めいじ》には既に〝証するべきものなし〟とされています。(日本で初めて金を産出したのは、宮城県遠田郡涌谷町の黄金山産金遺跡とされています)

鹿角は資源に恵まれていて、南部藩の金山総数１２４箇所のうち19箇山、銀山総数20箇山のうち６

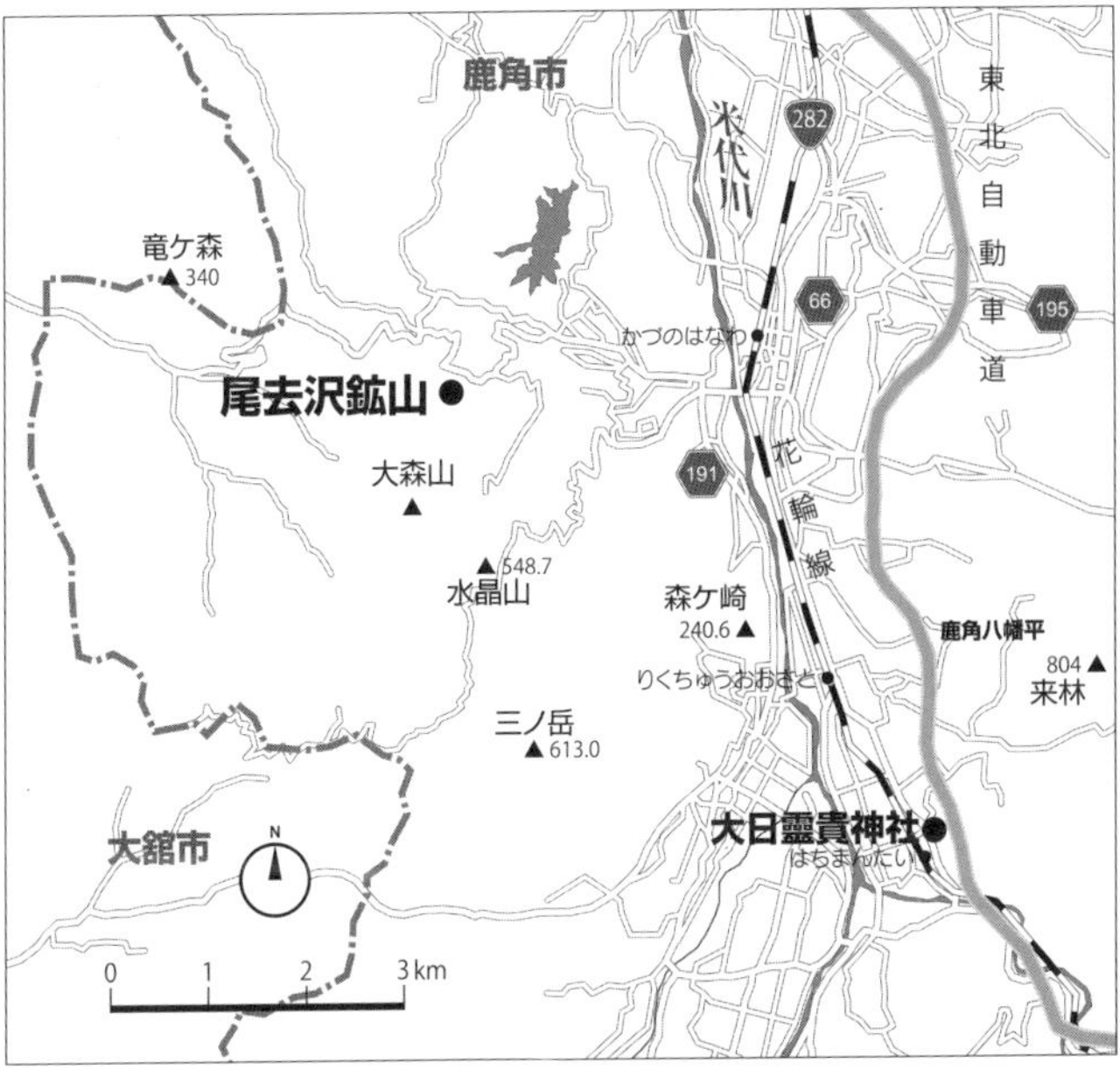

箇山、銅山総数53箇山のうち23箇山、鉛山総数41箇山のうち15箇山がこの地区にあります。特に白根金山（十和田小真木鉱山の前身）は、近世初期東北屈指の大金山として隆盛を極めました。その後は、慶長7（1602）年開坑の西道《さいどう》金山で、寛文《かんぶん》6（1666）年に銅鉱が発見された時を発展の始まりとしています。尾去沢鉱山の鉱床は脈型、470条からなり、平均脈幅72センチメートル、鉱石は黄銅鉱《おうどうこう》・斑銅鉱《はんどうこう》・黄鉄鉱《おうてっこう》などを主とし、少量の閃亜鉛鉱《せんあえんこう》・方鉛鉱《ほうえんこう》を含んでいて、金・銀・銅・鉛・亜鉛《あえん》・硫化鉱《りゅうかこう》などを産しました。

　鉱山名の由来は〝大盛山（大森山）を主とし、其山脚延蔓《えんまん》して西は三ツ矢沢、東は米代川に走り、北は十文字道、南は田沢の山頂に至る山尾の延去する処に拠れるものにして、即《すなわ》ち此区域内に在る各坑の総称なり〟とされたことによります。

慶長《けいちょう》3（1598）年、南部藩奉行・北十左衛門が現在の元山の一部分に、五十枚金山を開発したのを始めとし、慶長7（1602）年には西道金山を発見、金山として繁栄を極めました。その後一旦衰えますが、寛文《かんぶん》3（1663）年、阿部小平治の夏山銅山、寛文6年（1666）、長尾十左衛門の田郡・元山・赤沢銅山などの発見により、南部銅山として発展しました。明和《めいわ》2（1765）年、南部藩は御手山《おてやま》（※339）として開発、別子銅山《べっしどうざん》（愛媛県《えひめけん》新居浜市《にいはまし》立川《たつかわ》）、阿仁銅山《あにどうざん》（秋田県北秋田市）と並んで日本の主力銅山となり、幕府の大坂廻銅（幕府が輸出用に取り扱った銅）に対する一大源泉となります。明治元《めいじ》（1868）年まで104箇年の産銅は平均1年365トンで、計約4万トンに達しました。

明治に至ると、一旦政府に没収されましたが、その後、明治10（1877）年に南部藩に帰して再び返上、明治22（1889）年、岩崎家の手に帰しました。その後、明治26（1893）年・三菱合資、大正《たいしょう》7（1918）年・三菱鉱業、昭和《しょうわ》25（1950）年・太平鉱業、昭和27（1952）年・三菱金属鉱業、昭和47（1972）年・尾去沢鉱山会社と社名を変更します。昭和40年代に入ると鉱況は衰え、昭和41（1966）年3月精練中止、昭和53（1978）年5月に閉山しました。

跡地は現在、〝史跡・尾去沢鉱山〟として江戸時代の採掘跡も見学できる坑道《こうどう》になっています。

操業当時《そうぎょうとうじ》の選鉱場《せんこうじょう》、シックナー（※340）、大煙突《だいえんとつ》等は残されていて、これらの近代鉱山施設の遺構は、〝土木学会選奨《せんしょう》土木遺産〟や〝近代化産業遺産〟に選ばれ、平成《へいせい》19（2007）年には〝日本の地質百選〟に選定されています。

60 大森山獅子大権現

おおもりやまししだいごんげん

［秋田県 鹿角市］

江戸時代から伝承される〝尾去沢鉱山発見〟の物語が、『大森親山《おおもりしんざん》獅子大権現御伝記（※341）』として残されています。

文明《ぶんめい》13（1481）年、尾去村の奥にある大森山《おおもりやま》から、翼の差し渡しが10余尋《ひろ》（※342・約20㍍）あるという、〝大きな鳥〟が現れると、百姓達《ひゃくしょうたち》を驚かせて口から金色の炎を吐《は》き、牛の吠《ほ》えるような声で鳴き叫ぶ〝大きな鳥〟は恐《こわ》がらせていました。村の人々は、この鳥を退治《たいじ》してくれるように、毎夜、天に祈っていたところ、ある時、大森山の方から苦しんで泣き叫ぶ鳥の声が聴《き》こえてきて、それ以来、この〝怪鳥〟が飛んで来ることはありませんでした。不思議に思った村人達は、声が聴こえてきた場所を訪ねて行くと、赤沢川が朱色に染まっていて、その元《もと》には大蛇の頭、牛の脚《あし》を持ち、赤白金銀の毛を生《は》やした化け物のような〝怪鳥〟が傷付いて死んでいたのです。その腹《はら》を裂《さ》いてみると、中は金銀銅鉱色《きんぎんどうこうしょく》の石に満たされていました。

この出来事を不思議に思った村長は、最近の夢枕に白髪《はくはつ》の老人が6度も現れて、「新山を拓《ひら》け」と告げられたというのです。それはもしかすると、怪鳥が出現したこの山のことに違いないと思って掘ってみたところ、鉱石が発見されました。これが〝尾去沢鉱山〟の始まりと伝えられています。

人なのか神なのか、誰が〝怪鳥〟を倒したのかと訪ね廻《まわ》ってみると、大森山の麓に獅子《しし》の頭のような大石が地中から出ていて、これに血痕《けっこん》が付着していたことから、この〝神石〟が成したものとすると、大森山は獅子の体であり、連《つら》なる山々は獅子の手足と見立てられたために、社《やしろ》を建立して〝怪鳥〟を埋め奉《たてまつ》ると、〝大森山獅子大権現〟と呼ばれるようになりました。

61

鉱山発見伝説
こうざんはっけんでんせつ

［秋田県 鹿角市］

【1】光る怪鳥

鹿角市尾去沢《かづのしおさりざわ》の奥に〝大森山〟という、樹木に覆《おお》われた大きな山があります。

文明《ぶんめい》13(1481)年、この山から光る物体が現われると、村の空を飛び回り、村人達を恐怖に怯《おび》えさせていました。日中に、その飛び回って光る物は何かとよく見ると、それは大きな〝鳥〟で、その姿は人までも襲《おそ》って食べてしまうかと思えるほどの勢《いきお》いがあり、口からは金色の火を吐《は》き出して、まるで牛が吠えているような大きな鳴き声を山々に響かせています。この化け物のような鳥は、特に晩《ばん》(夜)になると飛び回っては田畑を荒らしていました。

村の人々は恐怖《きょうふ》のあまりに生きた心地がせず、山伏でもある慈顕院《じけんいん》の神主《かんぬし》と一緒に、この恐ろしい鳥が退治されるよう、毎晩、天に向かって一心に祈っていました。

あるとき大森山の方から、あの化け物のような鳥の鳴き苦しむ叫び声が聞こえてきて、翌日からあの鳥は飛んで来なくなりました。

村人達は不思議に思って、鳥の鳴き声がした場所に行ってみることにします。途中、赤沢川の水の色が、血を流したように真っ赤になっていることに気が付きました。村人は、その赤い水が流れてくる元《もと》を探して上流へと進んでみます。しばらく行くと黒滝に辿り着いて、そこで全身が赤く染まり、うつ伏せになって死んでいるあの鳥を発見しました。村人は皆で、この鳥を引っ張り起こして恐るおそる観察すると、広げた翼《つばさ》の長さは24メートルもあり、大きな蛇《へび》のような頭と、牛によく似た足をしていました。体の毛は赤い色と白い色が混ざっていて、所々《ところどころ》に金と銀の毛が生えています。そして、その鳥には、背中と首の部分に数箇所の大きな傷がありました。

鳥が食べたものは何かと腹を裂《さ》いてみると、胃袋《いぶくろ》の中には金・銀・銅・鉛の鉱石が沢山詰まっていて、普通に鳥が食べる穀物《こくもつ》や魚、虫、草木等《など》は全く入っていなかったのです。

この出来事を不思議に思った尾去村の村長は、ふと思い出しました。

「最近、夢の中で白髪の老人に、新しい山を掘れと6回も告げられた。しかし、掘れと告げられた山が何処《どこ》であるか全く見当がつかなかったが、この鳥の胃袋から鉱石が出てきたということは、これこそ、この山を掘れという神様のお告げに違いない」

村人達は村長の言葉を聴くと、この山を所々掘ってみました。すると、4色に輝く金・銀・銅・鉛の鉱石が大量に出てきたのです。このような経緯《いきさつ》で鉱山採掘が始まり、この鉱石が出る山一帯は、大森山から分かれた峰繋《みねつな》がりの山なので、沢も含めて〝尾去沢《おさりざわ》〟と呼ぶようになりました。

村人は、何故《なぜ》この鳥が大きな傷を受けて死んでいたのかが不思議でした。

「誰《だれ》が鳥を退治してくれたのだろうか」と思い、周辺の山や谷を歩き廻ってみると、大森山の麓《ふもと》の地表面に獅子《しし》の頭の形をした大きな石がありました。そして、その口にあたる部分には大量の血が付いていたのです。村人達は、「鳥を退治してくれたのは、きっとこの獅子頭の神様石であろう。此処《ここ》に獅子の頭が出ているということは、この大森山は獅子の体で、この峰に繋《つな》がっている山々は、この獅子の手足になる」と推察《すいさつ》しました。

村人は、この石が発見された場所にお堂を建てて、死んだ化け物のような鳥をここに埋めると、村の守り神様として毎年、祭事が行われるようになります。そして、この神様を〝大森山獅子大権現〟と呼ぶようになりました。

後に、化け物のような鳥を退治した獅子は、勢至菩薩《せいしぼさつ》（※343）の化身で、村人を苦しめた鳥は阿修羅《あしゅら》（※344）の化身であり、獅子と鳥が激しく戦ったのだと伝えられました。この戦いは獅子と鳥に化身した神様が、この山に金・銀・銅・鉛があることを知らせるためのものだったのです。

例年9月15日には、尾去沢の八幡神社の祭礼が行われ、この伝説による神楽の大森山獅子大権現舞が奉納されています。

【2】使《つか》い姫《ひめ》物語

昔、尾去沢の近くに1人の女が現れて、山や谷を眺《なが》めながら、ぶらぶらと歩き廻っていました。彼女はとても美しく、もの静かで上品に感じられましたので、村の人達は皆近づきがたく思って、ただ遠くから見ているだけでした。

ある日、この女は尾去沢の〝佐藤清助〟という若者の家を訪れて、泊《と》めてくれるように頼《たの》みます。

若者は、この女の存在を以前から村人に聞いて知っていましたが、もし家に泊めて良からぬ噂《うわさ》になっても困《こま》ると思い、泊めることだけは断っていました。しかしながら、その女は10日経《た》っても、20日経っても、他の家には頼みに行かず、清助のところだけに来るのでした。

ある日、その女が清助に、「ここの山の下や、向こうの山の下を掘ってみてください。この世の中でも珍《めずら》しい〝金〟というものが出てきます。あなたは、その出てきた〝金〟を国主に差し出し、その代わりに国の役人にしてもらうとよいでしょう」と伝えて帰りました。女はその後も毎日、清助のところに来ては、同じことを告げて帰って行きましたが、ただの百姓である清助にとっては、その言葉の意味がどういうことなのかわからず（理解できず）、それほど気にも止めていませんでした。清助はその〝金〟よりも、毎晩、話《はな》しに来る女のことを考えているうちに、この女と一晩一緒に過ごしてみたいと考えるようになりました。そして、ある日の夕方、その女を家に連れて来ようと思い、女が山を下りてくる道の途中で隠れていて、いきなり後ろから抱きつきました。すると女は、「実は私は、〝金華山《きんかざん》〟から来た神様の使いです。お前は、その汚《けが》れた心を直しなさい。そして、私の言葉を信じて山を掘りなさい」と伝えて、清助の目の前から消えてしまいました。清助は、その女の言葉で我に返ると、自分の汚れた心に気付き、消えてしまった女のことを慕《した》って、膝《ひざ》をついて合掌《がっしょう》しました。

そして、これまで何度も言われてきた場所へ行って地面を掘ってみました。すると、金・銀・銅・

鉛の鉱物が沢山出てきたのです。こうして〝尾去沢鉱山〟が発見され、清助はこれらの鉱物のお陰で、その後とても立派な人物として出世しました。

尾去沢鉱山は、宮城県石巻市《みやぎけんいしのまきし》の〝金華山《きんかざん》〟の神様の使者であった、〝お姫様〟のお告げで発見されたという伝説です。

【3】 長坂金山発見物語

天平《てんぴょう》20（748）年のことです。

尾去沢《おさりざわ》に〝佐藤清吉〟という人が住んでいました。ある夜、清吉は夢の中で〝梵天《ぼんてん》（※345）〟を付き添いの者たちに持たせて大森山を歩いて来た〝唐獅子《からじし》〟の格好をした者に、「この向こうの沢に宝があるので、掘ってみなさい」と告げられました。清吉は不思議な夢を見たと思い、早速次の日、夢で教えられた場所へ行って掘ってみます。すると、石の中から金色に光る物を見つけました。清吉は、これを家に持ち帰って火の中で焼いてみたところ、金色に輝く見事な塊《かたまり》が出来ました。清吉は、この塊が何なのかわからず不思議に思い、村人に尋《たず》ねてみましたが、これを知る人は誰もいません。

それから何日か経《た》ったある日のこと、この世のことは何でも知っているという、腰《こし》まで長い髭《ひげ》を伸ばした白髪《はくはつ》の老人が訪ねて来ます。清吉は、輝きを放つ金色の物を取り出して、老人にこれが何であるのかを尋ねてみました。老人は、その光る物をじっと見つめると、笑《え》みを浮《う》かべて「これは〝金《きん》〟というもので、これまで日本の国には無かったものだ。これは七宝(※346)の中でも最も高価で、この世の中で最高の宝物だ。〝金〟が我が国から出るようになったか。ああ、いよいよ〝金〟の時代が来た。まさに〝金〟の時代が来たぞ」と言いました。清吉は驚いて、この〝金〟という物に手を合わせて何度も拝みました。清吉が老人に名前を尋ねると、「わたしは、ここの〝金山の彦(※347)〟という者だ」と伝えて、途端《とたん》に体から金色の光を放《はな》ち、水晶山《すいしょうざん》の方へ飛んで行ってしまいました。

清吉はその後毎日、金を掘り当てた場所へ行くと、輝《かがや》く大きな石を掘り出して、火で溶《と》かしては金を取り出します。それを国主に差し出すと、国主は天皇に献上《けんじょう》しました。天皇は「奥州の黄金は大変綺麗《きれい》で評判が高く、日本一の良い金である」とお言葉をくださって、国主と清吉に沢山の褒美《ほうび》を取らせました。こうして〝長坂金山〟が発見されたと伝えられています。

【4】 梵天舗《ぼんてんしき》(坑道)の由来

和銅《わどう》元(708)年は、武蔵国《むさしのくに》(埼玉県秩父市《さいたまけんちちぶし》)から発見された〝銅《どう》〟を用いて、我が国で初めて〝銭《ぜに》(銅銭《どうせん》・和同開珎《わどうかいちん》)〟が造られた年です。(日本最古の貨幣については〝富本銭《ふほんせん》〟説があります)

それまでは、日本国内ではまだ〝銅〟が見つからず、中国から買い入れていました。そのため天皇は、全国の国主《くにぬし》に隅々まで〝銅〟を探すように地方の役人達へ命じていたのです。

奥州でも国主達が険《けわ》しい山を幾《いく》つも越えながら〝銅〟を探し歩いていました。ある時、〝銅〟を探す国主が、尾去沢の大森山の麓《ふもと》へやって来た時のことです。国主一行は歩き疲れて一休みしました。付近の山は、石や岩が多いために険《けわ》しくて、大きな樹木も沢山ある様子に、霊験(神様の力)を感じるものがあります。

腰を下ろしてそのような辺《あた》りの山を眺《なが》めていると、急に風が止《や》んで静かになりました。すると、遥《はる》か向こうの空の中に何かの影が写りました。一行はその様子に驚いて、息を止めながら眼を逸《そ》らさずに見ていると、影は獣《けもの》のような形に変わって、大きな獅子《しし》の形になりました。それはまさに〝獅子大権現〟の姿であり、獅子の後《うし》ろには〝梵天《ぼんてん》(※348)〟を持った大勢の共が連《つ》れ添《そ》っている姿も見えます。一行の者達は、不思議さのあまりに不安が募《つの》ると、恐怖《きょうふ》に怯《おび》えはじめました。

空から地上を見下ろす獅子は、急に供人《ともびと》(※349)から梵天を取り上げると、天を見上げては、何かと戦うように激しく怒り狂った様相を示して、お日様の光が急に揺れ動いたかと思った瞬間、獅子は梵天を地上目掛けて投げつけました。その瞬間に、国主の一行は目が眩《くら》んで倒《たお》れ、気を失ってしまったのです。

その間に国主は、神様から「探し回っている〝銅〟は、ここ大森山にある」と告げられた夢を見て、はっと目を覚ましました。即座に〝銅〟のあるところは、あの梵天が投げ付けられたところに違いないと、皆で木の枝を払ったり、岩山を登って探し回り、梵天が突き刺さったと思われる場所を見つけだすと、早速掘ってみました。すると、探し求めていた〝銅〟が出てきたのです。国主は大変に喜んで、急いで〝銅〟を天皇に献上しました。天皇は、それは大変な喜びようで、お礼として沢山の褒美《ほうび》を下されたのです。

梵天が投げ付けられて突き刺さった場所は、今の赤沢道の場所と伝えられていて、掘った坑道は〝梵天舗《ぼんてんしき》〟と名付けられました。

※富本銭《ふほんせん》＝平成《へいせい》10（1998）年、奈良県・飛鳥池遺跡《あすかいけいせき》から、約40枚の〝富本銭〟が見つかりました。それは完成品や失敗作とともに、鋳型《いがた》や鋳棹《いざお》などまでも7世紀後半の地層から発掘されて、それまで日本最古の貨幣とされていた〝和同開珎《わどうかいちん》〟が造られた和銅《わどう》元（708）年よりも、さらに古いことが明らかになりました。藤原京《ふじわらきょう》のなかで富本銭は、仏具や装飾品、武器などとともに製造されていて、これまで富本銭は、幾つかの発見例がありましたが、その数が少ないことから、通貨ではなく副葬品などの〝まじない銭（厭勝銭《ようしょうせん》：銭をかたどった、護符の一種。災いを避け、好運を願うため所持するものであり、貨幣として流通されるものではない）〟という説が有力でした。これまでは『日本書紀《にほんしょき》』の天武《てんむ》12（683）年の項に、「今より以後必

ず銅銭を用いよ」と記されてある銅銭が謎でしたが、これが富本銭である可能性が高くなりました。銅銭表面の上下にある〝富本〟の文字は、「国や国民を富ませる本が貨幣である」という中国の古典から引用されたと考えられます。富本銭はその重さや大きさが中国の唐の通貨、開元通宝とほぼ同一規格のため、これを見本にした日本最古の貨幣という説が有力です。しかし、現時点ではまだ出土例も少なく、和同開珎との関係、通貨としての価値や機能、流通範囲などは今後の研究と新たな資料の発見が待たれています。

【5】 金《きん》の長芋《ながいも》

徳川家康《とくがわいえやす》公が江戸に幕府を開いた頃（慶長《けいちょう》8・1603年以降）の話です。津軽藩《つがるはん》と南部藩《なんぶはん》の境（境界《きょうかい》）を定めるために、十左衛門《じゅうざえもん》という南部藩の代官が鹿角にやって来ました。十左衛門は、錦木《にしきぎ》（鹿角市十和田）から尾去沢の山々を調べ、まずこの辺《あた》りを境にしようと決めて、しばらくこの場所で暮らすことにします。

村人は、代官様がこのような田舎にわざわざ来てくれたので、ご苦労のお見舞いにと代官の家を代わるがわる訪ねてきました。十左衛門の屋敷は、俄《にわか》に村人達の訪問で賑《にぎ》やかになります。

十左衛門は、親切に訪ねて来てくれた村人達の話《はな》し相手になり、百姓の仕事の難儀《なんぎ》さや、作物の出来具合の話に耳を傾けたので、村人も喜んで十左衛門のことを「今度来た代官様は、いい人だ、南部一のいい男だ」と噂《うわさ》し合いました。

ある日のこと、百姓の女が2人の息子《むすこ》を連れて十左衛門の屋敷を訪ねて来ます。十左衛門は、生憎《あいにく》その日が忙《いそが》しかったので話を聞いてやることができず、別の日にまた来るように伝えると、女は帰り際《ぎわ》に土産《みやげ》に持ってきた藁《わら》の包みを置いていきました。その晩、十左衛門が包みを開けて見ると、中から4尺《しゃく》(約120センチメートル)ほどの〝長芋〟が出てきました。「おお、これは見事なものじゃ」と手に取ってよく見ると、その芋はキラキラと金色に輝いています。十左衛門は驚いて、この芋を持って来た女のところへ早速使いを出すと、家来はその夜のうちに百姓の女を連れてきました。

「今日訪ねて来た時のお前の用件とはどんな事じゃ」と十左衛門が訪ねると、女は「十数年前に夫が死んでから、欲張《よくば》りな伯父《おじ》に夫が残した土地を全部取り上げられてしまい、自分達がどのようにしてこれから生きていったらよいのか困《こま》っています」とのことでした。「お前に子供はいるのか」と聞くと、「太郎、次郎という2人の子供がおります」と言って、女は暗がりの外を指さしました。そこには粗末《そまつ》な身なりの若者と、その弟と思われる少年が、地べたに座って心配そうな表情をしています。正直そうな2人の若者の顔を見た十左衛門は、「よろしい、よく調べて出来るだけの事をしてやろう。今夜はまず安心して帰りなさい」と申し渡して、その親子を帰らせました。次の日から早速、村の長老を集めては意見を聞いて、女の伯父も呼び出して事実関係を調べてみると、全《すべ》て百姓の女の言ったとおりでした。

そこで十左衛門は、伯父が女から取り上げた土地を返すように話を進めて、この件を円満《えんまん》に解決してやりました。百姓の女は、とても喜んで、村に帰って皆にこのことを話します。

それからは、「お代官様は、〝長芋〟がお好きらしい」「〝長芋〟を土産に持っていくと、悩み事を解決してくださる」という噂が広がって、十左衛門のところには、〝長芋〟を掘って差し出す者が次々と現れ、屋敷の台所は長芋の山で埋まる程《ほど》になりました。

十左衛門がその芋を1本ずつ調べると、どれにも輝く〝金《きん》〟の砂が少しずつ付いています。「百姓達は〝砂金《さきん》〟というもののありがたさを知らないのか」と十左衛門は家来を連れて百姓の女を訪ねました。芋畑の場所を教えられて見に行くと、辺《あた》り一帯の土は、〝砂金〟が混じる畑だったのです。

十左衛門は、即座に藩の境界《きょうかい》（※350）を決めて番所を置きました。そして太郎や次郎とも力を合わせ、畑の土を水に入れてかき混ぜると、水を流して底に残った砂を乾かし、〝砂金〟を沢山採取したのです。

これが、白根金山を発見した始まりと伝えられています。

62

金華山黄金山神社

［宮城県 石巻市 鮎川浜 金華山］

● きんかさんこがねやまじんじゃ

金華山《きんかさん》は宮城県石巻市《みやぎけんいしのまきし》の太平洋上にある島で、この島全体が〝黄金山神社《こがねやまじんじゃ》〟の神域であり、恐山、出羽三山と並ぶ〝奥州三霊場（※351）〟のひとつとして、〝3年続けてお参りすれば一生お金に困ることはない〟という言い伝えとともに、神の使いとして保護されている多数の鹿が生息するなどして地場信仰の対象として知られています。

社伝によると聖武《しょうむ》天皇の御世、天平《てんぴょう》21（749）年に、陸奥の国守・百済王敬福《くだらのこにきしのきょうふく》（※352）が朝廷に〝黄金《こがね》〟を献上しました。すると大仏建立のために大量の黄金を必要としていた天皇は大いに喜ばれ、年号を〝天平勝宝《てんぴょうしょうほう》〟と改められました。この祝事に因《ちな》んで天平勝宝2（750）年、牡鹿連宮麿《おしかのむらじみやまろ》等が相議《あいはか》って国守に請願し、秀麗の地・金華山に金を司る金山毘古神《かなやまひこのかみ》・金山毘賣神《かなやまひめのかみ》を奉祀して神社を創建したのが、〝金華山黄金山神社〟です。

日本初の産金を祝して大伴家持《おおとものやかもち》が詠《よ》んだ歌

天皇《すめろぎ》の御代《みよ》栄《さか》えむと東《あずま》なる　陸奥山《みちのくやま》に黄金花咲《くがねはなさ》く

この〝金花（華）〟に因《ちな》んで山名（島名）としたと伝えています。

中古以来、神仏習合時代は〝辯財天《べんざいてん》〟を守護神として、別当寺を金華山大金寺《だいきんじ》と称し、多くの信仰を集めて女人禁制を敷きました。この寺は平泉の陸奥守・藤原秀衡《ふじわらのひでひら》公、石巻城主・葛西三郎清重公等、時の権力者により多大の御寄進を受けて荘厳美麗を極めます。即《すなわ》ち、東奥の三大霊場（※353）のひとつとして修験者が次々と来山し、修行を積んだ者は、金華山信仰を各地で広めていきました。また、金華山は、江《え》の島《しま》（神奈川県藤沢市）・厳島《いつくしま》（宮島《みやじま》、安芸《あき》の宮島・広島県廿日市市）・竹生島《ちくぶしま》（琵琶湖の島・滋賀県長浜市）・天河《てんかわ》（高野山、吉野山、熊野山という日本の三大霊場を結んだ三角形の中心に位置する天河神社《てんかわじんじゃ》・奈良県吉野郡天川村）と共に日本五大辯財天《べんざいてん》の霊地ともされています。

天正壬午《てんしょうじんご》の乱（天正10・１５８２年）の兵火による焼失後も、文禄《ぶんろく》２（１５９３）年、下野国《しもつけのくに》岩倉の僧・成蔵坊長俊（栃木県日光山の僧正）によって大金寺は再興され、代々、真言宗にて祭祀が奉じられました。その後、伊達政宗《だてまさむね》公をはじめとする伊達家累代の熱心な崇敬のもと、年毎に隆盛を極めます。

明治《めいじ》２（１８６９）年には、神仏分離令により、仏号を除いて黄金山神社と復古し、女人禁制も解除されました。この際、御祭神も金山毘古神・金山毘賣神の二柱とし、頂上奥殿（奥ノ院）大海祇神社《おおわだつみじんじゃ》の御祭神には大綿津見神《おおわだつみのかみ》・市杵島姫神《いちきしまひめのかみ》（仏号・辯財天《べんざいてん》）外二柱が奉祀されています。

63

黄金山産金遺跡

［宮城県 遠田郡 涌谷町］

● こがねやまさんきんいせき

涌谷町涌谷《わくや》にある金を産出した国指定史跡。『延喜式神名帳』に〝陸奥国小田郡黄金山神社〟と記述されていて、日本で初めて金を産出した場所として知られ、黄金山神社の境内にあります。天平《てんぴょう》21(749)年に東大寺大仏を鍍金《ときん》する黄金が不足していた時に、陸奥国守・百済王敬福《くだらのこにきしのきょうふく》が管内の小田郡(遠田郡《とおだぐん》)で産出したものとして900両《りょう》(13・5キログラム)の黄金を聖武天皇に献上し、これによって大仏が無事完成したという逸話が伝えられています。これが日本で金が産出したという最初の記録です。文化《ぶんか》7(1810)年、国学者・沖安海《おきやすみ》が『陸奥国黄金山神社考』で金の産出場所は遠田郡の黄金山神社であるとして、明治《めいじ》になると大槻文彦《おおつきふみひこ》が『陸奥国遠田郡小田郡沿革考』でその説を補強しました。昭和《しょうわ》32(1957)年に、東北大学が現在の神殿と、その背後の玉垣付近を発掘調査すると、奈良時代の建築物跡と屋根瓦が発見され、さらに地質調査によって涌谷町の土質には純度の高い良質の砂金が含有されることが判明しました。他に、奈良時代の軒瓦《のきがわら》や〝天平〟と篦書《へらが》きされた文字瓦、瓦製宝珠《ほうじゅ》の破片などが出土しています。昭和34(1959)年、黄金山神社付近一帯が〝産金遺跡〟として宮城県指定の史跡となり、昭和42(1967)年には国の史跡として指定されました。黄金山神社境内を流れる小川からは、今でも少量の砂金が検出されています。

64

南部十左衛門信景

［岩手県 盛岡市］

● なんぶじゅうざえもんのぶかげ

〝南部十左衛門信景《なんぶじゅうざえもんのぶかげ》〟とは〝北十左衛門〟のことで、鹿角《かづの》に金鉱脈を発見した人物ですが、その生涯の最後は次のようなものでした。

慶長《けいちょう》19（1614）年、〝大坂冬の陣《おおさかふゆのじん》〟において徳川家康《とくがわいえやす》公は豊臣秀頼《とよとみひでより》を討つため、全国の諸大名を召集。南部27代利直《としなお》公は騎士140、兵卒5千400の大軍を率いると神奈川《かながわ》で将軍・徳川秀忠《とくがわひでただ》公に謁《えっ》し、予備軍として従いました。その後、家康公にも謁見《えっけん》します。

戦がはじまると大坂城三ノ丸北方の櫓《やぐら》から射てくる矢の中に〝南部十左衛門源信景〟の銘があったため、これは徳川方を大変悩ませました。秀忠公は、これを怪《あや》しんで南部氏に詰問します。利直公は「もと南部の家臣で北十左衛門という者が居りましたが、今は出奔して行方がわからなくなっております。もしかすると、この十左衛門の仮名ではないでしょうか」と、徳川方に異志の無いことを弁明して許されたのでした。

じつは、十左衛門が大坂(豊臣《とよとみ》)方に味方したのは、利直公の内意を得て、密かに馬100頭、薬、武具、そして鹿角の莫大《ばくだい》な黄金をもって大坂に入り、もし徳川方が戦に破れた際には、南部家を絶やすことなく再興するようにとの密命であった説があります。諸国の浪人を寄せ集めて兵にしていた豊臣方に対し、弓500張りと金箔塗りの自身の銘入りの矢1万本などを献上した十左衛門は、信用を得ると、この戦に勝利した時には、南部と津軽の領地が与えられる安堵《あんど》(※354)の朱印状までも賜《たまわ》っていたのでした。

しかし、〝大坂夏の陣〟で豊臣方は滅び、十左衛門は捕らえられると家康公から利直公に引渡されました。徳川に服従の証として、処分は盛岡の小鷹刑場《こたかけいじょう》で行われ、利直公自らの手で、手足の指1本づつを斬り落とし、終には鉄砲で撃ち抜いて処刑したと伝えられています。

現在、北十左衛門の墓と伝えられる何も刻まれていない石碑が、南仙北《みなみせんぼく》の国道4号沿いで交通量の多い喧騒《けんそう》な中にひっそりと建っています。

65

帽子石と十左衛門火

●ぼうしいしとじゅうざえもんび

［岩手県 盛岡市］

国道4号の南、川久保《かわくぼ》から100メートルばかり北に入った道路の西端、南仙北2丁目に湯殿山馬頭観音の供養碑と共に高さ2メートル、幅70センチメートル、厚さ40センチメートル余りの無名の大石が立っていて〝帽子石《ぼうしいし》〟とも呼ばれています。

〝帽子石〟は数奇な運命を辿った北十左衛門の墓石とも伝えられています。

近世の世明け、天下分け目の関ヶ原《せきがはら》の戦いで、豊臣秀吉公に恩顧《おんこ》のある南部利直《なんぶとしなお》公は徳川方となり、北十左衛門はただ1人豊臣の大坂城に入って徳川勢を苦しめました。戦いは利あらずにして大坂の豊臣方が敗れ、北十左衛門は捕らわれて盛岡に送られました。南部利直公は北十左衛門の処刑を命じ、自ら小鷹《こたか》の刑場に入って極刑にすると、人の寄りつかない荒野の2間4方の塚盛に埋葬して南部の盛衰にかかわる事件を落着としました。

〝帽子石〟は北十左衛門の墓の目印と伝え、小雨の降る夜、墓の側で木の枝を折りながら赤々と焚き火をしている6尺《しゃく》ばかり（身長約180センチメートル）の男が見え、墓に近寄れば人影も焚き火の跡も無く、不思議な事が度々起こり、村人は〝十左衛門火〟と恐れをなして供養したといいます。

悲劇の武将・北十左衛門は、南部の重臣であった北信愛《きたのぶちか》の娘を妻に持つ桜庭安房《さくらばあわ》(※355)の2男として生まれ、のちに信愛の養子となって北十左衛門と称して南部利直公に仕えておりました。

尾去沢《おさりざわ》の金山奉行を務め、白金金山を発見して日の出の勢いにあった北十左衛門に、突然不幸が訪れました。南部利直公に仕えていた一子、十蔵が思いがけない事から落命し、心が乱れた北十左衛門は利直公の怒りをかうと、閉門を命じられたのです。

南部利直公の心から離れた北十左衛門は、金山(尾去沢)から〝金〟を持ち出して高野山《こうやさん》(和歌山県《わかやまけん》)に隠《かく》れました。

時に、天下分け目の関ヶ原の戦いが始まり、利直公は徳川方となって関ヶ原に出陣しました。南部家の内乱の時、豊臣の援軍を持って平定した九戸乱の功労者・北信愛《きたのぶちか》を義父に持った北十左衛門は、豊臣の大坂城に入って南部10万石の朱印を賜り、南部十左衛門源信景の銘入りの矢を放して徳川勢と戦うと、徳川秀忠の軍に居る利直公を苦しめました。

大坂夏の陣に大坂城は落ちて徳川方の勝利に終わり、北十左衛門は伊勢で捕らえられると、利直公に引き渡されます。利直公は北十左衛門に処刑を命じ、新山川原の刑場で手の指一本ずつ、足の指一本ずつ切り落として、見る人々を震え上がらせ、利直公自ら留《とど》めを刺して北十左衛門を征伐し川原を血に染めました。

徳川・豊臣の戦いは豊臣方の有利と伝え、世評では、北十左衛門は南部利直公の密命を受けて大坂城に入り、落城によって捕らえられると、南部利直公は徳川方の追究を避けるために世に残る残虐《ざんぎゃく》極まる処刑を行ったのだとも伝えられています。

徳川の天下とともに徳川方に睨《にら》まれた南部の重臣の北一門は衰退し、戦乱に運命を狂わせた悲劇の武将として世に語り継がれました。

岩手山伝説《いわてさんでんせつ》

岩手県《いわてけん》の最高峰である〝岩手山《いわてさん》〟は、標高《ひょうこう》２０３８メートルで、盛岡市の中心部から春先に眺めると、お鉢（頂部）に翼《つばさ》を広げた〝鷲《ワシ》〟の姿に見える雪解《ゆきど》けの形が現れることから、別名「巌鷲山《がんじゅさん》」と呼ばれています。

延暦《えんりゃく》20（８０１）年、坂上田村麻呂《さかのうえのたむらまろ》が〝巌鷲大権現《がんじゅだいごんげん》〟を創祀《そうし》して信仰の山となりました。文治《ぶんじ》５（１１８９）年９月には、源頼朝《みなもとのよりとも》が奥州征伐で平泉の藤原泰衡《ふじわらやすひら》を滅ぼした際、戦功《せんこう》（※356）のあった工藤小次郎行光《くどうこじろうゆきみつ》（※357）に岩鷲山へ奉斎《ほうさい》する阿弥陀如来《あみだにょらい》・薬師如来《やくしにょらい》・観音菩薩《かんのんぼさつ》の三尊像を賜《たまわ》らせたと伝えられています。そして、建久元《けんきゅう》（１１９０）年５月28日、家臣とともに岩手山に登拝して祭祀を行いました。

岩手山神社（岩手山神社遙拝所《ようはいじょ》）は、盛岡市《もりおかし》中央通３丁目・滝沢市柳沢《たきざわしやなぎさわ》・雫石町長山《しずくいしちょうながやま》などに所在しています。

雫石口新山堂《しずくいしぐちしんざんどう》（※358）の伝承では、坂上田村麻呂が鬼ケ城《おにがじょう》（岩手山９合目付近）に籠《こ》もる鬼賊《おにぞく》を平鎮した際、麓《ふもと》のマタギ（※359）で体躯《たいく》の大きな篠木《しのぎ》五郎・篠崎《しのざき》八郎の2人が8尺《しゃく》（約2《メートル》40《センチ》）の鉈《なた》を振りながら田村将軍の先立案内をしたため、その由縁《ゆえん》によって雫石口新山堂を創建しました。また、田村将軍はこの霊山（岩鷲山）において祭事を行ったとか、山頂に田村将軍の尊霊を祀って〝田村権現（※360）〟と称したなどと伝えられています。

明治《めいじ》2（1869）年、柳沢新山堂は維新の令により権現号を廃止して〝岩手山神社〟と改称したので、権現の本地とする阿弥陀如来・薬師如来・観音菩薩を廃して、大穴牟遅命《おおなむちのみこと》・宇迦之御魂命《うかのみたまのみこと》・倭建命《やまとたけるのみこと》の三神を祀り、明治4（1871）年に郷社、大正《たいしょう》5（1916）年11月に県社に並びました。

南部氏《なんぶし》が盛岡に城を築いた江戸時代初期には、巌鷲山を〝南部領内の総鎮守〟として〝奥ノ宮《おくのみや》〟をお鉢内《はちない》（火口部）に祀《まつ》るようになり、信仰登山で賑《にぎ》わいました。岩手山の参拝者は7日間浄屋《こもりや》で精進潔斎《しょうじんけっさい》（身を清める）し、御山掛けをして奥ノ宮の参拝を済ませると、守札《まもりふだ》・這松《ハイマツ》・硫黄《いおう》・当帰《とうき》（薬草）を持ち帰り、守札と這松は田畑に立てて神霊の印とし、五穀豊穣《ごこくほうじょう》・無病息災《むびょうそくさい》の加護《かご》を祈りました。

岩手山のほか姫神山、早池峰山、八幡平のすべてにおいて坂上田村麻呂が登場する説話が伝えられていますが、特に岩手山は、石川啄木《いしかわたくぼく》（※361）が歌に詠み、宮澤賢治《みやざわけんじ》（※362）は登山も楽しむなどして、近代文学作品にも登場する岩手県民の心の山となっています。

丹谷山
392
いわてぬまくない
いわてぬまくない
長者山
413
白屋山
428.2
送仙山
472.4
岩手町
狐森山
300.8
鞍掛山
赤川
いわてかわぐち
157
蛙石長嶺
158
おおぶけ
五百森
ひがしおおぶけ
IGRいわて銀河鉄道
4
松森山
333
宮森
こうま
作右衛門
551
東北新幹線
高木長嶺
天狗森
656
越ケ岳
796
姫神山
1123.8
笠ケ岳
827.7
東北自動車道
しぶたみ
452.4
大森山
311.1
狼峠山
大二子山
349.3
時館山
516
鬲頭山
709.8
北上川
烏峠山
333
源座久保山
361.7
物見山
649.9
4
169
鷹高山
299.4
赤坂山
371.5
盛岡市
たきざわ
滝沢
末代窪山
すご
455
蒼前長根山
249.3
明神山
746.2
大日向山
370
高帽山
542
外山ダム
小野松山
291.2
稲荷山
321.5
大倉山
671.7
16
南部片富士湖
大森山
271.1
くりやがわ
かみよない
おおしだ

まつおはちまんたい
きたもり
たいらだて
1397.4
屋棟岳
大黒森
1496
1446
恵比須森
丸森
1171
茶臼岳
1578.3
鴨田山
837.9
松尾八幡平
館山
野駄森
397.3
23
45
八幡平市
23
愛宕
館山
336.8
松川
落峯
1066.1
318
中倉山
1372.9
下倉山
1179
212
1350
上倉山
丸森
1151
三ツ森山
626
1049.5
湯ノ森
姥倉山
1517.3
黒倉山
1570
大地獄谷
2038.1
岩手山
大松倉山
1407.6
1408
犬倉山
笹森山
435.8
小松倉山
1241
1316.9
鎌倉森
212
鞍掛山
897.1
滝沢市
194
219
雫石町
278
小高倉山
1235
盗森
468
焼切山
535.6
茄子焼山
高森
434
高口山
447
沼森
581.8
谷地山
528
割田山
474.1
七ツ頭山
荒森
N
大森
469
狼森
379.9
鬼古里山
438
石ケ森
446
0
1
2
3
4
5km
燧堀山
466.9
焼山
227.6
大鉢森
292.3
高峰山
415.9

66

能気の王子

［岩手県北］

のぎのおうじ

青森県《あおもりけん》の八戸《はちのへ》地方の開拓《かいたく》が早く、岩手山の周辺には住む者がまだ居なかった頃のお話です。

ある年、八戸に1羽の〝大鷲《おおわし》〟が現われました。大鷲は苗代《なわしろ》(※363)を荒すので、農家の百姓達は大変困っていました。このような時に、宮城県仙台《みやぎけんせんだい》地方から1人の〝乞食《こじき》(※364・一説には阿久玉姫《あくだまひめ》と坂上田村麻呂の間に生まれた子)〟がやって来たので、見張り番として大鷲を追い払うように頼みます。しかし、それでも恐れずに大鷲は一層盛んに苗代《なわしろ》を荒して、仕舞いには乞食の目の前で4歳になる男の子をさらって飛び立ちました。

驚いた百姓達は、重《かさ》ねて乞食に大鷲退治を依頼すると、乞食は〝藁《わら》(※365)〟で脛巾《はばき》(※366)を作り始めます。すると、白い着物姿の神様が現れて、「金《かね》の草鞋《わらじ》を作れ、藁《わら》の脛巾《はばき》などでは大鷲を討つことができない」と告げました。乞食は慌《あわ》てて、鍛冶職人《かじしょくにん》に頼《たの》んで〝金の草鞋〟を作ってもらうと、弓矢を構えて田圃《たんぼ》に立ち、大鷲に狙《ねら》いを定めます。矢を放さんとすると大鷲は飛び立ち、狙われて追われるどころか、まるで乞食を導《みちび》くように、追いつかれると飛び、止まっては追いつかれることを繰り返して、遂《つい》には岩手山に辿《たど》り着きました。

大鷲は、山頂の大岩に留《とど》まると見せかけて消えると、〝神〟の姿となって現れました。乞食に「私は大鷲ではない。この山の神である。子供をさらう幻《まぼろし》を見せて其方《そなた》をここに導《みちび》いた。汝《なんじ》に〝能気《のぎ》の王子《おうじ》〟の名を与えるので、この山を拓《ひら》いて祭祀せよ」と告げると、さらった子供と共《とも》に消えてしまいました。

乞食が八戸に帰り着くと、大鷲に荒されたはずの苗代は何の異状《いじょう》もなく、苗は立派に成長していて、さらわれた子供も無事でした。

乞食からこのことを聞いた百姓たちは、協力して岩手山に道を拓《ひら》いて神霊を祀ります。これ以来、岩手山を〝巌鷲山《がんじゅさん》〟と呼ぶようになりました。

岩手山を崇敬信仰する登山者が御本社（奥宮）で唱える祈祷詞は「南無岩手大権現、シソノゴウ御峯は三十六童子、御宮本社は三社の権現、田村明神能気ノ王子、一時に御本尊藁脛巾の一時礼拝……」と伝えられています。

能気の王子が岩手山に神霊を祀った説を俗説とするならば、山の三社の神というのは〝大国主命《おおくにぬしのみこと》〟、〝倉稲魂命《うかのみたまのみこと》〟、〝日本武尊《やまとたけるのみこと》〟で、これは坂上田村麻呂が東征の際（大同《だいどう》2・807年）に勧進したのが始まりとされています。

67

岩谷観音と千熊丸

［宮城県 仙台市］

● いわやかんのんとせんくままる

宮城県仙台市泉区《みやぎけんせんだいしいずみく》の山の寺・洞雲寺《どううんじ》（※367）に伝わる伝説では、坂上田村麻呂の父・刈田麻呂《かりたまろ》が蝦夷征伐《えぞせいばつ》の際に宮城郡利府郷に宿陣すると、この地で著名な〝九門長者《くもんちょうじゃ》〟の娘・阿久玉姫《あくだまひめ》を愛しました。刈田麻呂が京に帰った後、姫は男子を出産して〝千熊丸《せんくままる》〟と名付けます。千熊丸は人菅谷保《おおすげやほ》の佐賀野寺（山の寺の前身）で学問を習い、京都にいる父・刈田麻呂に逢えるように観音様に祈願していました。すると願いが叶《かな》って京に上り、成長して〝坂上田村麻呂〟になったと伝えられていて、山の寺の〝岩谷観音〟が、その祈願成就《きがんじょうじゅ》（※368）の観世音であると伝承されています。

68

悪玉と千熊丸

［宮城県］

● あくだまとせんくままる

伊豆佐比賣神社《いずさひめじんじゃ》（宮城郡利府町《りふちょう》）に伝わる説では、神社が鎮座する丘はその昔、〝九門長者《くもんちょうじゃ》〟の屋敷があった場所と伝えられています。長者には多くの召使《めしつかい》が雇《やと》われていましたが、その中に〝悪玉《あくだま》〟という、とても醜《みにく》い女がおりました。彼女は紀伊国《きいのくに》(※369)の斎大納言《いつきだいなごん》という公家の姫君で、本当は大変美しく頭のよい娘でありましたが、伊勢参詣《いせさんけい》の帰りに悪者に騙《だま》されて、九門長者《くもんちょうじゃ》の召使にと売られてきたのです。そのような経緯から、彼女は自分の身を守るため、「私は普通の人には醜い女に見え、身分の高い人には美しい姫の姿に見えるように」と観世音菩薩に祈願していました。

坂上刈田麻呂が蝦夷征伐の時、この九門長者の家に立ち寄ると、美しい姫の姿に見えた彼女を見初《みそ》めます。延暦《えんりゃく》18(799)年巳歳《みどし》8月1日、姫は男子を出産して〝千熊丸《せんくままる》〟と名付け、人々からは神童と呼ばれていました。千熊丸が13歳を迎えると母と共に京の都に上り、父の刈田麻呂と親子の対面を果たします。

坂上田村麻呂の子が〝千熊丸〟である説もあり、刈田麻呂と田村麻呂が混同した説話が伝承されています。さらに、坂上刈田麻呂［神亀《じんき》4(727)年―延暦《えんりゃく》5(786)年］が陸奥鎮守将軍に任じられたのは宝亀元《ほうき》(770)年、この12年前の天平宝字《てんぴょうほうじ》2(758)年に田村麻呂が生まれたと伝えられていることから、話に食い違いを生じますので、これらの話は岩手山に関連する一説の類話と捕らえてください。

69

［岩手県］

大武丸

おおたけまる

昔、岩手山《いわてさん》に大武丸《おおたけまる》（大嶽丸・大猛丸）という〝鬼〟が住んでいて、里に下りては暴れ回り、村人達を困らせておりました。村人達は相談すると、鬼の心を慰《なぐさ》めるため、若い娘を差し出す事にします。

ある年、この人身御供《じんしんごく》の番が一人娘を持つ長者に当たりました。娘を差し出さなければ、村が荒らされて困ります。長者は悲しみに泣き伏しましたが、約束の日が来ると高い櫓《やぐら》を造り、その上に娘を乗せて、下には大きな樽《たる》を置くと、酒をいっぱいに入れておきました。

鬼が来て、櫓に登る梯子《はしご》の途中で下を見ますと、娘が樽の酒に映《うつ》っていました。これを見て御供《ごくう》の娘が上に居ることを確認して安心した鬼は、酒の香りに引き寄せられて梯子を下りると、樽に顔を入れて酒を飲みはじめ、仕舞いには酔いも手伝って樽の中に落ちてしまいました。

御供の娘を待ちくたびれた岩手山の鬼たちは、大勢の仲間で村々を暴れ回り、姫神山麓《ひめかみさんろく》の里にも入ってきました。これには姫神山の守護仏である観音菩薩《かんのんぼさつ》も怒《おこ》りだして、岩手山の駒ケ岳《こまがたけ》に住む白馬を坂上田村麻呂のもとに使わすと、鬼征伐《おにせいばつ》を頼《たの》みます。田村麻呂の大軍に鬼古里《おにごり》を追われた鬼たちは、一本木原に集まると、大きな柏《カシワ》の木に登って対抗しましたが、田村麻呂軍は、馬で駆け巡って追い散らしました。

鬼は角《つの》も折れてしまい、水を求めて生出野《おいでの》に逃げ、眼に受けた矢を生出川で抜き、流れ落ちる血が川を赤く染めたのです。川には沢山の〝鰍《かじか》〟が棲んでいましたが、赤く染まった水を飲むと〝片目の鰍〟になってしまい、敗れた鬼は〝岩手森《いわてもり》〟の大岩に手形を押して降参《こうさん》しました。

70 岩手森 いわてもり

［岩手県 岩手郡 岩手町］

岩手山が爆発《ばくはつ》した時、火山の泥流《でいりゅう》が塚状の小山になって流れ、それは岩手山の裾野に数える事ができないほど沢山あって、松森山の北麓付近は〝五百森（※370）〟と呼ばれています。

昔、第30代敏達《びだつ》天皇の時（572〜585年）、千島を中心とする東北の蝦夷《えみし》が反乱を起こしたため、帝《みかど》の命による蝦夷征伐《えぞせいばつ》が行われると、蝦夷が降伏した証拠として、流れ山の岩に〝手形〟を押させたと伝承されています。一説には田村麻呂の鬼族征伐で降参した鬼族の〝手形石〟ともいわれていて、小山の上に突き出している岩には、〝手形〟があったと伝えられてきました。

〝岩手森〟の語源は〝岩の手形〟とも、岩の突き出しによる〝岩出森〟の転訛《てんか》ともいわれています。

71

霧山岳

［岩手県 八幡平市・滝沢市・岩手郡 雫石町（岩手山）］

きりやまだけ

奈良《なら》・平安《へいあん》の昔、鈴鹿山《すずかやま》（※371）の〝清水観音〟の怒りを恐れた鬼族〝大武丸《おおたけまる》〟は、岩手山（岩手県）に逃げ込むと村里を荒らしては人々を困らせて、岩手の神々は大武丸の悪行を悲しむと太陽を隠《かく》してしまいました。そのために岩手山は霧《きり》が厚く立ちこめて、年中晴れる時はなく、人々から悪魔《あくま》の棲《す》む〝霧山岳《きりやまだけ》〟と呼ばれておりました。

大武丸は霧に隠れた岩手山の鬼古里舘《おにごりのたち》にいて、思いのままに里の娘をさらい、大酒を飲み、顔は赤黒くて醜《みにく》く、鬼のような大男で七人力の力を持ち、山木のままの強い弓を引き、獣《けもの》の如く山野を駆け抜けて、戦いに強い大武丸の剛力という噂のあまり、恐《おそ》れて誰も舘《やかた》に近づくことができませんでした。

その状況に都の朝廷《ちょうてい》から命を受けた坂上田村麻呂は、大軍を集めて盛岡市大宮《もりおかしおおみや》に陣《じん》を置き、大武丸の舘を攻めます。山に隠れる鬼族は木の枝に登り、岩の上からは雨霰《あめあられ》と矢を放つうえに、草陰から不意に現れて襲い掛かったため、田村麻呂の軍が鬼族を倒すことは容易ではなく、追い散らされて大宮の本陣に帰り着くこともできませんでした。

田村麻呂は盛岡市山岸《やまぎし》の名乗坂《なのりざか》の山に隠れて、各地の社堂に祈願すると、兵を三軍に分けて大武丸と戦い、田村麻呂は霧山岳(岩手山)の西側から山頂に登り、大和国《やまとのくに》・行基《ぎょうき》が作った阿弥陀如来《あみだにょらい》・薬師如来《やくしにょらい》・観音菩薩《かんのんぼさつ》の三尊を安置して神々に祈ります。すると、それまで厚く覆《おお》われていた山の霧は空に舞いあがり、頂が晴れ渡って太陽が照らしはじめ、大武丸の隠れ場所が山裾に見えてきて、田村麻呂は喜んで霧山岳を〝岩手山〟と称して拓《ひら》きました。

滝沢市姥屋敷《たきざわしうばやしき》から南方の〝長者館〟は大武丸の猛威《もうい》を振った居館の跡で、ここが〝鬼古里《おにごり》〟の位置にあたります。

西根町《にしねちょう》には篠崎《しのざき》八郎という土豪がいて、篠崎は田村麻呂の道導《どうどう》(道案内)をしたので、各所に転戦することができたため、大武丸も鬼古里に留まっていることができず、岩手山9合目の鬼ガ城《おにがじょう》に縄の梯《はし》子《ご》を用いると、岩坑《いわあな》を居所と決めて立て籠《こ》もっていたのです。田村麻呂は密《ひそ》かにこれを捕えようとしましたが、大武丸は坑外に逃れて雫石町《しずくいしちょう》の御神坂《おみさか》を走り下り、盗人森《ぬすっともり》から彼の旧館の辺(鬼古里付近・滝沢市鬼越山)を通って燧堀山《かどほりやま》の北側の坂を下ったため、里人はここを〝鬼越坂〟と名付けました。大武丸は、さらに盛岡市安倍館《あべたて》の方向を目指して逃げ走りましたが、将軍(田村麻呂)の部下が待ち構えていた諸葛川《もろくずがわ》の川原に出ると、難《なん》なく捕《と》えられて首を討ち取られ、最期を迎えたのです。

将軍(田村麻呂)は当時の習《ならい》に従って大武丸の〝耳〟を切り取り、これを塩漬として悪路王《あくろおう》(高丸・一説に阿弖流為《あてるい》・※372とも)兄弟の分と共に、京都へ送って復命《ふくめい》(報告)をしました。この場所は滝沢市耳取山《たきざわしみみとりやま》付近と推定されますが、〝耳取〟の地名は紫波郡紫波町東長岡《しわぐんしわちょうひがしながおか》にもあります。

72 機織姫と五百森 ● はたおりひめとごひゃくもり

〔岩手県 八幡平市・岩手郡 岩手町〕

坂上田村麻呂《さかのうえのたむらまろ》の鬼征伐で鬼古里《おにごり》付近は騒がしくなり、大武丸《おおたけまる》にさらわれた女達は、鈴鹿山《すずかやま》の〝機織姫《はたおりひめ》〟を連れて舘《やかた》を逃げ出したため、大武丸は仲間に追い駆けさせました。鬼族に追われた機織姫は、一本木原の荒野の草陰に身を隠して、松川を飛び越えて丘に登り、糸籠《いとかご》から〝おぼけ(※373)〟から糸を巻いた〝巻子《へそ》(※374)〟を取り出して、川を渡ってくる鬼族に向けて投げつけました。姫の手から投げられた巻子は、饅頭《まんじゅう》のような山塚となったので、目前に突然現れた塚に鬼族は驚いて、恐れをなして逃げました。

山塚に救われて危難を逃れた〝機織姫《はたおりひめ》〟は、赤川にお歯黒の鉄漿《かね》を流して、〝送仙姫《おくりせんひめ》〟の山里に辿《たど》り着きます。

西根町《にしねちょう》に〝五百森《ごひゃくもり》〟と呼ばれる山塚があって、〝機織姫〟が〝巻子〟を投げつけた場所を〝巻子森《へそもり》〟

と呼び、糸籠《いとかご》の〝おぼけ〟を置いたという位置を〝大更《おおぶけ》（八幡平市《はちまんたいし》）〟と呼ぶようになりました。

73 機織姫と送仙姫

［岩手県 八幡平市］

● はたおりひめとおくりせんひめ

静かな夜明けの山々に鬼族が群がり、地面を裂くような地響《ぢひび》きと草木がざわめく異変《いへん》に驚くと、大武丸の舘《やかた》から逃げた女達はそれぞれの村に帰り、鈴鹿山の〝機織姫《はたおりひめ》〟は〝犬〟に守られて人里離れた、送仙《おくりせん》の賽《さい》の神《かみ》に隠《かく》れました。

草陰から、今にも攻《せ》めようとしている大武丸の命令に従う鬼族が〝蛙清水〟の沼の水鏡に映《うつ》りだすと、隠れていた〝機織姫〟も、とうとう見つかってしまい、激《はげ》しく追い散らして姫をお守りしていた〝犬〟たちも、大勢の鬼族に取り押さえられると斬《き》り捨てられてしまいました。

鬼族に斬られた〝犬〟の無念《むねん》（悔《くや》しさ）は、土の中に潜《もぐ》ると水になって地上に吹き出し、その〝犬子清水〟は大沼となって、鬼族が追って来るのを遮《さえぎ》ります。助けられた〝機織姫〟は、浮島《うきしま》の沼に機織りの「筬《おさ》（※375）」を浮かべて舟にすると桐ケ久保《きりがくぼ》に渡りました。

機織姫を追いかけてくる鬼族に対し、桐ケ久保の里人は恐れをなして山々に隠れてしまったため、

1人残された〝送仙姫《おくりせんひめ》〟は、〝機織姫〟を守って丘に登ると、五葉松《ごようまつ》を引き抜いて〝逆さ松〟にして姫を隠します。この抵抗に怒りを爆発させた鬼族は、〝送仙姫〟を取り押さえて首を切り落としてしまいました。

〝送仙姫〟の悲運な最期に里の庶民《しょみん》や山々が悲しむと、〝送仙山〟の頂《いただき》は火の玉となって、岩手山の大武丸に向けて飛びかかりました。征夷大将軍《せいいたいしょうぐん》・坂上田村麻呂《さかのうえのたむらまろ》は、送仙の異変に驚《おどろ》くと、副将軍・安子を桐ケ久保に差し向けます。安子は大軍を引き連れて鬼族を追い散らし、送仙姫が造った逆さ五葉松に陣を置くと、鬼族の首を討ち取って平定しました。この場所が〝首討坂〟と呼ばれています。

里人は、陣の跡に残る逆さ五葉松を守り神として安子将軍を祀《まつ》り、欠けてしまった山頂に送仙姫を祀って、〝送仙山〟と名付けました。

74

機織姫と笠ケ岳

［岩手県 盛岡市 玉山区］

● はたおりひめとかさがたけ

鈴鹿山《すずかやま》で大武丸《おおたけまる》にさらわれた〝機織姫《はたおりひめ》〟は、一子である花巻市矢沢《はなまきしやざわ》の胡四王丸《こしのうまる》の母として大武丸に仕えておりました。しかし、鬼族の中に居て心の休まる時はなく、村々からさらわれてきた女達と共に泣き暮らしていたのです。

鬼古里《おにごり》の騒動で恐怖にさらされた〝機織姫〟は、捕《と》らわれている女たちに守られながら逃げ出し、大武丸の追っ手を逃れて、五百森から送仙を経て北上川を越えると、山々に囲まれた岩手町南山形の舘川に落ち延びました。

機織姫は舘川を上《のぼ》って、土滝にお歯黒《はぐろ》(※376)の鉄漿壺《かねつぼ》を置くと、一息つこうと思いましたが、安住の地ではないことに気が付いて、馬場葛巻を出て越ケ岳《こしがたけ》(姫神山の北東)に登り、岩手山から眼の届かない姫神山の裏山(姫神山の東)〝笠ケ岳《かさがたけ》〟で休みました。田村麻呂の守護神を祀る姫神山は、機織姫が難儀《なんぎ》している様子を見かねて歎《なげ》き、山にお迎えします。

機織姫は、〝笠ケ岳〟に片身の〝笠〟を置いて姫神山に入ったため、姫神山の裏山は〝笠ケ岳〟と呼ばれるようになりました。その後、機場《はたば》で1人寂《さび》しく機を織り続けながら、姫神山にお仕えしました。

75

［岩手県］

岩手三山

いわてさんざん

〝岩手山〟は〝巌鷲《がんじゅ》〟、〝南部片富士《なんぶかたふじ》〟、〝霧山獄《きりやまだけ》〟とも呼ばれてきました。

三山伝説は、岩手・姫神《ひめかみ》・早池峰《はやちね》が、その対象となって語り残されています。この地の主宰者は岩手山で、妻として姫神山を娶《めと》っていましたが、袖《そで》にして(※377)、早池峰の女神に心惹《ひ》かれました。神であれ厭気《いやけ》がさせば人間と変わらず、顔を合わせるのも疎《うと》ましくなって、送仙《おくりせん》の神に送り役を仰せ付け、「一夜のうちに、姫神を我が眼の届かぬところに送りゆけ」と、厳《きび》しく命じました。

姫は泣く泣く夫のもとを去りましたが、去る足も鈍《にぶ》いもので、翌朝、岩手山が目を覚ましてみると、まだ東の空に聳《そび》えていました。これを見て怒《いか》り狂《くる》った岩手山は、盛んに火を噴《ふ》いて暴れだし、周囲の山々は震《ふる》えどよめいて、太古に還《かえ》ったような有様となりました。

この時から、岩手と姫神の間にあった送仙の山は、岩手山の怒りにふれて首を吹き飛ばされ、その首は岩手山麓に大きなコブとなって今に残っています。

また、送仙の近くには、〝五百森〟と呼ばれる青草で覆《おお》われた多くの丘がありますが、これは姫が後々《のちのち》の形見にと、手もとにあった糸巻きを撒《ま》き散《ち》らしたものといわれ、赤い小石が川底に広がる〝赤川〟は、姫がお歯黒《はぐろ》の鉄漿《かね》を流した跡といわれています。

近世になって岩手山が火を噴いたのは、貞享《じょうきょう》3（1686）年から享保《きょうほう》4（1719）年の33年間に、大小合わせて9回に及び、記録では、盛岡城下にもおびただしい降灰があり、夕顔瀬《ゆうがおせ》あたりから望見すると、今にも頭上に火山弾が飛来してくる勢いで、庶民は生きた心地がしなかったと田村神社別当・斎藤家記録『岩鷲山御炎焼之事』に記されています。

76 ［岩手県］岩手山と姫神山

いわてさんとひめかみさん

昔、岩手山は〝南部富士《なんぶふじ》〟と呼ばれるように、男ぶりのよい雄神で〝姫神山〟を迎えて夫婦になりました。

姫神山はそれほど美しくなかったので、岩手山は姫神山を〝正室《せいしつ》〟ではなく〝側室《そくしつ》〟にしました。これを悔《くや》しいと思った姫神山は、激しく怒ったり、やきもちをやく連続の日々でした。

あまりにもしつこい嫉妬《しっと》に耐えかねた岩手山は「俺の眼の届かないところに出てゆけ」と言って追い出し、その送り役を〝オクリセン〟という家来に命じ、「もし命令に叛《そむ》いたら、お前の首は無いものと思え」と激しく申し渡しました。オクリセンは姫神山に世の儚《はかな》さを説《と》いて、遠くへ連れて行こうとしましたが、姫神山は身の拠《よ》り所のない悲しさを泣訴《きゅうそ》(※378)して、遠くへ行こうとはしませんでした。

オクリセンは板挟《いたばさ》みになって困りましたが、女の涙に弱いのは男の常《つね》です。岩手山の怖《こわ》さを恐《おそ》れて、姫神山の哀《あわ》れさに同情してしまい、岩手山から北上川を隔《へだ》てた所に座らせたのです。

次の日の朝、岩手山が眼を覚ますと、姫神山が眼の前に座っています。まだ寝ぼけてるのかと思って何度も眼をこすってみましたが、やはり姫神山なので驚くと、癇癪玉《かんしゃくだま》(※379)を破裂《はれつ》させました。顔を真赤にして火を噴《ふ》き、辺《あた》り一面に煙《けむり》と焼石《やけいし》を吹き飛ばした様子は大変なものでした。山は大きく揺れ、谷は唸《うな》り、地獄《じごく》のような景色になりました。岩手山の怒りはそれだけではおさまらず、命令に叛《そむ》いたオクリセンを呼びつけると、即座《そくざ》に首を切り落としてしまいます。オクリセンの山の頂《いただ》きが平らなのはそのためで、切られた頭は岩手山に食いつくように飛んでいき、鞍掛山《くらかけやま》(※380)になりました。

八幡平市大更《おおぶけ》の〝五百森〟は、その時、姫神山が後の形見にと手に持った〝巻子《へそ》〟を撒《ま》き散《ち》らしたものであり、赤い小石の多い赤川は、姫神山が形見《かたみ》にお歯黒《はぐろ》(※381)を流した跡だと伝えています。

77 山の夫婦

［岩手県 岩手郡 雫石町］

●やまのふうふ

雫石郷の南には男助山《おすけやま》と女助山《めすけやま》という山がありますが、昔この2つの山は夫婦でした。岩手山と姫神山も夫婦でしたが、岩手山は姫神山を醜《みにく》いと嫌《きら》って離縁《りえん》をし、早池峰山を妻としたので、この三つの山は三角恋愛の関係となって、仲が悪くなりました。一方が晴れると、一方が曇《くも》を纏《まと》って顔を隠すようになります。岩手山は姫神山に遠くへ行けといって離縁をした筈《はず》なのですが、姫神山は遠くへ行き難《がた》く、北上川を挟《はさ》んで直《す》ぐの所にいました。これに岩手山は怒って火を吐《は》きますと、姫神山は名残りを惜《おし》んで形見の〝巻子《へそ》〟を蒔《ま》き散《ち》らしたので、これが〝五百森〟になったといわれています。

姫神山伝説

ひめかみさんでんせつ

〝姫神山《ひめかみさん》〟は、岩手県盛岡市玉山区《いわてけんもりおかしたまやまく》にある標高《ひょうこう》1123・8㍍のピラミッド型（円錐形《えんすいけい》）の山容が特徴的な山です。

京の都を荒らした鬼を坂上田村麻呂《さかのうえのたむらまろ》が退治した時、その守護となった姫神の〝立烏帽子神女《たてえぼしひめ》（※382）〟を田村麻呂が東征《とうせい》（※383）した際に、この山に祀《まつ》って信仰の山となりました。

78

田村麻呂と姫ケ岳

［岩手県 盛岡市 玉山区］

たむらまろとひめがたけ

桓武天皇《かんむてんのう》（第50代）の時代、延暦《えんりゃく》年中（782〜806年）のこと、伊勢国《いせのくに》（※384）の鈴鹿山《すずかやま》に〝大武丸《おおたけまる》〟の鬼族が居て、鈴鹿山の大事な一人娘、〝機織姫《はたおりひめ》〟をさらって騒動を起こし、民衆は不安のあまり、里神様の〝立烏帽子神女《たてえぼしひめ》（※385・鈴鹿権現《すずかごんげん》・瀬織津姫命《せおりつひめのみこと》）〟を祀《まつ》る清水観音に参詣《さんけい》して救いを求めました。

すると里神様は、鈴鹿山の騒動を鎮《しず》めて、鬼族を追い払い、庶民を守ってくださいました。

清水観音に追われた大武丸は東北・陸奥《むつ》の国に移ると、岩手山の南麓、鬼古里《おにごり》に棲《す》んで、北上川を挟《はさ》んで東に相対している姫神山の里々を荒らして暴れ回り、人間の生血を吸うと恐れられていたのです。これに対して朝廷は思案の末、坂上田村麻呂に大武丸征伐の命を下しました。

田村麻呂は、清水観音に参詣して武運長久《ぶうんちょうきゅう》(※386)を祈り、結願の夜、朝日の出を伏《ふく》してお祈りしますと、鈴鹿山の山頂に乗馬姿の〝立烏帽子神女〟が現れました。

「我は、この山に住むこと久しく、鈴鹿山の鬼族を追い払いたるところ、陸奥国《むつのくに》を指して逃げ去り、如何《いか》にして奥州の鬼族を平らげん。汝《なんじ》、幸い勅命《ちょくめい》を受け鬼征伐とやら、我は〝宝剣《ほうけん》〟を授けるによって、清水観音の妙智力を持って速やかに鬼族を平らげよ」と田村麻呂に伝えます。

田村麻呂は謹《つつし》んで〝宝剣〟を拝領《はいりょう》します(受け取る)と、清水観音から使わされた勇駒《いさみこま》が側《そば》に走り寄りました。田村麻呂は一礼して駒(馬)に跨《またが》ると、十万の兵を集めて陸奥の岩手を目指し、盛岡市大宮《もりおかしおおみや》に陣を置いて大武丸の征伐の用意を整えます。

さらに田村麻呂は、姫神山に参詣して守護神の〝立烏帽子神女〟を祀り、見張所を設け置いて、岩手山の大武丸を攻めて鬼族を征伐すると、神女の加護《かご》(※387)を受けて里人を守りました。庶民は〝立烏帽子神女〟を祀る姫神山を〝姫ケ岳〟と呼んで、田村麻呂が武運長久と国家守護を願って建立した神所を陸奥《むつ》百社の一番霊所として、朝な夕なに合掌《がっしょう》して平安を祈りました。

79

［岩手県］

岩手山と姫神山

いわてさんとひめかみさん

岩手の雄神〝岩手山〟と円錐形《えんすいけい》で美しい〝姫神山〟は、北上川を挟んで東と西にありますが、山の夫婦だったと伝えられています。

昔、岩手山の裾野、西根町平笠《にしねちょうひらかさ》の天広丘で、岩手の雄神と呼ばれて逞《たくま》しい若者の岩手山は、姫神山を迎えて野芹《のぜり》を沢山摘《つ》むと、酒の肴《さかな》にして祝言《しゅうげん》(※388)をあげました。

祝言が終わり、里人の名残を惜しんだ姫神山は、見送りを受けて険しい山の岩手山に向かいます。〝能気《のぎ》の王子〟が拓《ひら》いたという道に難儀《なんぎ》していた姫神山の周《まわ》りには、何処《どこ》からともなく千羽の〝鶴〟が舞い降りてきて、姿を橋に変えると姫神山を渡らせました。

姫神山は鶴に助けられて岩手山に入り、幸福な日々を送っていたのですが、岩手の雄神と称しては、各地を遊び回る岩手山に困り果てておりました。

岩手山の横暴に一人寂《さび》しく暮らしていた姫神山は、とうとう岩手山を恨《うら》んでしまい、召使いのお仙《せん》を供にして、岩手山がくれたお歯黒（※389）の金壺《かねつぼ》（鉄漿壺）や小物入れを投げ捨てて里に帰ってしまいました。

姫神山が投げつけた小物入れは、平笠の天広丘のだるま山に落ちて石となり、お歯黒の金壺は、松尾《まつお》に飛んで金壺沼となり、鉄漿《かね》を流して赤く染まると赤川の源流となりました。

各地を遊び回っていた岩手山は、帰って来ると姫神山を呼びましたが、それに答えるのは〝こだま〟だけで、静まり返るその様子に、怒り狂いだした岩手山は、家来を連れて岩手町《いわてまち》桐ケ久保《きりがくぼ》に急いで向かい、姫神山の守り役である〝お仙〟を取り押さえて、姫神山を帰らせてしまった罪《つみ》として首を斬《き》り落としました。

女の心を知らない岩手山に悲しみながら、世を去って首が無くなったお仙を里人は、神として桐ケ久保の山に祀り〝送仙山《おくりせんやま》〟と呼びました。嫁を悲しませ、召使いの首を斬り落とした岩手山は、女性に恐れられると、女の神が住まない山として嫌われたのです。

姫神山は岩手山と別れて、姫神山の機織場で1人寂しく機を織り続けました。

80

鈴鹿峠と鈴鹿御前（立烏帽子姫）

［三重県・滋賀県］

● すずかとうげとすずかごぜん（たてえぼしひめ）

鈴鹿峠《すずかとうげ》は、三重県《みえけん》亀山市《かめやまし》と滋賀県《しがけん》甲賀市《こうがし》の境に位置する東海道《とうかいどう》（国道1号）の峠です。滋賀県側は比較的なだらかである一方、三重県側は高低差が激しく、箱根峠《はこねとうげ》に次ぐ有数の難所と言われるほどです。東海道本線や東海道新幹線、名神高速道路もその険しさによる難工事が予想されたために、ここを通す計画を断念して中山道に迂回《うかい》しました。

ここは鈴鹿山脈のなかでも357《メートル》と最も低い位置にある峠で、古くから畿内から東国への重要な道筋でした。壬申《じんしん》の乱《らん》の際には、大海人皇子《おおあまのおうじ》（後の天武《てんむ》天皇・第40代）に味方した伊勢国司の兵が鈴鹿山道（鈴鹿峠）を封鎖《へいさ》したりしています。飛鳥《あすか》時代に亀山市関《せき》地区に鈴鹿関が置かれて、以後これより東を〝関東《かんとう》〟と呼ぶようになりました。当初は伊賀国を経由する加太越《かぶとごえ》の道が用いられていて、仁和《にんな》2（886）年、斎宮繁子内親王《はんしないしんのう》の伊勢行きを契機として、鈴鹿峠を経由する新道（阿須波道）が拓《ひら》かれると、その後、明治《めいじ》に至るまで東海道の本道として機能しました。

ここは、盗賊《とうぞく》の横行する場所としても名高く、昌泰元《しょうたい》（898）年には伊勢神宮への勅使一行が襲撃されるなど、鈴鹿山の盗賊は度々史書に現れます。こうしたなかで、坂上田村麻呂による鬼退治や、女盗賊・立烏帽子(鈴鹿御前)の伝承が生まれました。峠を隔《へだ》てて滋賀県側には土山の田村神社が、三重県側には坂下の片山神社があり、それぞれ田村麻呂や鈴鹿御前を祀り、室町《むろまち》時代・江戸《えど》時代を通じて東海道の旅人たちの守護神として崇敬されます。

鈴鹿御前《すずかごぜん》とは、室町時代の紀行文『耕雲紀行《こううんきこう》』や御伽草子《おとぎぞうし》『田村《たむら》の草子《そうし》』などの物語に登場する伝説上の女性のことで、〝立烏帽子《たてえぼし》〟〝鈴鹿権現〟〝鈴鹿姫〟とも呼ばれます。伝承によって、女盗賊、天女、鬼女であったりするなど、その正体や描写は様々です。

鈴鹿山の立烏帽子の名は、承久《じょうきゅう》の乱《らん》前後に成立したと見られる『保元物語《ほうげんものがたり》』に現れます。これでは、伊賀の武士・山田是行の祖父・行季が立烏帽子を捕縛《ほばく》(※390)したとされます。また『弘長元《こうちょう》(1261)年・公卿勅使記《くぎょうちょくしき》』では、鈴鹿山のうち凶徒《きょうと》(※391)の立つところとして西山口を挙げ、「昔立烏帽子在所ノ辺也。件ノ立烏帽子崇神社者、鈴鹿姫坐。路頭之北辺也」と指していて、ここでは盗賊《とうぞく》の名が立烏帽子であり、鈴鹿姫はその崇敬した社の女神として現れています。しかし、立烏帽子を女性とする描写も、鎌倉時代の文献では明らかになっていません。

この盗賊立烏帽子と鈴鹿姫が同一視されるようになり、田村将軍の英雄譚(鬼退治譚)に組み込まれるのは室町《むろまち》時代と推察されます。14世紀に成立する『太平記《たいへいき》・巻三十二』において、田村将軍と鈴鹿ノ御前の剣合の記事が見られ、応永《おうえい》25(1418)年の足利義持《あしかがよしもち》の伊勢参宮に随行した花山院長親《かざんいんながちか》の著になる『耕雲紀行《こううんきこう》』では、その昔、勇を誇った鈴鹿姫が国を煩《わずら》わせ、田村丸によって討伐されましたが、その際、身に着けていた立烏帽子《たてえぼし》を山に投げ上げました。これが石となって残り、麓に社を建て巫女《みこ》が祀ると記されています。

鈴鹿姫を祀る社は、坂下宿の片山神社にあたると考えられています。南北朝時代以後、鈴鹿山の麓にある坂下では伊勢参宮の盛行を受けて宿場が整備され、往来の増加する中で、旅人を守護する存在として鈴鹿姫が立烏帽子であると認識されるようになりました。

現在一般に流布する鈴鹿御前の伝説は、その多くを室町時代後期に成立した『鈴鹿の草子』『田村の草子(※392)』や、江戸時代に東北地方で盛んであった奥浄瑠璃『田村三代記』の諸本に負っています。鈴鹿御前は都への年貢・御物を奪い取る盗賊として登場し、田村の将軍・俊宗(※393)が討伐を命じられます。ところが2人は夫婦仲になってしまい、娘までもうけます。紆余曲折《うよきょくせつ》を経ますが、俊宗の武勇と鈴鹿御前の神通力によって悪事の高丸《たかまる》や大嶽丸《おおたけまる》といった鬼神は退治され、鈴鹿は天命により25歳で死ぬものの、俊宗が冥土へ乗り込んで奪い返し、2人は幸せに暮らす、というのが大筋です。しかし、写本や刊本はそれぞれに本文に異同があり、鈴鹿御前の位置づけも異なっています。

室町時代後期の古写本では、鈴鹿山中にある金銀で飾られた御殿に住む、16～18歳の美貌の天人とされています。十二単《じゅうにひとえ》に袴《はかま》を踏みしだく優美な女房姿だが、田村の将軍俊宗が剣を投げるや少しもあわてず、立烏帽子を目深に被り鎧を着けた姿に変化し、厳物造《いかものづく》りの太刀をぬいて投げ合わせる武勇の持ち主です。俊宗を相手に剣合わせして一歩も引かず、御所を守る十万余騎の官兵に誰何もさせずに通り抜ける神通力、さらには〝大通連《だいとうれん》〟〝小通連《しょうとうれん》〟〝顕明連《けんみょうれん》〟の三振りの宝剣を操《あやつ》り、〝あくじのたか丸（高丸）〟や〝大たけ（大嶽）〟の討伐でも俊宗を導くなど、田村将軍を凌ぐ存在感を示します。また、情と勅命との板挟みとなった俊宗の裏切りに、その立場を思いやりあえて犠牲になることを決意したり、娘の〝小りん〟に対して細やかな愛情を見せるなど、情愛の深い献身的な女性としても描写されています。

一方、流布本『田村の草子』の祖本となる寛永頃（1624～1645年）の古活字本では、鈴鹿山で往来を妨げたのは鬼神・大たけ丸となっており、鈴鹿御前は山麓に住む天女とされています。これでは立烏帽子の盗賊・武装のイメージは薄れて、烏帽子は着けず、玉の簪《かんざし》を挿《さ》し水干《すいかん》に緋袴《ひのはかま》という出で立ちです。鈴鹿御前は俊宗と契《ちぎ》りを交わし、言い寄る大たけ丸から〝大通連《だいとうれん》〟〝小通連《しょうとうれん》〟の剣を騙《だま》し取ってその討伐に力を貸しました。

『鈴鹿の草子』と底流を同じくする『田村三代記』は、語り物の特色として多くの異本が存在しますが、鈴鹿御前に関する筋書きはおおむね同様です。しかし、鈴鹿御前の名は〝立烏帽子〟とのみ呼ばれ、その出自も天竺より鈴鹿山に降臨《こうりん》した第四天魔王《てんまおう》の娘とされます。日本を魔国とするための同盟者を求めて奥州の大嶽丸《おおたけまる》に求婚しますが返事がなく、やがて田村将軍利仁と夫婦となり、(寝返《ねがえ》って)共に高丸や大嶽丸を退治してしまいます。

その三振りの宝剣ですが、大通連《だいとうれん》は文殊《もんじゅ》の智剣(または化身)とされ、『鈴鹿の草子』では3尺1寸(1メートル弱)の厳物造《いかものづく》りの太刀となっています。顕明連《けんみょうれん》については、これを朝日にあてれば三千大千世界《さんぜんだいせんせかい》(※394)を見通すことが出来るという。鬼神を討ち果たしたのち天命を悟った鈴鹿御前は、〝大通連《だいとうれん》〟〝小通連《しょうとうれん》〟を俊宗に贈り、〝顕明連《けんみょうれん》〟を娘〝小りん〟に遺《のこ》しました。田村将軍の得た大通連・小通連は、やがて田村に暇乞《いとまご》いして天に登り黒金《こっきん》(※395)と化しました。これを用いて箱根山の小鍛冶が〝あざ丸〟〝しし丸〟〝友切丸〟の三振りの太刀を打ったとも伝えられています。

早池峰山伝説《はやちねさんでんせつ》

　岩手県の北上山地《きたかみさんち》（北上高地《きたかみこうち》）最高峰である〝早池峰山《はやちねさん》〟は、標高《ひょうこう》1917メートルで、東に剣ケ峰、西に中岳、鶏頭山、毛無森を連ねた東西十数キロメートルにも及ぶ雄大な山容です。それは、非火山性の地層から成り立っていて、その地質は古生代の4～5億年程前に形成されたという説が一般的で、山全体が超塩基性岩の橄欖岩《かんらんがん》や蛇紋岩《じゃもんがん》でできているため、ハヤチネウスユキソウやナンブトラノオ、ナンブイヌナズナ、ナンブトウウチソウなどの植物を代表として、山域の固有種率（亜種、変種を含む）が非常に高くなっており、ハヤチネウスユキソウなどの高山植物は国指定特別天然記念物の指定を受けて、本州で唯一〝アカエゾマツ〟が自生している山としても知られています。

　早池峰山は、古名を〝東根嶽《あずまねだけ》（東峰山）〟といい、古代から山岳信仰の霊場として、人々の信仰を集める御山でした。大迫地方の伝説では、大同《だいどう》2（807）年、田中の兵部という者が、額に金の星のある白鹿を追って山頂に辿り着いたことにより開山されたと伝えられています。

　藩政時代には、盛岡藩の鎮山として重きをなし、山麓に早池峰大権現を祀る岳《だけ》・妙泉寺が整備されましたが、明治《めいじ》初年の神仏分離により、早池峰神社だけが残されて、国指定重要無形民俗文化財の〝早池峰神楽《はやちねかぐら》〟が伝承されています。

民話の里・遠野《とおの》では〝六角牛山《ろっこうしさん》〟、〝石上山《いしがみやま》〟と共に〝遠野三山《とおのさんざん》〟と呼ばれて親しまれているほか、詩人で童話作家の宮澤賢治《みやざわけんじ》（※396）は、早池峰山の圧倒的な存在感や可憐な高山植物に魅せられて、多くの詩や童話を残しています。

81
早池峰山と田村麻呂
はやちねさんとたむらまろ

［岩手県 宮古市・遠野市・花巻市（早池峰山）］

岩手の鬼族を平定する田村麻呂は、盛岡市大宮《もりおかしおおみや》の陣所から小本街道《おもとかいどう》を通り、閉伊《へいい》の鬼族征伐に向かいました。姫神山の尾根は、藤《ふじ》・葛《くず》などの〝蔓《つる》〟が茂《しげ》る夏の盛りで道は険しく、田村麻呂は明神山に参詣し、腰の太刀を払いながら、明神長峰より藪川《やぶかわ》に至る道を拓《ひら》き、早坂峠《はやさかとうげ》に登って陣を置いて閉伊《へいい》の鬼族と相対しました。

田村麻呂は、〝立烏帽子神女《たてえぼしひめ》（※397・瀬織津姫命《せおりつひめのみこと》）〟から拝領《はいりょう》した太刀を〝鞘《さや》〟に収めようとしましたが、〝蔓《つる》〟の多い明神山に参詣した際、〝鞘〟を預け置いて山を下ったため、家来を代参として急いで鞘を

N
0 1 2 3 4 5km
川内牧場
黒森山
988.5
大野沢山
987
川内
171
火石山
1032.7
大淵
かわうち
106
平津戸
ひらつと
鈴久名
はこいし
山 田 線
宮古市
好心寺
高桧山
1167.1
早池峰山
中岳
1679.1
1913.6
早池峰剣ケ峰
1827
志和須森
1087.7
岩井船山
926.8
河原坊
小田越
25
1644.9
薬師岳
白森
1350.4
天野牧場
大野山
小桧山
761.0
遠野市
大出牧場
三垂牧場
東山
715.0
一ツ石山
1058.3
一本栩山
797.7
早池峰神社
大黒森
1079.0
大森
774.0
積峯
592.5

高森
1219.6
岩神山
1103.0
山洞神社
高森
700.4
兜明神岳
1005
区界峠
くざかい
兜神社
鬼ケ瀬山
724.0
兜神社
根田茂
区界
盛岡市営区界牧野
盛岡市
桐ノ木沢山
1209
黒森山
837.3
砂子沢
高森
995.8
43
笠森山
986.4
権現山
824
烏帽子山
719.3
五右衛門峠
長野峠
1427.2
毛無森
四ノ宗山
918.7
鶏頭山
折壁峠
猫底橋
大野山
786
落合大橋
嫁ケ淵
早池峰湖
789.4
上岩山
地竹山
866.3
野沢額山
43
高倉山
548.1
花巻市
内川目
猫山
高森山
881.4
寺山
640.6
317
諏訪沢森
大迫町
東峰牧場

受け取りに明神山に使わしました。急ぐ家来は〝蔓〟に足をとられて薮《やぶ》に転《ころ》げ、難儀《なんぎ》の末に明神山の〝鞘〟を受け取って早坂に戻ります。

早坂では閉伊の鬼族が岩谷に集結《しゅうけつ》していました。この鬼族との戦いが始まる前に、田村麻呂は待ちかねて鞘を受け取り、傷付いて帰ってきた家来を見て「人を害する〝蔓〟め」と、天に向かい太刀を払って、足元の〝蔓〟を切り伏せました。立烏帽子神女の加護を受けた剣《つるぎ》で天に飛び散った野山の〝蔓〟は、次から次へと空に逃げて姿を隠してしまいました。よってこの地には〝蔓〟が生えないといわれています。

不思議な霊験に支《ささ》えられながら田村麻呂の軍は鬨《とき》の声をあげ、一気に岩谷の鬼族を潰《つぶ》して閉伊に入り、早池峰山に参拝すると女神の加護により平定することができました。

早池峰山に長く逗留《とうりゅう》した田村麻呂に対して、姫神山は怒りだして早池峰山を妬《ねた》んだため、早池峰山が顔を出しますと、田村麻呂を奪《うば》われた姫神山は雲を集めて顔を隠し、早池峰山が顔を隠しますと姫神山が顔を出し、両山は共に顔を出す事が無いといわれ、田村麻呂の岩手山を男山と称して、早池峰・姫神山の女神の争いの物語として伝えられています。

82 早池峰の名の由来

［岩手県 宮古市・遠野市・花巻市（早池峰山）］

● はやちねのなのゆらい

アイヌ語説

アイヌ語の〝パハヤチニカ〟が転じて、〝ハヤチネ〟となった説です。〝パハ〟は〝東〟、〝ヤ〟は〝陸〟、〝チニカ〟は〝脚〟の意味で〝パハヤチニカ〟は〝東陸の脚〟という意味になります。

また、早池峰山はその昔（13世紀中頃）は、〝東根嶽《あずまねだけ》〟と呼ばれていて、これは〝パハヤチニカ〟の意訳名であるともいわれています。

開慶水説

早池峰山の頂近くに〝開慶水〟と呼ばれる小さな池がありますが、この池の言い伝えにより快賢《かいけん》という聖《ひじり》（※398）により命名された説です。言い伝えは、この池は〝神池〟で、どんな炎暑《えんしょ》の大干魃《だいかんばつ》の時にも涸《か》れることはなく、どんな長雨の時でも溢《あふ》れることがありません。この池は不浄《ふじょう》を嫌《きら》うため、登山者が誤って手を入れたり、影を映すだけでも忽《たちま》ち水は無くなってしまうそうです。その時は先達の修験者が観音経を唱えると水が湧き出して、もとの池の姿になることから、この枯渇湧出《こかつゆうしゅつ》が早速なるをもって〝早池〟と称するため、このことから快賢が〝早池峰山〟と名付けました。

ハヤチ(疾風《しっぷう》・はやて)説

早池峰は、三陸沿岸漁民や航海者にとって、海上を航行するうえでの座標(目標・目印)であり、山容が海上から遠望できることで就漁・航海が守護されていて、信心が薄いと姿を隠してしまうため、ハヤチ(疾風)を呼ぶ神の住む山として信仰され、この神の住む峰から〝ハヤチネ山〟、〝早池峰山〟となりました。

83

瀬織津姫神 ● せおりつひめのかみ

[岩手県 宮古市・遠野市・花巻市(早池峰山)]

〝瀬織津姫神《せおりつひめのかみ》〟は、岳《だけ》・早池峰神社の御祭神です。この神様は、古事記・日本書紀には登場せず、『延喜式《えんぎしき》』、『神道五部書』という文献に記されてある神様です。〝伊邪那岐神《いざなきのかみ》〟が亡き〝伊邪那美神《いざなみのかみ》〟を訪ねて黄泉《よみ》の国に行き、蛆《うじ》(※399)の湧き出ている妻に追われ、地上に逃げ戻りますが、嫌な汚い所へ行ったことで身についた汚《よご》れや災《わざわ》いを祓《はら》い清めるために、きれいな川に入って禊《みそぎ》(※400)をします。

この時、その禊を見守った神様が〝瀬織津姫神〟で、この禊によって天照大神《あまてらすおおみかみ》などが生まれたので、瀬織津姫神は天照大神のアラタマノカミであるともいわれています。

瀬織津姫神が早池峰山に勧請されたのは、早池峰神社記では、大同《だいどう》2（807）年であるとされて、次の説話があります。

大迫《おおはさま》に藤原兵部郷成房（藤原鎌足《ふじわらのかまたり》の子孫）という人がいて、大同《だいどう》2（807）年3月、東根嶽《あずまねだけ》（早池峰山）に狩りに来た時、真白で額に金星のある鹿が現れ、これを射ようと山頂へ追い登ると、そこで権現の霊容を拝します。兵部は深く感銘して帰ると、里の真中《ただなか》に御宮を建立して瀬織津姫神を勧請《かんじょう》し、〝真中大明神《ただなかだいみょうじん》〟として祀《まつ》りました。その後〝タダナカ〟が〝タナカ〟に転じて〝田中〟と記すようになり、現在の〝田中神社（花巻市大迫町内川目《はなまきしおおはさままちうちかわめ》）〟の起源となっています。

84

白鬚大明神

［岩手県 宮古市・遠野市・花巻市（早池峰山）］

しらひげだいみょうじん

宝治《ほうじ》年間（1247～1248年）に入る頃、快賢《かいけん》という上人が弘法《ぐほう》（※401）のため、大迫《おおはさま》の里に来て早池峰山に詣《もう》でると、その霊域を感じて山麓に寺を建て、〝川原の坊〟と号した（称した）といわれます。上人は山頂にも祠堂を建て、以前からあった祠堂を〝本宮〟とさせて、新しく建てた祠堂を〝若宮〟と称しました。山頂に2社が存在するのはこの時からです。

また、快賢は、山頂にある小池の伝承により、それまで東根嶽《あづまねだけ》といわれていた山名を〝早池峰山〟にしました。

しかし、その時に快賢が何の神、もしくは仏を勧請したかはわかりません。快賢上人は、実は〝白鬚大明神《しらひげだいみょうじん》〟だったのではないかという説話があります。

その頃、早池峰の山麓に恐ろしい〝山姥《やまんば》〟が住んでいて、時々参道に出ては、参詣者を通しませんでした。

川原の坊の快賢がある時、餅《もち》を焼いていたところ、どこからともなく〝山姥〟が現れてその餅を食べてしまい、側にあった徳利《とっくり》の酒も飲んでしまいました。そこで快賢は翌日、川原から餅に似た白い丸い石を拾って来て炉で炙《あぶ》り、徳利には油を入れておきました。すると、やはり〝山姥〟が現れて、餅を強要《きょうよう》した(とても欲しがった)ので、くれてやるから口を開けと言い、開いた口に焼け石を放り込み、酒も飲ませてやると言って、徳利の油を口に注いでやりました。山姥は口の中から火が燃えて吹き出し、苦しみ悶《もだ》えて恐ろしい形相《ぎょうそう》で虚空《こくう》へ飛び上《あが》ると、「おのれ謀《はか》ったか、口惜《くや》しや、思い知らせてやる」と叫んで消え去りました。

それから大雨が降り出すと雷が鳴り、天地が大いに震動して三日三晩。大洪水となって山頂の2つの祠堂も川原の坊も崩壊すると流失してしまいました。その時、洪水の波の上に白鬚《しらひげ》の翁《おきな》が立ち、歌を吟じながら下って行きました。これは宝治《ほうじ》元(1247)年8月のことで、人々はこの洪水を〝白鬚水《しらひげみず》〟と伝えています。

以後、〝山姥〟は二度と姿を現さず、道を邪魔《じゃま》する者が居なくなったので、お山の参詣は無事行われるようになりました。そこで人々は、白鬚大明神が山姥退治のために上人に姿を変えて現れたものだろうと噂して、後に妙泉寺の鎮守として祀《まつ》られるようになり、早池峰神社境内にこの〝白鬚大明神〟を祀る祠堂があります。

また、早池峰神社記によると、岳《だけ》の早池峰神社は正安《しょうあん》2(1300)年、越後国《えちごのくに》出身の円性阿闍梨《あじゃり》が、修験道を広めるため諸国行脚中《あんぎゃちゅう》、早池峰に登ってその霊地を感じると、かつて快賢が建立したという川原の坊の遺跡を岳に再興して一宇を建立しました。これを新山宮と称して、十一面観音を勧請すると〝早池峰大権現〟と号したと伝えられています。

85

女神伝説

［岩手県 花巻市］

●めがみでんせつ

早池峰山の女神について、花巻市《はなまきし》矢沢《やざわ》地方には次のような説話があります。

昔々、薬の神様に3人の娘がいました。娘達は、いずれは何処かの山の神になることになっていて、各々自分の好みの山を探していました。

ある時、娘達は薬草取りに稗貫《ひえぬき》にやってきて、早池峰山の美しさに見とれ、我こそはあの山の主《ぬし》になりたいと密《ひそ》かに思いながら、宮野目《みやのめ》で日が暮れたので一休みすることにしました。

末娘が夜中に眼を覚ますと、姉娘達が眠っているのを幸いに、早池峰山に飛び立って、その神様になってしまいました。

次に中の娘が眼を覚ますと、末娘に早池峰山を取られてしまったことを知り、台《だい》の羽山《はやま》に飛んで神様になりました。

最後に眼を覚ました姉娘は、胡四王山《こしおうざん》の神様になりました。

また、大迫《おおはさま》の亀ケ森《かめがもり》地方には次の説があります。

昔々、三姉妹の女神がいて、台の羽山、矢沢の胡四王山・亀ケ森の権現堂山にそれぞれ住んでいました。

ある時、長姉の権現堂の女神が「私達3人のうち、誰かの枕元に〝蓮華《れんげ》の花〟を咲かせてくださるよう天の神様にお願いして眠って、その枕元に咲いた〝蓮華〟を持って行った者が早池峰山の主になることにしましょう」と告げました。

そこで3人の姉妹は、神様にお祈りして眠ります。長姉の女神が眼を覚ましてみると、末の妹の枕元に〝蓮華の花〟が咲いていました。妹達はぐっすり眠っていて気がつきません。長姉は〝蓮華の花〟をそっと取って「私の枕元に咲いた」と言うと、早池峰山の神様になりました。

86

妙泉寺しだれ桂

［岩手県 花巻市］

みょうせんじしだれかつら

岳《だけ》の妙泉寺《みょうせんじ》は、むかし霊山・早池峰の〝麓《ふもと》の寺〟と呼ばれ、幾人もの僧達が修行の場とする寺でありました。

毎年、土用《どよう》の日(※402)になると、寺で焚《た》く1年分のお香を作るのが毎年の習わしで、近くの川の岸にある桂の木の葉を摘んで、土用一日で干《ほ》して粉にするのです。その桂の大木から枝を切ってくるのは、一番若い小僧の役目になっていました。

桂の木は毎年下枝を切るので、高いところにしか枝がなくなってしまいました。梯子《はしご》を掛けて登っても、なかなか手の届かない大木であり、時には足を滑らせて真っ逆さまに落ちることもあるようになりました。そのため毎年土用が近付くと、小僧は憂鬱《ゆううつ》になって、「今年は桂の葉がたくさん採れますように」と毎日祈っておりました。

そして、明日から土用になるという明け方、忽然《こつぜん》と女神様が小僧の夢枕に立たれて申されるには、「小僧、小僧。お前は毎日真面目に働いて感心しているので、桂の葉を採るために危険な目に遭《あ》うのは可哀想《かわいそう》である。良いことを教えよう。岳の水無沢《みずなしざわ》の東、参道から20歩ほどの岩の〝あわい(間)〟に、1本の〝枝のしだれた桂〟を育てておいたので、寺の境内に植えて毎年その葉を摘むがよい」と告げて消えます。女神様の姿はまさしく、早池峰の瀬織津姫《せおりつひめ》でありました。小僧はハッと目を覚ますと、早池峰の方角に向かって、「ありがとうございます。ありがとうございます」と何度もお礼をいいました。しかし、ただの夢だったのかもしれないとも思って、和尚に相談してみると、「それは大変ありがたいことだ」と大そう喜びました。2人は空が白み始めた朝、水無沢に行ってみると、丈は低いけれども丸い葉をたたえて岩肌をさわさわと撫《な》でるばかりの枝をした、〝しだれ桂〟が1本生えていたのです。

2人は、これを寺の境内に移し代えると、毎年たくさんのお香を作ることができました。これが世にも稀《まれ》な〝岳・妙泉寺のしだれ桂〟なのです。

それから、住職が5、6代を過ぎて約200年ほど後、その桂の木を切ってお寺の普請《ふしん》に用いたところ、幹からは3尺《しゃく》(約1メートル幅)の戸板が取れたというほどの巨木に育っていました。

翌春になってから、またも、時の住職の夢枕に女神が立たれて申されるには、「神の折角《せっかく》育てた愛木を切ったのは、寺のためなれば致し方ないとしても、これで種切れになるのははなはだ惜しいことである。切り株から新梢《しんしょう》(※403)が出るから、それを大事に育てて、多くの寺院に分けるがよい」とのお告げがありました。

その2、3日後には、不思議にその切り株から、一夜の内に5、6本の新梢が3尺《しゃく》(約90センチメートル)余りも伸びだしました。住職は実に神の霊木なりとして、注連縄《しめなわ》を回《めぐ》らし、また新梢には土を盛り上げておきました。その後、3年を経て根元を調べると、新根が立派に出ているので、根分けをして、幾《いく》つかの寺院に苗木を分けることができたのです。

〝しだれ桂〟は、不思議なことにその後、全然繁殖しなかった(増えなかった)といわれますが、盛岡の阿部善吉翁《あべぜんきち》が接木《つぎき》の技術を改良して、各所に植えたので、今では盛岡市の〝市の木〟となるほどになっています。本家の岳・妙泉寺の桂は明治《めいじ》時代に切り倒されてしまったといい、逆に今では盛岡から里帰りした〝しだれ桂〟が早池峰神社の山門に植えられています。
一説には、しだれ桂の幼木があったのは早池峰山の中腹の岩のくぼみとも伝えられています。

87 シダレカツラ ● しだれかつら

［岩手県 盛岡市］

昔、大ヶ生《おおがゆう》にある瀧源寺《りゅうげんじ》の性翁慶守和尚《しょうおうけいしゅおしょう》に大迫《おおはさま》の桂林寺《けいりんじ》まで行ってくる用事ができました（瀧源寺開山・性翁慶守和尚は、大迫の桂林寺の1世でもあります。瀧源寺は天正《てんしょう》2・1574年、桂林寺は永禄《えいろく》8・1565年開創）。その道中、盛岡市内の砂子沢乙壁《いさござわおとかべ》付近で1本の珍奇な幼木を発見しました。和尚はこれを掘り起こすと、大迫町岳《だけ》の妙泉寺《みょうせんじ》（早池峯《はやちね》神社境内）に立ち寄って、庭先にこの幼木を仮植えさせてもらい、桂林寺で用事を済ませると、この木を抱《かか》えて瀧源寺に戻りました。早速本堂裏に植えて、成長を見守ります。

別説にカツラの葉は、お盆間近の土用の頃に採取すると、乾燥《かんそう》させて〝抹香《まっこう》〟を作るものですが、妙泉寺の小坊主が葉を採るのに難儀していると、その様子を見かねた早池峰山《はやちねさん》の神様〝瀬織津姫命《せおりつひめのみこと》（女神）〟が枝を下向きにしてくださったので、その幼木を早池峰山から持ち帰り、寺の庭先に植えていました。これに性翁慶守和尚が興味を示し、根から芽生えた若木を瀧源寺に持ち帰ります。その後、妙泉寺の原木は２、３株をなしていたとのことですが、明治《めいじ》20（１８８７）年頃に伐り倒して以来、無くなってしまったようです。

年月を経ると、瀧源寺のこの木は高さ約30メートルに達して、本堂の屋根を越え、四方に伸びた枝は垂れて地面を摩り、夏季にはその茂った枝葉のために寺院内は常に薄暮のようになりました。これには危険を感じて注意する者も現れたため、遂に樵夫《そまふ》（樵《きこり》）に命じてこの樹を伐り倒しましたが、その幹から１メートル余巾の鏡戸《かがみど》が10枚出来たということで、この戸は本堂内の建具として現存しておりましたが、平《へい》成《せい》25（２０１３）年７月22日の本堂出火の火災により焼失してしまいました。それでも、この逸話で当時のシダレカツラの樹容の雄大豪壮な姿が想像できます。この時の伐採について、瀧源寺では文政《ぶんせい》２（１８１９）年、桂林寺では天保《てんぽう》元（１８３０）年頃の出来事と伝えています。

その後、切株から萌芽が伸びだしたので、これを分けて肴町《さかなちょう》と門《かど》に植えたところ、成長してともに大正《たいしょう》13（１９２４）年12月９日、国の天然記念物に指定されました。

この〝シダレカツラ〟は、通常の上部に向かって伸びるカツラと違って、その名の通り枝が枝垂れていて、世界的にも類の無い、盛岡原産の木です。普通、カツラの木は雌雄異株ですが、シダレカツラは雄木しか存在せず（発見されておらず）実生の発生がありません（女神が作り出したために雄株だけともいわれます）。よって、株を増やすには困難をきたし、〝挿《さ》し木〟や〝継《つ》ぎ木〟の方法を変えるなどして試されましたが、根がついたという実例がなく、昭和《しょうわ》10（1935）年に普通のカツラの実生苗にシダレカツラの芽を接ぐという〝芽接《めつぎ》〟の方法で阿部善吉《あべぜんきち》が成功します。その後は、昭和《しょうわ》45（1970）年頃から〝割接《わりつ》ぎ法《ほう》（※404）〟が確率したため、現在では各地でシダレカツラが見られるようになりました。

性翁慶守和尚は武州《ぶしゅう》の澁井村《しぶいむら》の鷲嶽山蓮光寺《じゅがくざんれんこうじ》（※405）第6世で、東北地方に布教せよとの霊夢を見たことにより旅に出ました。各地を巡りながら大迫の地に布教に入ると、錫杖《しゃくじょう》を置いて留まった場所が、桂林寺より約15キロメートルほど谷沿いに入った、外川目《そとかわめ》の小さな集落であったと伝えられています。

88 早池峰神楽 はやちねかぐら

［岩手県 花巻市 大迫町］

早池峰神楽とは、岩手県花巻市大迫町内川目地区《はなまきしおおはさままちうちかわめ》に伝承されている神楽で、早池峰神社の奉納神楽・岳神楽《たけかぐら》と、大償神社の奉納神楽・大償神楽《おおつぐないかぐら》の2つの神楽座の総称です。早池峰山を霊場とする修験山伏《しゅげんやまぶし》たちによって代々舞い継がれてきたといわれ、祈祷の型などを神楽の中に取り入れていることから〝山伏神楽《やまぶしかぐら》〟とも呼ばれています。

両神楽の始まりは定かではありませんが、早池峰神社には文禄《ぶんろく》4（1595）年銘の権現様《ごんげんさま》（獅子頭）があり、大償神社の別当家には、長享《ちょうきょう》2（1488）年の神楽伝授書の写しが残っていることから、その頃には伝えられていたと考えられています。

舞の中に、〝能〟大成以前の古い民間芸能の要素を残しているため、中世芸能の香りを伝える希有《けう》な神楽として、昭和《しょうわ》51（1976）年5月4日に国の重要無形民俗文化財に指定され、平成《へいせい》21（2009）年9月30日にはユネスコ無形文化遺産に登録されました。

一般的に岳神楽は五拍子を基調とし、調子が速く〝勇壮〟、大償神楽は七拍子を基調とし、調子がゆるやかで〝優雅〟と評されます。また、両神楽は表裏一体をなしているともいわれ、大償神楽の山の神面が口を開けた〝阿《あ》形〟であるのに対し、岳神楽は口を閉じた〝吽《うん》形〟であることにも表れています。

昭和初期までは、農閑期になると権現様と呼ばれる獅子頭を奉持し、稗貫・和賀地方を廻村巡業していました。〝通り神楽〟とか〝廻《まわ》り神楽〟と呼ばれたこの巡業形態も戦後には途絶え、現在では神社の祭礼や、年祝・新築祝いなどに招かれたり、県内外の催事で公演することが多くなりました。

早池峰神楽の弟子神楽は、岩手県中央部に広く分布しており、北は盛岡市から南は一関市まで、その数は約100団体にのぼるといわれています。

八幡平伝説

● はちまんたいでんせつ

〝八幡平〟は、奥羽山脈北部に位置する山群で標高《ひょうこう》1614メートルあり、岩手県と秋田県にほぼ等面積で広がっています。広い高原上に無数の沼や湿原《しつげん》が点在していて、針葉樹林帯《しんようじゅりんたい》が形成された山域（オオシラビソ・アオモリトドマツの原生林）は、昭和《しょうわ》31（1956）年に十和田八幡平国立公園に指定されました。

伝説では、第50代桓武《かんむ》天皇の勅命《ちょくめい》で奥州蝦夷征伐《おうしゅうえぞせいばつ》に訪れた坂上田村麻呂《さかのうえのたむらまろ》が、山賊の残党を追う途中で〝八幡平〟に辿り着き、その極楽浄土《ごくらくじょうど》のような景色に感激します。そこで、戦の神である〝八幡神宮〟を奉って戦勝を祈り、討伐後に再度高原の八幡神宮を訪れて、戦勝の復命（報告）をすると、この地を〝八幡平〟と名付けたと伝承されていますが、史実的にみると坂上田村麻呂は、この地を踏んではいないのです。

89 八幡平 ● はちまんたい

［岩手県 八幡平市（八幡平）］

昔、岩手山の裾《すそ》に蝦夷《えみし》が棲《す》んでいて、熊《くま》や獣《けもの》を追う狩場となった〝八幡平〟は、蝦夷《えぞ》の楽園と知られながらも都人を遠ざけておりました。京の都では日本の統一と東北の開発を願って、都に従《したが》わない蝦夷《えみし》を坂上田村麻呂に命じて征伐したのです。

田村麻呂は北上川を進み、盛岡市太田の方八丁《ほうはっちょう》に志波城《しわじょう》を築いて、岩手郡の蝦夷と戦って追い散らしました。田村麻呂を恐れた蝦夷は、〝八幡平〟を越えて秋田の焼山にある鬼ケ城に隠れ、岩手郡の里人の平和を願う田村麻呂は、霞ケ源太忠義《かすみがげんたただよし》、忠春《ただはる》の兄弟を先陣として八幡平に攻め登りました。初夏の八幡平は、草花が爛漫《らんまん》と咲き誇り、山頂の湖水に水鳥が歌って、さながら神の国かと思わせるほどの神秘性を漂わせていました。

源太兄弟は、沼の畔に馬を止めて、田村麻呂をお迎えします。田村麻呂は声をあげて絶景を讃《たた》え、湖水で身を清めると、8本の旗を立てて八幡宮を祀り、武運長久と戦勝を祈って焼山の鬼ケ城に向かいました。

田村麻呂の追撃に蝦夷は、ちりじりとなって最後の砦《とりで》も攻め落とされます。蝦夷を征伐した田村麻

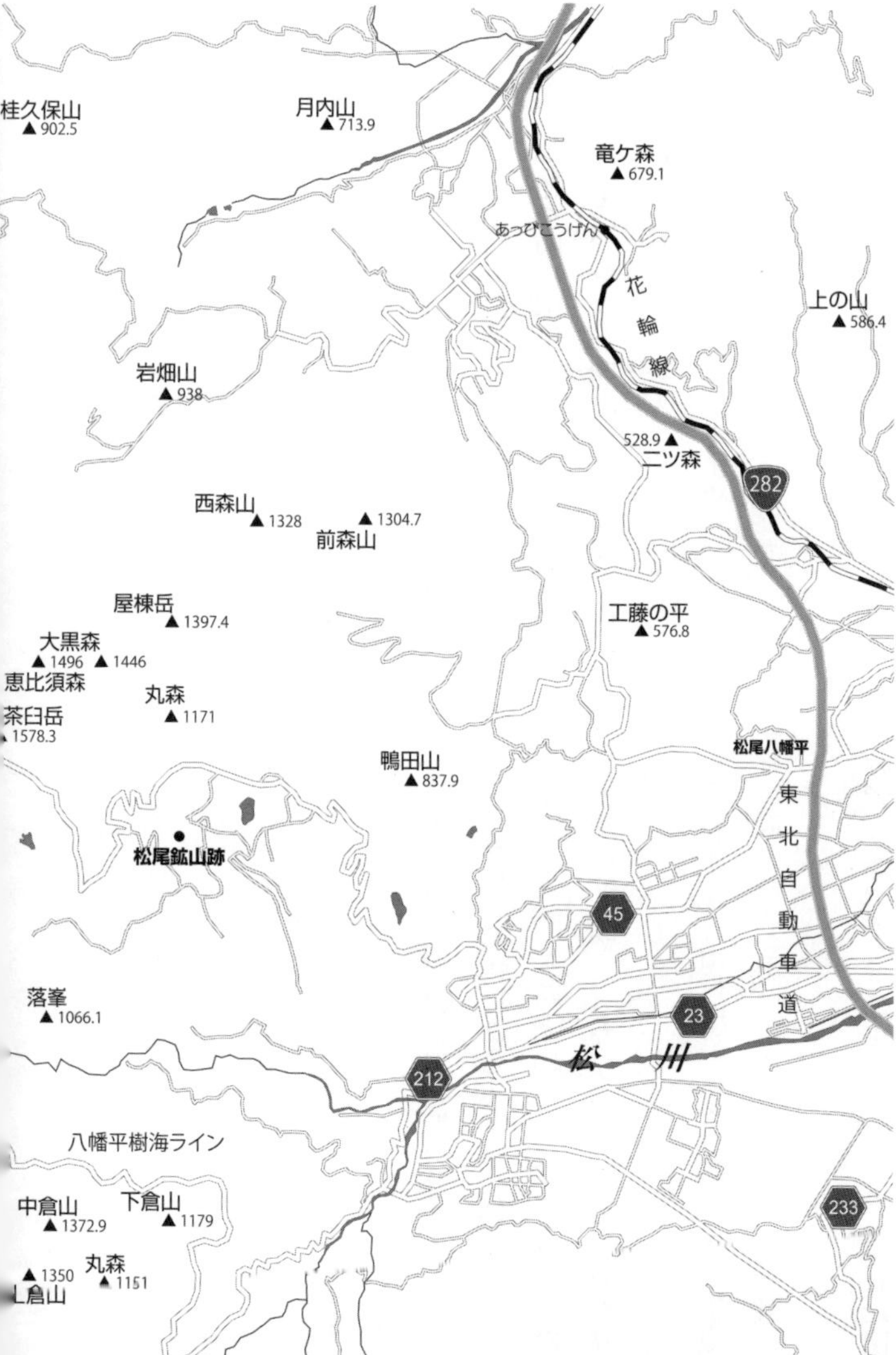
桂久保山
▲902.5
月内山
▲713.9
竜ケ森
▲679.1
あっぴこうげん
花輪線
上の山
▲586.4
岩畑山
▲938
528.9▲
二ツ森
282
西森山
▲1328
▲1304.7
前森山
屋棟岳
▲1397.4
工藤の平
▲576.8
大黒森
▲1496
▲1446
恵比須森
丸森
▲1171
茶臼岳
1578.3
松尾八幡平
鴨田山
▲837.9
東北自動車道
松尾鉱山跡
45
落峯
▲1066.1
23
松川
212
八幡平樹海ライン
中倉山
▲1372.9
下倉山
▲1179
233
丸森
▲1151
▲1350
倉山

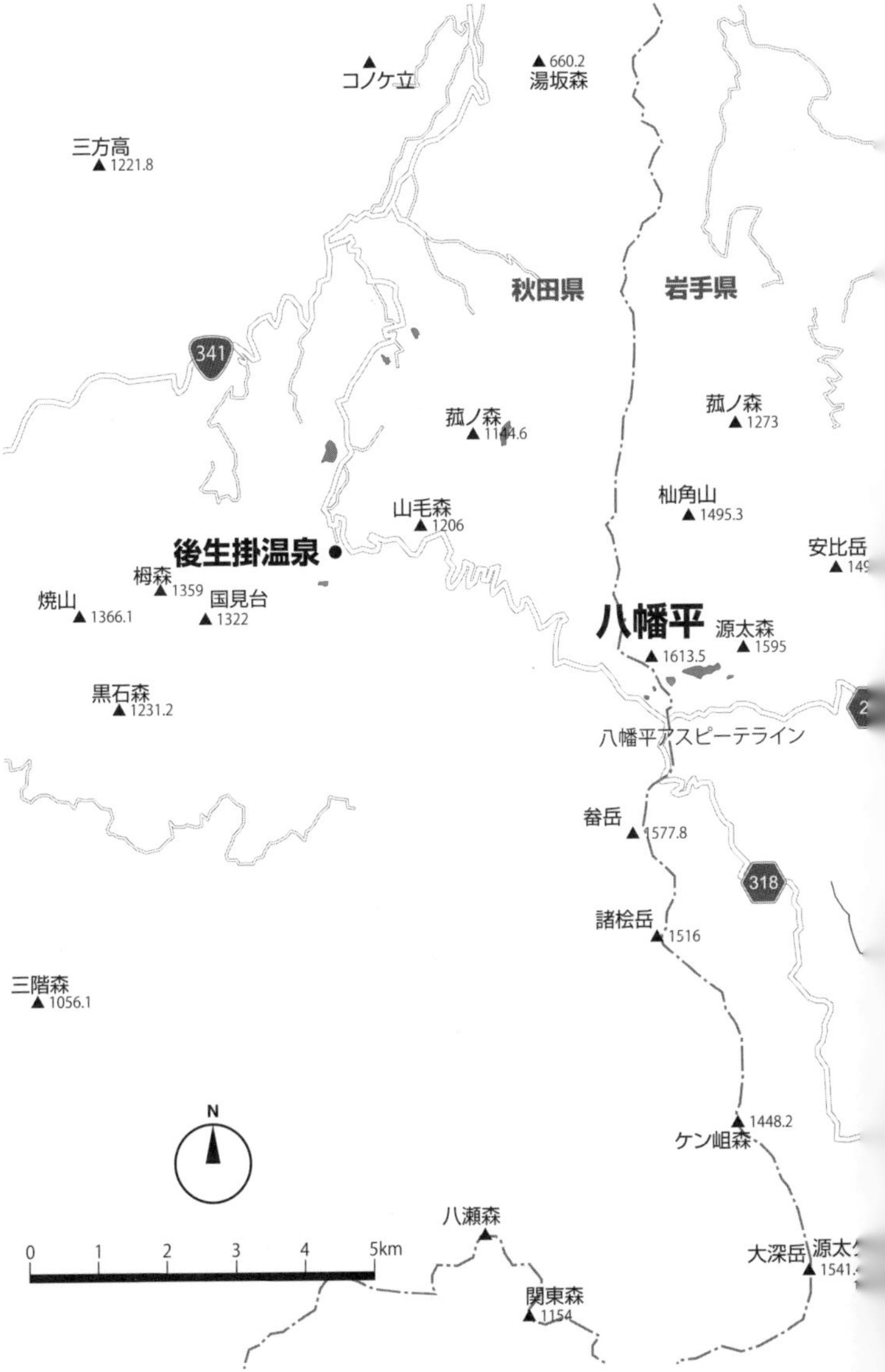

コノケ立
660.2
湯坂森
三方高
1221.8
秋田県
岩手県
341
茄ノ森
1144.6
茄ノ森
1273
仙角山
1495.3
山毛森
1206
安比岳
後生掛温泉
栂森
1359
焼山
1366.1
国見台
1322
八幡平
源太森
1613.5
1595
黒石森
1231.2
八幡平アスピーテライン
畚岳
1577.8
318
諸桧岳
1516
三階森
1056.1
N
1448.2
ケン岨森
八瀬森
0
1
2
3
4
5km
大深岳
関東森
1154

呂は帰陣の際、八幡宮に全軍を集めて神に感謝し、〝金碑〟を建立してお祀りすると、この地を〝八幡平〟と名付けて戦勝を祝いました。

八幡平には田村麻呂の建立した〝金碑〟があると伝えられますが、〝金碑〟は目の前に偶然《ぐうぜん》に現れるものの、2度見ることも探し出すこともできないと伝えられています。

90［岩手県 八幡平市（八幡平）］

八幡平の名の由来

● はちまんたいのなのゆらい

延暦《えんりゃく》16（797）年、東北地方の蝦夷征伐の命令を朝廷から受けた征夷大将軍の坂上田村麻呂が、多数の軍を引き連れて東北地方を攻めてきた時のことです。

岩手山の山中では、その頃、大猛丸《おおたけまる》を大将とした蝦夷《えみし》勢力が立て籠もっていました。将軍は、この賊軍を征伐するため、家来の源太忠義《げんたただよし》、忠春《ただはる》の兄弟に、岩手山中の賊軍の様子を探るように命令しました。命を受けた2人は八幡平の密林をくぐり抜けると、八幡平頂上付近で広く眺められる小高い山に登って敵を偵察しました。この場所が〝源太森〟と呼ばれている場所です。

この2人の偵察で敵の居場所を知った将軍は、総攻撃をかけて、敵の大将を討ち取ると勝利を収めました。敗走した賊軍の兵たちは、登鬼盛《ときもり》を新大将に、鹿角で陣容を整えると、勢いを盛り返して、再び八幡平方面へ進攻してきます。

将軍は、再びこれを討ち滅ぼすため、源太兄弟を先鋒に岩手方面から八幡平へ進みました。そのとき、将軍は、八幡平頂上付近で、瑠璃色《るりいろ》のきれいな水を湛《たた》えた沼や、美しい高山植物の花が咲いている場所を発見し、その美しさに大いに感動したのです。そして、まるで神様が住んでいる様《よう》な場所だと思い、全ての兵をその場所に集めると戦《いくさ》の神様である〝八幡大菩薩〟に必勝祈願しました。

このことで、さらに勢いを得た官軍は、賊軍を迎え討《う》ち破って、焼山付近へと敵を追撃します。そして、焼山の鬼ケ城付近において登鬼盛を討ち取ったのを最後に、賊軍を滅亡させました。

勝った将軍達は、帰りに再び八幡平の山頂に登り、〝八幡大菩薩〟に戦勝報告して感謝のお参りをしました。そして、将軍はこの山を八幡様への感謝を込めて〝八幡平《はちまんたい》〟と名付けたのです。

これが八幡平の名の起こりであると伝えられています。

91 八幡平の伝説

［岩手県 八幡平市］

はちまんたいのでんせつ

延暦《えんりゃく》年間（782〜805年）、東奥の地には豪族の専横《せんおう》（※406）夥《おびただ》しく、中央（京都）の威令《いれい》が行われず、民生の安定は言うに及ばず所謂未開《しょせん》の地であった。

中でも〝大武丸《おおたけまる》〟なる豪族は特に強力で、〝高丸《たかまる》・悪路《あくろ》〟なる配下を始め、多数の部下を擁《よう》し、朝命に服せず霧山岳《きりやまだけ》（岩手山）に根拠して近隣一帯に亘り謀略《ぼうりゃく》の限りを尽くし、民心をして極度の不安に陥《おと》らしめていた。

霧山岳（岩手山）は当時火山活動期にあり、その噴煙《ふんえん》のために山相を表すことは極めて希であったため、当時は霧山岳と呼称されていたという。

面して東奥の地は冬季寒冷で普通の場所では凌《しの》ぎ難かったので、温泉湧き、地熱高い今の岩手山に居を構えたといわれる。

かくして人心の不安は日に増し高まり、このことが京都にまで聞こえ、ここに〝坂上田村麿（※407）〟の大武丸討伐の議が起こるに至った。

即ち延暦《えんりゃく》16（797）年、勅命を捧じた田村麿は、長駆《ちょうく》（※408）北上し、奥州・森ヶ岡（盛岡）付近（本宮）に布陣し、先ず以て奥羽54郡に亘り100社の神社を勧請した。

森ヶ岡(盛岡)付近一帯の賊の討伐は、比較的容易に討伐できたが、本拠地岩手山に屯する賊は数に於いて、圧倒的優勢で容易には攻略し得るべくもなかった。

そこで田村麿は〝霞ヶ源太忠義《かすみがげんたただよし》〟、〝忠春《ただはる》〟の2名に若干の兵を付けて物見を命じた。忠義一行は岩手山を裏から偵察すべく密かに魔地川《まちかわ》(松川)深く入り、ここから西北方に登り一高峰に達し、賊の本拠を偵察したところ、討伐困難なる事が分かり、早速これを本陣に報告した。

即ちこの偵察に登った一高峰は、以来〝源太岳〟と称するようになった。

また今の松川、及びその上流・赤川を魔地川と称したのは、この辺り一帯には賊徒の出没著しかったので地方民からは、魔地《まち》と呼ばれ、そこから来る川を魔地川と呼んで恐れていた、また、これより下流の所を魔地尾《まちお》(松尾)と称し、若干の土民が生活していた。

さて、忠義一行の報告を受けた田村麿は、岩手山攻略の作戦を変更し、県道盛岡秋田線(国道46号線)に沿って兵を進め、一部は今の鬼越坂方面に道を取り雫石方面に兵を進めた。

今の〝大釜《おおがま》〟なる名称はその時の兵駐屯地として、大釜を据えて兵糧《ひょうろう》(※409)を炊いた故に起こった地名ともいわれる。また、鬼越坂方面に進んだ兵は、ある峠にさしかかった際、賊徒は一夜にして逃亡したので〝鬼越峠《おにこしとうげ》〟と命名したという。

ここに於いて田村麿は兵を三分し、一隊は現在の雫石口登山路を御神坂沢に沿って頂上に向かはしめ、本体は網張口より他の一隊は御明神村橋場方面に夫々向かはしめた。……
……かくして岩手山に本拠を構える大武丸を一掃したので、田村麿は手勢をまとめて本陣に凱旋し、休養をとると、共に次の作戦に備えるのであった。

大武丸配下の賊主・高丸悪路一族はたまたま南方達谷窟《たっこくのいわや》(平泉町)に蟠居《ばんきょ》していたので、田村麿は全軍纏めてこれを討つべく南下した。かくして森ヶ岡(盛岡)付近には討伐軍が不在となったので、岩手山にあった残賊は再び勢いを得て、今の松尾、西根町田頭付近に横暴を極めるようになった。

松尾村に寄木なる部落があり、大字名をなしているが、この〝寄木《よりき》〟は、賊の集結に由来したもので〝寄鬼〟から転化したものといわれている。また、同村の〝鬼清水《おにしぢ》〟は〝鬼死地〟の転化なりといふ。

而《しこう》してこの辺に再蜂起した者は、達谷窟の首領・高丸悪路の長子・登鬼盛《ときもり》なる者で、その凶悪振りに恐れた村民は、使いを南方達谷窟に送り再度の討伐を乞うた(東日本旅客鉄道花輪線・松尾八幡平駅付近を〝時盛〟と称しているが、これは登鬼盛の生活の本拠であったことにその名称が由来しているという)。

さて、達谷窟の高丸悪路を難なく討った田村麿は、破竹の勢いで再び北上して来た、かねて田村麿の知謀とその軍隊の勇猛を知る登鬼盛は、山を攀《よ》ぢ(※410)、谷を越えて西北方鹿角郡方面に逃亡した。

この方面には討伐軍は全く地理不明であったので、前記、霞ヶ源太兄弟を再び物見として先発せしめる事とした。

併《しか》し源太兄弟は行く程に熊笹《クマザサ》は深くなり、前進を阻《はば》まれたので、嘗《かつ》て岩手山を偵察した事のある一高峰（源太ヶ岳）に登って見た処、北方に当って一つの高地が見え、而《しか》も立木も少なく熊笹《クマザサ》も繁なく、鹿角方面に行くには唯一の進路と見たので、源太兄弟は勇躍して峰伝いに道を拓り開き、長い苦労の後、目指す高地に到着した。山相を見ると山は高原状をなし、丈の高い立木もなく、自然の松・大白檜曽《おおしらびそ》（※411）は枝振り面白く、山草の花爛漫と咲き乱れ宛然神の国の如くで、中央には鏡のごとき大小の湖水2つあり、湖畔には水鳥遊び、洵《まこと》に幽寂の湖をなしていた。

この有様を見た源太兄弟は、これは必ず普通の山ではあるまいと尚も頂上一帯を探査したるに、北東の一角に突き出せる岩山があるので登ってみると、北奥一帯を一眼に見渡すことの出来る場所で賊徒の隠城征伐上洵に有利な場所であることを確認し、物見の将兵共にその絶景に讃を久ふしたのであった（この位置を源太森と称す）。

ここに於いて源太兄弟は、此の地は天下如何なる名園と雖《いえど》も遠く及ばない神秘境なりとし、早速湖畔に降りて将兵一同を清め、戦いの神なる應神八幡大神宮を勧請し、戦勝を祈願すると共に、本隊に連絡し全軍を迎え八旗を立てて、八旗神社と称《とな》へ、討伐軍遠征のために武運長久を祈願し兵力少な味方の士気を鼓舞するのであった。

時に桓武天皇《かんむてんのう》(第50代)の御代、延暦《えんりゃく》23(804)年10月の中旬あったという。

かくして討伐軍はこの高原各地の残賊徒の隠遁平定《いんとんへいてい》したが、西方焼山なる地に残賊尚も蟠居《ばんきょ》する山、物見の兵より通報があったので、高原本地から精兵を進め難なくこれを完全に一兵無きまでに平定した。

現在の焼山外輪山の鬼ヶ城は、この時の残賊の最後の占拠なりという。田村麿将軍は征夷大将軍を拝命し、大凡《おおよそ》8ヶ年に亘り北奥夷賊の征伐に専心し、その間4回も皇都往復し遺憾無き処置を取り、今は既に一賊も残さず平定して任務を完了したので、再び彼の名勝の地、高原に全軍を集め、先に祀った八旗神社に対し、その神徳を謝すると共に東征記念のため〝金牌〟を建立して凱旋の祭りを盛大に行われたと言う。この忘れ難き天下の勝地を去るにあたり、田村麿は〝八幡平〟と命名して凱旋した。

その後、此の地を〝八幡平〟と称するようになりました。

92

後生掛温泉由来

［秋田県 鹿角市（後生掛温泉）］

●ごしょうがけおんせんゆらい

〝後生掛温泉《ごしょうがけおんせん》（※412）〟は、秋田県鹿角市（陸奥国《むつのくに》、明治以降は陸中国《りくちゅうのくに》）の温泉で、岩手県と秋田県境の八幡平（火山）山頂から少し西側に位置し、八幡平アスピーテライン沿いにあります。

ここに次のような説話が伝わっています。

オナメ・モトメはこの地方の言葉で〝妾《めかけ》〟と〝妻《つま》〟のことです。

1人の男に後生を掛けて祈りながら、地獄谷に身を投げた2人の女の伝説から、この〝後生掛〟の名がつきました。

江戸時代の宝永《ほうえい》年間から寛政《かんせい》年間の頃（1704～1801年）、三陸生《う》まれの若者・九兵衛が地獄谷の尻（隅《すみ》）に牛を飼って住み着いていましたが、3年目の夏に生死を彷徨《さまよ》う重病に冒《おか》されてしまいます。そこに、恐山《おそれざん》に向かう巡礼の若い女性が通りかかると、見過ごすわけにもいかず、佛心《ぶっしん》を込めて看病《かんびょう》してくれたため、九兵衛は全快して、同情と敬慕《けいぼ》に結ばれた2人は幸福な3年を過ごしました。

ところが九兵衛には、三陸・久慈《くじ》（岩手県）に許嫁《いいなずけ》（※413）があったのです。出発後に生まれた子供は、既《すで》に7歳になっていました。この子のためにもと思った妻は、夫を迎えるため故郷を後にします。

妻が夫のもとにやっと辿《たど》り着くと、顔を合わせた3人の夜は、各々《おのおの》の苦悩のまま鶏鳴《けいめい》(※414)に明けて、気が付くと巡礼の姿がありません。

妻は予感を辿ると地獄谷大石の側に草鞋を見つけました。女として女を知る妻は、その場で号泣します。そして妻もまた、夫の声を背に聞きながら、後生を掛けて地獄谷に身を投げてしまいました。

その後、地獄谷を訪れる人は、ここをオナメ(妾)、モトメ(本妻)と呼んで、この地を〝後生掛《ごしょうがけ》〟と呼ぶようになりました。

93 後生掛温泉由来　ごしょうがけおんせんゆらい

［秋田県 鹿角市(後生掛温泉)］

昔、三陸《さんりく》生まれの若者・九兵衛が地獄谷《じごくだに》の尻(端、隅《すみ》に)に牛を飼って住み着いていましたが、3年目の夏に生死を彷徨《さまよ》う重病《じゅうびょう》に冒《おか》されました。その時、恐山に向かう若い巡礼が通り掛かり、仏心を込めて看病《かんびょう》したので、九兵衛は全快《ぜんかい》し、同情《どうじょう》と敬慕《けいぼ》に結ばれた2人は幸福な3年を過ごしました。しかし、九兵衛には三陸・久慈《くじ》(岩手県久慈市)に許嫁《いいなづけ》があったのです。出発後産まれた子は7歳になっていました。子供のため、夫を迎えに妻は故郷を後にしたのです。やっと辿り着いた地獄谷で見合う3人の夜が夫々の苦悩と鶏鳴《けいめい》に明けると巡礼の姿がありませんでした。妻は予感を辿り、地獄谷大石の側に草鞋《わらじ》を見つけます。女として女を知る妻は号泣しました。そして、妻もまた夫の声を後ろに聞きながら、後生を掛けて地獄谷に身を投じました。この後、地獄谷を訪れる人はオナメ(妾)・モトメ(本妻)と呼び、この地を〝後生掛〟と呼ぶようになりました。

後生掛けて　逝きにしオナメに又モトメ　香りはつきぬ　岩の石楠花

94

オナメ・モトメ

［秋田県 鹿角市（後生掛温泉）］

おなめ・もとめ

昔、江戸時代の中頃、今の岩手県雫石《しずくいし》方面から仙岩峠《せんがんとうげ》を越えて田沢湖の生保内《おぼない》まで、牛を引いて荷物を運ぶ仕事が生業《なりわい》の〝喜平〟という若い男がいました。

ある時、喜平は沢山の荷物をいつものとおり、牛5頭に積んで運んでいました。あと少しで生保内に着くというところで5~6人の〝追いはぎ〟に襲われてしまい、喜平は荷物も全《すべ》て盗《ぬす》まれたうえ、半殺しの目に遭《あ》って道端に倒れて気絶しました。その後、喜平は旅人に発見されると、手当の甲斐《かい》があって、ようやく息を吹き返します。

怪我《けが》をした喜平は傷を治すため、体の傷や痛みに効く温泉として評判の高い〝後生掛《ごしょうがけ》〟に重い体を引きずってやっとの思いでやって来て、そこに小屋を建てて湯治をすることにしました。

ある時、全身傷と痣《あざ》だらけの喜平が、露天《ろてん》の湯から上がって横になっていた時、そこに1人の巡礼姿《じゅんれいすがた》の娘が通りかかりました。彼女は両親を亡くしたので、その供養のために、下北半島の恐山《おそれざん》や仏ケ浦《ほとけがうら》などの霊場を巡って歩いてきた後、八幡平を目指している途中だったのです。娘は、この痛々しく苦しそうな男の様子を見ると気の毒に思い、男を介護して助けてあげることにしました。

娘は毎日、手早く薬を作っては男の体に塗《ぬ》ってあげたり、身の回りのことをよく世話をしました。そのおかげで、数日すると喜平の傷もすっかり良くなり、もとの元気な体に戻ります。

やがて、2人は夫婦になり、喜平は夏には牛をひいて、湯治客の荷物を運んだり、冬はマタギ（狩猟する人）の仕事をして、仲良く幸せに暮らしました。

それからしばらくしたある日のことです。1人の女が喜平を探しにやって来ました。喜平には、以前、岩手県雫石村で荷運びをして暮らしていた頃に一緒になった妻がいたのです。その妻は、仕事に出掛けたまま戻ってこない夫の喜平を心配しながら家で待っていたのですが、いくら待っても帰ってこないために探しに出て、方々に聞き回っているうちに、後生掛に居るらしいという噂を聞いて、ここを訪ねて来たのでありました。

ところが、夫は若い娘と仲睦《なかむつ》まじく暮らしていたために、妻は、「夫の気持ちはすっかりこの娘の方に移ってしまっている。口惜《くや》しいけれども、夫の気持ちを以前のように戻して自分と一緒に暮らすことは難《むずか》しい」と悟《さと》って嘆き悲しんだ末に、地獄谷《じごくだに》と恐れられて勢いよく湯が噴き出している湯壺《ゆつぼ》に向かうとその身を投げてしまいました（自殺しました）。

そのことを知った娘は、他人の夫を盗んでしまった罪の深さにひどく苦しみ、後悔の気持ちをどうすることもできず、喜平の妻の後を追うように、その湯壺を目がけて飛び込んでしまいました。

その瞬間、ドーンという大きな音がして、2本の高い噴泉《ふんせん》（※415）が新しくできました。それから、この2つの噴泉はお互いに競争するように、ゴー、ゴボッ、ゴボッと不気味な音をたてて、熱い蒸気や熱湯を噴き続けたのです。

喜平も、自分の罪の深さと悲しい運命を嘆くと、2人の女たちを弔うために、大きな石に女たちの戒名《かいみょう》（※416）を刻んで毎日手を合わせ続けました。

それから、この2つの大噴泉を〝オナメ・モトメ（妾・本妻の意）〟と呼ぶようになりました。

また、女たちの後生（※417）のために、その後の一生を掛けて拝み続けた喜平の姿を見て、この辺りのことを〝後生掛《ごしょうがけ》〟と呼ぶようになったと伝えられています。

95

オナメ・モトメ

［秋田県 鹿角市（後生掛温泉）］

● おなめ・もとめ

ここの下の方を覗《のぞ》くと勢いよく噴出している蒸気孔《じょうきこう》や湯だまりがいくつか見られます。その中でも右手前直径2㍍《メートル》ほどの熱湯の噴出口《ふんしゅつこう》が〝モトメ（この地方の方言で〝本妻〟の意）〟と呼ばれ、その右に寄り添うようにして激《はげ》しく水蒸気《すいじょうき》を出している小さな孔が〝オナメ（この地方の方言で〝妾妻〟の意）〟と呼ばれています。ここには次のような悲しい伝説が残されています。

昔、ここで牛方をしていた若者がある日重い病気に倒れ、巡礼で立ち寄った娘の手厚い看病《かんびょう》で全快《ぜんかい》しました。やがて2人は結ばれ幸せな日々を送るようになりました。しかし、この若者は岩手県の久慈に妻と子供を残していたのです。ある日、風の便りを聞いた妻がやってきたことによって悲劇《ひげき》が訪れました。巡礼娘は妻と子の幸せを祈り、ここに身を投じてしまい、さらに、清く美しく身を引いた巡礼娘の心に打たれた妻も、夫の声を後に聞きながら、後生を掛けて身を投じたのです。その後、訪れる人はこの場所を〝オナメ・モトメ〟と呼び、この地を〝後生掛〟と呼ぶようになりました。

（後生掛自然研究路　オナメ・モトメ現地説明板より）

北上川源流伝説《きたかみがわげんりゅうでんせつ》

〝北上川《きたかみがわ》〟は、岩手県から宮城県《みやぎけん》に流れる一級河川です。北上川水系の本流で流路延長249キロメートル、流域面積1万150平方キロメートルは、東北最大で全国4番目に数えられ、日本の河川としては、勾配《こうばい》がかなり緩《ゆる》いことが特徴です。

岩手県岩手郡岩手町《いわてまち》の〝弓弭《ゆはず》の泉《いずみ》〟に源を発して（弓弭の泉は一級河川の指定上の源。源流地については諸説あります）、盛岡市《もりおかし》、花巻市《はなまきし》、北上市《きたかみし》、奥州市《おうしゅうし》、一関市《いちのせきし》などを通って北から南へと流れます。宮城県登米市《とめし》で旧北上川を分け、洪水防止のため開削された新北上川に入ると東に向きを変えて、石巻市の旧北上町地区で追波湾《おっぱわん》に注ぎ、旧北上川はそのまま南へ流れて石巻市《いしのまきし》で石巻湾に注いでいます。

盛岡市内では北上川の支流に中津川《なかつがわ》・雫石川《しずくいしがわ》・簗川《やながわ》がありますが、例年秋には中津川をはじめとして〝鮭《さけ》の遡上《そじょう》〟の様子を、冬には〝白鳥の飛来〟を見ることができます。

96 弓弭の泉伝説 〔岩手県 岩手郡 岩手町〕

● ゆはずのいずみでんせつ

平安《へいあん》時代の天喜《てんぎ》5（1057）年6月、源頼義《みなもとのよりよし》、義家《よしいえ》父子が率《ひき》いる朝廷軍は、この地方の豪族・安倍氏《あべし》を討つために軍を率い、北へと進軍していましたが、打続く炎暑に兵馬とも疲弊《ひへい》（※418）して、士気も上がりませんでした。

源義家はふと思い立ったように、周囲が見渡せる小高い山（一説では岩手町水堀の鞍掛山《くらかけやま》）に登ると、遥《はる》か前方に巨大な杉の木を見つけて、お祈りしました。一説によると義家が天に向かって矢を放つと、大杉の根元に刺さったともいわれています。

源義家は森の中へと兵を進め、手にしていた〝弓の弓弭《ゆはず》（※419）〟で矢の刺さった大杉の根元を突くと、俄《にわか》に清水が湧き出してきました。兵馬ともその清水に有り付《あつ》いて、皆生き返ったように元気になり、安倍氏を討《う》って、のちに〝前九年《ぜんくねん》の戦い〟と呼ばれる長く続いた戦乱を鎮圧《ちんあつ》したといわれています。

義家が〝弓弭〟で突いて湧き出た清水は〝弓弭の泉〟として人々から崇《あが》められ、涸《か》れることなく御堂観音（北上山新通法寺正覚院）の境内に静かに湧き出でて、北上川の源泉として悠久《ゆうきゅう》の流れとなっています。

類話 96の1

〝北上川〟を文献に見る初見は『吾妻鏡《あづまかがみ》』文治《ぶんじ》5（1189）年9月27日条。平泉征戦を終えて、鎌倉に帰還する直前、源頼朝は安倍氏の旧跡、衣川館跡を巡見した。その時の記事に「四、五月に至るも、残雪消ゆるなし。よって駒形嶺と号す（東稲山）。麓に流るる河あり。是れ北上河なり」とある。北上川の呼称の由来について、この川の源流と伝承している御堂観音正覚院縁起は、前九年の戦いに、源頼義が巨木の根本を弓弭《ゆはず》で突き、湧出した清水で兵士を救い、その水が加美川《かみがわ》（神川）に流れ込むので、これを北加美川（北神川）というと伝える。しかしこの縁起では北加美川のもとになる加美川の説明がないので、この伝承だけでは十分ではない。古代史料は、この北上川は、日高見川のなまりと考えるべきことを示唆している。

『日本書紀』景行天皇《けいこうてんのう》27（97）年2月12日条、武内宿禰の奏言に「東夷の中、日高見国あり。その国人、人となり勇悍。是れすべて蝦夷《えみし》という」とあり、日高見国は蝦夷国のこと。ただし、蝦夷とは、政府側から悪意を込めていうのに対し、日高見国は、彼らの誇り高い国名であった。日高見川は日高見国の川である。北上川は、エゾ語の本来の形を留《とど》めたものであり、その川が全長の3分の2を流れる岩手県は日高見国本国ということができる。

97

弓弭の泉　●　ゆはずのいずみ

［岩手県 岩手郡 岩手町］

〝弓弭《ゆはず》〟とは弓の〝弦《つる》〟を掛ける部分のことで、岩手郡岩手町《いわてまち》の〝弓弭の泉〟は、盛岡市中央部を流れる〝北上川《きたかみがわ》〟の源泉として知られています。

平安時代の天喜《てんぎ》５（１０５７）年６月のこと、岩手県は朝廷軍と地元の豪族・安倍氏との戦乱の渦中にありました。朝廷軍の源頼義《みなもとのよりよし》・義家《よしいえ》父子は、安倍貞任《あべのさだとう》を追って北へ兵を進めていましたが、日照り続きで兵馬ともに疲れきっていました。「水が欲しい」と誰もが思う最中《さなか》、義家は岩手町水堀《いわてまちみずほり》の鞍掛山《くらかけやま》に登り、遥《はる》か前方に杉の巨木を見つけると、天に向けて矢を放ったと伝えられています。「天よどうか我らを導き給《たま》え。観音様どうか水をお恵みください」と願いを込めて……。

矢は大杉の根本に刺さり、義家はその森の中に兵を進めて、探し当てると手にしていた弓の先（弓弭）で杉の根本を突きました。すると清水が湧き始め、炎天下に苦しんでいた兵馬の喉《のど》を潤《うるお》すことができたのです。その後も数年間、戦いの日々が続きましたが、康平《こうへい》５（１０６２）年に安倍貞任《あべのさだとう》は討ち取られて、〝前九年の戦い〟と呼ばれる戦乱が終息したのです。その帰り道で、その泉に立ち寄ると、自分の髻《もとどり》（※420）の中から１寸《すん》２分《ぶ》（約３・６センチメートル）の金銅仏の千手観音（河内国壺井《かわちのくにつぼい》・現大阪府羽曳野市《おおさかふはびきのし》の通法寺《つうほうじ》より求めたもの）を取り出して、戦勝の御礼とともに御堂を造ってお祀りしたことが〝御堂観音《みどうかんのん》〟の縁起であり、〝御堂《みどう》〟という地名の発祥にもなっています。このことから〝新通法寺《しんつうほうじ》〟と名付けられました。この観音像を安置した際に寄進したという〝陣中釜〟は、今も堂内に保管されています。

また、この場所は大同《だいどう》2（807）年に坂上田村麻呂《さかのうえのたむらまろ》が進軍した時、自ら立木に丈六《じょうろく》（高さ約4・85メートル）の十一面観音を刻んで、戦勝祈願をした場所であるという説もあります。

観音像は、どういう経緯によるものか、豊臣秀吉《とよとみひでよし》公の持仏となり、蜂須賀小六《はちすかころく》が拝領、その後宝永《ほうえい》7（1710）年に、徳島藩主・蜂須賀隆長《たかなが》の娘である春子の方が南部家32代利幹《としもと》公に輿入《こしい》れすると、その際にこの像を持参したので、百数十年振りに南部の地に戻ったものともいわれています。

98 北上山御堂観音堂・北上川源泉地

［岩手県 岩手郡 岩手町］

きたかみさんみどうかんのんどう・きたかみがわげんせんち

俗に〝御堂観音〟と称せられている〝天台宗北上山新通法寺正覚院《しょうがくいん》〟は大同《だいどう》2（807）年6月坂上田村麻呂将軍が祈願所として建立されたといわれ、その一族である僧・了慶が開基と伝えられている。

天喜《てんぎ》5（1057）年6月、安倍頼時《あべよりとき》征伐の為、源頼義《みなもとのよりよし》、義家《よしいえ》父子が馬を進めた折、打続く炎暑に苦しみ、岩手郡平定もはかどらず、本国を伏拝み救世祈念、義家が〝弓弭《ゆはず》〟をもって岩をうがち泉を得たと言われ、今尚清水が湧き出て〝北上川の源泉〟をなしている。伝えられている処によると、その際に寄進したという〝陣中釜〟は今も御堂にあり、本堂の千手観音像は南部氏（盛岡市）が此地を領した際、守り本尊として当院に保存管理、今日に及んでいる。また御堂脇にある〝大杉〟は、千二百余年の風雪を生き抜いた県下有数の老木として賞せられている。

99 北上山御堂縁起

［岩手県 岩手郡 岩手町］

● きたかみさんみどうえんぎ

當《（当）》山は大同《だいどう》2（807）年、坂上田村麻呂将軍の創建にかかる勅願《ちょくがん》の名刹《めいさつ》・正覚院《しょうがくいん》といわれ、本尊十一面観音、奥州三十三番中三十二番の霊場である。

（御詠歌）**よしあしを何といわでの岩つつじ　まよいをてらせ救世の誓いに**

其後、天喜《てんぎ》5（1057）年旧6月源頼義《みなもとのよりよし》、義家《よしいえ》父子が安倍頼時《あべのよりとき》、貞任《さだとう》、宗任《むねとう》等を討伐《とうばつ》（前九年《ぜんくねん》の戦い）の際観音の霊験によって清水を得大勝を博したので感謝のため一字を建立して義家の念持佛、黄金の千手観音像を安置し新通法寺と称した。この清水は弓弭の清水と名付けられ北上川の源流となり御堂村の名も生まれたといわれる。戦国時代（天正《てんしょう》の頃・1573～1592年）に一時行方不明の観音様が羽柴秀吉（豊臣秀吉）の持佛となっていたところ蜂須賀小六正勝、抜群の戦功あり秀吉から恩賞として正勝に下賜され、以来、蜂須賀家の至宝として代々の崇敬厚かったが、宝永《ほうえい》7（1710）年11月徳島藩主・蜂須賀飛騨守隆長の姫、春子の方が南部32代利幹《としもと》公の奥方として入輿の時に持参せられ奇しくも百数十年ぶりで再び南部にお国入りとなったのである。

爾来南部家では城中奥深く代々の大守自ら鄭重《ていちょう》に祭祀を司《つかさ》どられる習《なら》わしとなって今日に及んだ。

この御本尊の徳島時代に同藩の危急を救われた不思議の霊験あり〝はらみ観音〟の名で愈々尊崇を受け南部藩においても屡々《しばしば》御利益を現され、其のほか信仰、祈願の者に対する功徳利生の実例も数多く従って賽者後を絶たず現在に至っている。

100 靫の清水 ［岩手県 盛岡市］ ● ゆぎのしみず

〝靫〟とは〝ゆぎ〟と読み、古くは〝ゆき〟と発音していたようです。〝靫〟とは、矢を入れて背に負う筒状の道具（矢筒《やづつ》）で、古墳《こふん》時代からあったといわれ、平安《へいあん》時代以後は〝壺胡簶《つぼやなぐい》〟と呼ばれて、儀仗用《ぎじょうよう》になったとされています（軍事のために用いられる武器・武具を兵杖《ひょうじょう》と呼ぶのに対して、儀礼用のものを儀仗と称します）。

現在、古代城柵の志波城跡《しわじょうあと》が位置する場所は古くから〝方八丁《ほうはっちょう》〟と呼ばれてきましたが、前九年の戦い（永承《えいしょう》6・1051〜康平《こうへい》5・1062年）の時には、源頼義・義家の陣場と伝えられていて、〝八幡殿陣場《はちまんどのじんば》〟と呼ばれています。この近くには〝下太田八幡神社〟があり、〝林崎《はやしざき》〟という地名から〝林崎八幡宮〟とも呼ばれています。

むかし、この八幡宮の近くに〝靫《ゆぎ》の清水《しみず》〟という湧水があったといわれています。源氏軍が方八丁に滞陣して厨川の安倍氏を攻撃しますが、日照りが続いて軍兵が苦しみました。すると義家は〝御堂観音《みどうかんのん》（岩手町）〟に祈願して、北上川の源泉といわれる大杉の根元の清水を〝壺〟に汲み取ってくると、この八幡宮の傍《かたわら》に埋めました。すると、ここからも泉が湧き出したと伝えられています（〝壺胡簶〟に水を汲んだため〝靫の清水〟か?）。

源氏が安倍氏を滅ぼすと、『陸奥話記《むつわき》（※421）』には〝義家その兜に蔵する八幡宮をこの地に祭祀し、兵士を鼓舞した地である〟と記されています。

注釈

本文中（※1〜421）の単語の解説

北東北三県（青森・秋田・岩手）の説話

八郎太郎三湖伝説

1　**琵琶湖【びわこ】**滋賀県《しがけん》にある日本で最大の面積と貯水量を持つ湖。

2　**主【ぬし】**その場所などを支配・統率する人。あるじ。

3　**大潟神社【おおがたじんじゃ】**秋田県八郎潟の大潟村（昭和《しょうわ》39・1964年、八郎潟の干拓《かんたく》により成立）に所在。村民の要望により昭和53（1978）年11月に建立。

4　**成因【せいいん】**できあがるための原因。

5　**カルデラ湖【かるでらこ】**火山の活動によってできた凹地（カルデラ）に水が溜まってできた湖。

6　**米代川【よねしろがわ】**主に秋田県北部を流れ、日本海に注ぐ米代川水系本流の一級河川。東北地方第5の大河で、県内でも流域面積が雄物川《おものがわ》に次ぐ。語源は〝米のとぎ汁のような白い川〟。米代川源流地区（岩手県八幡平市田山）のだんぶり長者の〝米の研ぎ汁〟とする伝説もある。また、延喜《えんぎ》15（915）年、十和田湖火山が大噴火を起こした際の火砕流や火山灰で白く濁《にご》った川の色を表現したとの説も。この大噴火は毛馬内・大館・鷹巣・二ツ井に大量の火山噴火物を流出し、堰《せ》き止め湖を造り、大量の軽石を堆積《たいせき》させた。これらによって、米代川の流れは影響を受け、低地に建てられた建物は土砂に埋まり、人々は高台に避難する大災害となる。胡桃館遺跡や七座山天神貯木場から発見された遺跡は、この時に埋没したと考えられる。文献による被害の記録は全く残っておらず、三湖伝説にその記憶を留めたと考察されている。

7　**扶桑略記【ふそうりゃくき】**寛治《かんじ》8（1094）年以降の第73代・堀河天皇《ほりかわてんのう》の時代に、京都・比叡山功徳院《ひえいざんくどくいん》の僧・皇円《こうえん》（法然《ほうねん》の師）

が編纂《へんさん》したとされるが、異説もある。

8　**出羽国**【でわのくに】山形県《やまがたけん》と秋田県《あきたけん》を占《し》めた旧国名。

9　**桑の葉**【くわのは】桑はクワ科クワ属の総称。葉は養蚕《ようさん》による蚕《かいこ》の餌《えさ》として古来重要な作物。果樹としても利用。

10　**南祖坊**【なんそぼう】南《なん》の祖坊《そぼう》、南祖坊《なんそのぼう》とも。南蔵坊、南草坊、難蔵坊、南宗坊などの異名がある。

11　**長崎七左衛門**【ながさきしちえもん】［享保《きょうほう》16（1731）―文政《ぶんせい》3（1820）］久保田藩《くぼたはん》（秋田藩）七日市村の肝煎《きもいり》。

12　**七座山**【ななくらやま】もとは八座山であった（八つの峰があった）とされる。能代市二ツ井町のきみまち阪《ざか》にある七つの峰。各峰には神様が鎮座。米代川は七座山を迂回するように蛇行している。★注釈番号153参照。

13　**アイヌ語**【あいぬご】日本とロシア等に居住するアイヌ民族の言語。

14　**古事記**【こじき・ふることふみ】日本最古の歴史書。序によれば、和銅《わどう》5（712）年に太朝臣安萬侶《おほのあそみやすまろ》（太安万侶とも表記）が編纂《へんさん》し、元明天皇《げんめいてんのう》（第43代・女帝）に献上。

15　**八俣遠呂智**【やまたのおろち】（古事記の表記）その姿は目は赤いホオズキ、頭と尾が八つ、身体にはカズラや檜《ひのき》、杉などが生えていて、長さは八つの谷と丘に届くほどあって、腹は常に血が滲《にじ》んで爛《ただ》れているという。

※〝八つ〟の表現は実数ではなく、多いことを表すとも。日本書紀では〝八岐大蛇〟と表記。★注釈番号24参照。

1　須佐之男命の八俣遠呂智退治

参考　島根県松江市 八重垣神社御由緒より

「早く出雲の八重垣様に、縁の結びが願いたい」という歌は、出雲においては最も古い民謡の一節で、八岐大蛇退治で、名高い高天原第一の英雄・素戔嗚尊と国の乙女の花と謳われた稲田姫命との結婚物語の神話にゆかりの最も深いのが出雲の縁結びの大神として知られる八重垣神社で、御祭神も素戔嗚尊と御妃《おんきさき》、稲田姫命の御夫婦がお祀りしてあります。大国主命の親神様であります。

素戔嗚尊が出雲の斐の川上に来られた時、稲田姫を中に老夫婦（脚摩乳《あしなづち》、手摩乳《てなづち》）が泣いておられる様を御覧になって、その理由を御聞きになり、悪者・八岐大蛇を退治して稲田姫を御救いなされたのであります。この時素戔嗚尊は、稲田姫を斐の川上から七里を去った佐草の郷、佐久佐女《さくさめ》の森（現境内・奥の院・鏡の池のある森）の大杉を中心に八重垣を造って姫を御隠しなされ、八岐大蛇を御退治になってから、御両親の脚摩乳・手摩乳の御許しを得て、「いざさらばさらば連れて帰らむ佐草の郷に」という、出雲神楽歌にもある通り、佐草の地に宮造りされて「八雲立つ出雲八重垣妻込めに　八重垣造る　その八重垣を」という妻を娶《めと》った喜びの歌を詠われて御夫婦の宮居とされ、縁結びの道をお拓きになったのであります。即ち天《あま》つ神《かみ》（素戔嗚尊）、地《くに》つ神《かみ》（稲田姫命）の二方《ふたかた》が脚摩乳、手摩乳の承諾を得られた、正式結婚の初めの大神で出雲の縁結びの大神として、本家、本元の大祖神《おおおやがみ》様であります。「わすれしゃすんな八重垣様に、縁を結んだそのはじめ」と、古くから民俗信仰の厚い古社であり名社であります。

参考　天照大御神《あまてらすおおみかみ》

須佐之男命と月読命と合わせて三貴子とし、その第一神。

〝天照〟とは、文字通り〝天に照り輝く太陽〟を意味します。その名に象徴されるように太陽神の女神であり、同時に日本の皇室の祖神としても祀られています。

垂仁天皇のとき、倭姫命を御杖代（杖代わりとなって奉仕する者）として皇居を離れ、今の伊勢神宮に鎮座したとされます。

太陽のエネルギーは、地球上の生命にとっては絶対に必要なもので、太陽の光がなければ人も動植物もすべて生きていくことができません。そういう太陽を人類がおそれ敬う心をもつのは当然のことで、こうした太陽信仰は、世界中にあります。日本では古くから太陽を「日の神」として信仰し、天照大神も「日の神」から発展した神霊と考えられます。

天照大神は、イザナギ命が日向《ひむか》（宮崎県）の阿波岐原《あわきはら》の海で全身を清め、最後に左の目を浄めた時に生まれた神です。美しい日の神の誕生を大いに喜んだイザナギ命は、自分の首にかけていた玉飾りを天照大神の首にかけてやり、「お前は高天原を支配しなさい」と命じました。このとき一緒に生まれたのが夜を支配する月読命と、地上空間と海を支配する須佐之男命である。こうして天照大神は高天原に住み、そこで田畑を耕し、養蚕を興して絹糸の生産法や織物の技術を授け、最高司令神として八百万の神々を統治した。

このように農耕生産と深く関わる性格を持つ天照大神が、太陽の女神であることを象徴するのが天岩戸神話です。高天原における須佐之男命の乱暴狼藉を恐れた天照大神は、天岩戸（洞窟）に身を隠してしまう。すると世の中は太陽を失って闇となり、悪霊が暴れまわって悪さをし、世界中に災いが起こった。困った高天原の神々は、天岩戸の前にさまざまな供え物をし、みんなで集まって騒いで大笑いをして大神の関心を誘った。その騒ぎに興味を持った大神が天岩戸から出てきた。すると世界に光が満ちあふれ、悪霊も鎮まり一切の災いも消え去りました。

天照大神は女神であるが、一方では力強い男性的な性格も秘めています。『古事記』には、それを象徴する話があります。地上から乱暴者の須佐之男命が高天原の天照大神を訪ねて来たとき、大神は「高天原の支配権を奪いに来た」と警戒してすぐさま武装して対峙《たいじ》しました。髪を角髪《みずら》という男の姿に結い直し、左右の手にも五百もの曲玉を糸に通した長い飾りを巻いた。千本の矢が入る靫《ゆぎ》を背負い、五百本の矢が入る靫を腹に抱えて、強弓を手にしました。地面を蹴散らかして須佐之男命を威嚇《いかく》します。この勇ましい天照大神の姿は、まさしく男性武人そのもので、美しい女神から男性的な武神への変身は、古代における武力や軍事力の象徴として、古代の王権において国土平安の守護神としても信仰されました。

16 **須佐之男命【すさのおのみこと】**正しくは〝建速須佐之男命《たけはやすさのおのみこと》〟。日本書紀では〝素戔嗚尊〟と表記。この名前は、タケは勇敢、ハヤは勢いがあること、スサも止まるところを知らず〝荒れすさぶ〟ところからきている。『古事記』では禊《みそぎ》をする伊邪那岐《いざなき》の鼻から生まれたとされ、天照大御神と月読命の日月に対し、風雨の神とされる。

17 **根之堅州國【ねのかたすくに】**日本神話に登場する異界。『古事記』では〝根之堅州國〟、〝底根國《そこつねのくに》〟、『日本書紀』では〝根国《ねのくに》〟、祝詞《のりと》では〝根《ね》の国底《くにそこ》の国《くに》〟〝底根《そこね》の国《くに》〟と記される。根の国は、その入口を黄泉の国と同じ黄泉平坂《よもつひらさか》としている記述が『古事記』にあり、一般には根の国と黄泉の国は同じものとも考えられるが、根源の堅い砂の国という意味もあり、6月晦の大祓の祝詞では海底にもつながる地下世界でありながら、草原の広がる台地をもち、死者の住まう黄泉の国とは性格を異にする。

18 **高天原【たかまはら】**（たかあまはら、たかあまのはら、たかのあまはら、たかまのはら、たかまがはら）『古事記』に含まれる日本神話および祝詞《のりと》において、天津神《あまつかみ》が住んでいる場所。

19　**天の岩屋**【あまのいわや】日本神話に登場する、岩でできた洞窟《どうくつ》。天戸《あまと》、天岩屋《あまのいわや》、天岩屋戸《あまのいわやと》ともいい、〝岩〟は〝磐〟〝石〟とも表記。

20　**世界に闇が訪れ**【せかいにやみがおとずれ】太陽神である天照大神が岩屋に隠れ、世界が真っ暗になる。そのため悪い神々が暴れるようになった。

21　**肥の河**【ひのかわ】＝斐伊川《ひいかわ》は、島根県東部および鳥取県西部を流れる一級水系斐伊川の本流。『古事記』に肥河《ひのかわ》と記述。

22　**鳥髪**【とりかみ】高天原《たかまはら》から追放された須佐之男命《すさのおのみこと》が降り立った地。仁多郡奥出雲町鳥上地区。付近には斐伊川《ひいかわ》の源流である鳥上山《とりかみやま》（船通山《せんつうざん》）がある。

23　**高志**【こし】北陸地方のこと。

24　**八つの頭**【やっつのあたま】古事記には〝八つの頭〟と記されていますが、八俣遠呂智の〝八俣〟からは〝九頭〟とも考察できる。〝八つ〟の表現は実数ではなく、数が多いことを表すとも。

25　**爛れて**【ただれて】炎症などのために皮膚や肉が破れ崩れた状態。

26　**強い酒**【つよいさけ】濁《にご》り酒。口の中で噛《か》んで作った特別な酒。この説話により、日本酒発祥とされる。

27　**立派な剣**【りっぱなつるぎ】草薙剣《くさなぎのつるぎ》のこと。熱田神宮の神体。この剣は異名として、〝天叢雲剣《あめのむらくものつるぎ》〟〝草那芸之大刀《くさなぎのたち》〟。天照《あまてらす》の孫・邇邇芸命《ににぎのみこと》が天から地上へ降りるときに授けられ、伊勢神宮に祭られた後、日本武尊《やまとたけるのみこと》が東の国々を平定するときにも使われたという。天皇家の八咫鏡《やたのかがみ》や八尺瓊勾玉《やさかにのまがたま》と共に三種の神器。

28　**天照は「吾天の岩戸……落とした剣なり」と仰せられました**【あまてらすは「われあまのいわと……おとしたつるぎなり」とおおせられました】『伊吹神社由緒記（源平盛衰記由来）』による。素盞烏尊が八岐の大蛇を十塚の剣を抜いて斬り玉うに尾から一剣（草那芸《くさなぎ》の剣）が出た。其を天照大神に奉るに大神は大いに喜んで『吾天の岩戸に閉籠りし時、近江国胆服嶽《いぶきがたけ》に落とした剣なり』と仰られた。胆服嶽＝伊吹山。滋賀県米原市、岐阜県揖斐郡揖斐川町、不破郡関ケ原町にまたがる伊吹山地の主峰で標高1377《メートル》の山。

29　**須我**【すが】島根県雲南市大東町須賀。須佐之男命は大蛇を退治した後、櫛名田比売《くしなだひめ》（『日本書紀』では奇稲田姫）と結ばれてここに、初めて宮作りをした。これが日本初之宮の須我神社で、須佐之男命を祭神とする。

30 **……その八重垣を**【……そのやえがきを】たくさんの雲が沸き立つ出雲の国の八重垣よ、妻を隠すために垣根を作ったのだ、素晴らしい八重垣を。と詠んだこの歌が和歌のはじまりとされる。

31 **出雲国**【いずものくに】旧国名。島根県 松江市出雲市（石見国の部分を除く）・大田市山口町（山口・佐津目）・安来市・雲南市・仁多郡（備後国の部分を除く）・飯石郡（石見国の部分を除く）の範囲。〝出雲〟という国名の由来は、雲が湧き上がる様子をあらわした語〝稜威母《いずも》〟という、日本国母神〝イザナミ〟の尊厳への敬意を表す言葉からきた語、あるいは稜威藻という竜神信仰の藻草の神威凛然たることを示した語をその源流とする説がある。ただし歴史的仮名遣では〝いづも〟であり、出鉄《いづもの》からきた説もある。

2 八の太郎大蛇伝説

32 **主**【ぬし】★注釈番号2を参照。

33 **八太郎沼**【はったろうぬま】八太郎は八戸市を流れる馬淵川《まべちがわ》河口の北側の地域。かつては八太郎沼、北沼などの潟湖があった。

34 **生業**【なりわい】生活を営むための仕事。家業。

35 **シナの木の皮を剥ぐ**【しなのきのかわをはぐ】シナノキ＝科の木、級の木、榀の木。（級＝マダ・マタ・マンタとも）アオイ科シナノキ属の落葉高木。日本特産種。九州から北海道までの山地に分布する。幹の直径は1メートル、樹高は20メートル以上になる。樹皮は暗褐色で表面は薄い鱗片状で縦に浅く裂けやすい。古くは木の皮の繊維で布を織り衣服なども作られた。アイヌは衣類など織物を作るためにシナノキの繊維を使った。木部は白く年輪が不明瞭で、柔らかく加工しやすいが耐久性に劣る。合板や割り箸、マッチの軸、鉛筆材、アイスクリームの篦、木彫り民芸品などに利用。この説話では、シナノキの皮を剥いでその繊維を用いて簑《みの》（ケラ）などを作った。八郎太郎は蓑の繊維（本文では〝毛〟と表現）を龍に変化させたりしている。★注釈番号121参照。

36 **岩魚**【いわな】サケ目サケ科イワナ属の魚。水の綺麗な川に棲息する小型の淡水魚。エゾイワナやヤマトイワナ、オショロコマなど約30程の種類がある。

37 **虚空蔵様**【こくぞうさま】虚空蔵菩薩《こくぞうぼさつ》。仏教界における信仰対象の菩薩の一尊。

38 **一番鶏**【いちばんどり】夜明け方、最初に鳴く〝にわとり〟。また、その鳴き声。鶏の鳴声は時を知る手段とされ、丑《うし》の刻（午前2時）に鳴くのを一番鶏、寅《とら》の刻（午前4時）に鳴くのを二番鶏と呼ぶ。天照大神が天の岩屋戸に隠れ、世界が闇になったとき、八百万神《やおよろず》が常世長鳴鳥《とこよのながなきどり》を鳴かせ、天鈿女命《あめのうずめ》に舞わせて、天照大神を呼び出す説話から、鶏は太陽を呼び出すものとされている。

3 八郎太郎三湖伝説

【1】龍になる

39 **樺や級の皮を剥いだり**【かばやまだのかわをはいだり】樺＝シラカンバ（白樺《しらかば》）の樹皮は白色で、横に長い皮目があり、薄くはがれる。この皮は油成分を含んでいてよく燃えるため、点火や松明用に用いる。または樺細工として工芸品なども作る。級《まだ》とは、シナノキのこと。マタ・マダ・マンダなどと呼称。★注釈番号35参照。

40 **岩魚**【いわな】★注釈番号36参照。

41 **主**【ぬし】★注釈番号2を参照。

【2】南祖坊との争い

42 **南祖坊**【なんそぼう】★注釈番号10参照。

43 **修行僧**【しゅぎょうそう】修行を行う僧のこと。行者《ぎょうじゃ》とも呼ぶ。

44 **弥勒菩薩の出世**【みろくぼさつのしゅっせ】弥勒菩薩は、釈迦入滅後56億7千万年に至ると、この世に出現して悩める人々を救《すく》うという。

45 **熊野山**【くまのさん】＝熊野三山《くまのさんざん》（熊野権現《くまのごんげん》）。和歌山県《わかやまけん》にある熊野三山《くまのさんざん》は、熊野本宮大社《くまのほんぐうたいしゃ》、熊野速玉大社《くまのはやたまたいしゃ》、熊野那智大社《くまのなちたいしゃ》の3つの神社の総称で、仏教的要素が濃く、日本全国に約3千社ある〝熊野神社〟の総本社です。平成《へいせい》16（2004）年に、ユネスコの世界遺産「紀伊山地の霊場と参詣道」の構成資産として登録。『日本書紀《にほんしょき》』の神代記で〝熊野〟の地名が最初に現れるのは、神産みの段の第五の一書に、火神《ひのかみ》・軻遇突智尊《かぐつちのみこと》を産んで、伊弉冉尊《いざなみのみこと》が亡くなったとき、熊野の有馬村《ありまむら》（三重県《みえけん》熊野市《くまのし》・有馬の花窟神社《はなのいわや》）に葬《ほうむ》られた記述がある。熊野3社は当初、別個に展開して、本宮は第10代・

崇神天皇《すじんてんのう》代、速玉は第12代・景行天皇《けいこうてんのう》代（『扶桑略記《ふそうりゃくき》』）、那智は第5代・孝昭天皇《こうしょうてんのう》代に〝裸行《らぎょう》〟が開基した（『熊野権現金剛蔵王宝殿造功日記』）とされているが定かではない。その後、それぞれの神が3社共通の祭神とされて、神仏習合から熊野本宮大社の主祭神の家都御子神《けつみこのかみ》または家都美御子神《けつみこのかみ》は「阿弥陀如来《あみだにょらい》」、新宮の熊野速玉大社の熊野速玉男神《くまのはやたまおのかみ》または速玉神《はやたまのかみ》は「薬師如来《やくしにょらい》」、熊野那智大社の熊野牟須美神《くまのむすみのかみ》または夫須美神《ふすみのかみ》は「千手観音《せんじゅかんのん》」として、熊野の3神は「熊野三所権現《くまのさんしょごんげん》」と呼ばれ、主祭神以外も含めて「熊野十二所権現《くまのじゅうにしょごんげん》」ともいわれる。三山はそれぞれ、本宮は「西方極楽浄土《さいほうごくらくじょうど》」、新宮は「東方浄瑠璃浄土《とうほうじょうるりじょうど》」、那智は「南方補陀落浄土《なんぽうふだらくじょうど》」の地であると考えられ、平安《へいあん》時代以降には熊野全体が〝浄土の地〟であるとみなされるようになる。

参考　熊野

熊野信仰の本拠地は紀伊国（和歌山県）の熊野にあります。熊野本宮大社、熊野速玉大社、熊野那智大社の三社があり、総称して熊野三社、あるいは熊野三山、三熊野などと呼ばれて、その神霊が熊野神です。

神武東征神話のなかで神武天皇が熊野に上陸し、奥深い山中を進軍しようとしたとき、天照大神に派遣されて道案内の役目を果たしたのが八咫烏です。カラスと熊野神の関係は古く、昔、この地に熊野神が海（海の彼方の他界）から上陸したとき、一羽のカラスが現れて道案内をしたという伝承があります。八咫烏は熊野神の使いとされて、熊野三山の護符の牛王宝印には三本足のカラスの絵が描かれ、牛王札は非常に神聖視されて、武家の主従の誓いや遊女と主人の間の約束事などを書く誓紙《せいし》としても使われたり、魔除けともされていました。この牛王札の誓紙で約束したことを破ると、その度毎に熊野三山のカラスが一羽ずつ死ぬと信じられていたほどです。

熊野本宮大社の祭神ケツミコ神は、素戔嗚尊の別名ともいわれていて、その本性は樹木神です。素戔嗚尊が多くの木種を持って天からやって来て、息子のイソタケル命と妹のオオヤツヒメ命、ツマツヒメ命に命じて熊野の一帯に植えさせた結果、この地に樹木がよく繁殖したという日本神話の事績に由来します。

イソタケル命が全国の植樹を終えると、この地に住んだことから古くは「木の国」と呼ばれましたが、のちに紀伊国になったということが『日本書紀』に記されています。

熊野速玉大社の祭神であるクマノハヤタマノオ神は、イザナギ命もしくはイザナギ命の御子のコトトケオ命（事解男之命）ともいわれます。熊野三山はそれぞれ山、滝、海という自然の神秘性を背景としていますが、他の2社がそれぞれ山と滝に関係する特徴を示していることから、速玉大神は海ということになり、実際に同社の神事は神輿を船に載せて海上を渡御し、神霊を島に渡らせます。

もう一つのクマノフスミ神を主祭神とする熊野那智大社は、古くから我が国第一の名瀑として知られる那智の滝を御神体としています。この神はイザナミ命そのものであるともされますが、別に天照大神がスサノオ尊と誓約《うけひ》をした時に生まれた大神の第5子クマノクスビ命ともされています。

この那智大社に隣接して早くから修験の道場であり、熊野山伏の本拠地として知られる青岸渡寺があります。熊野は古くから山岳信仰の聖地とされてきましたが、もとは那智の滝の神秘性から発祥したもので、平安時代になると密教が盛んになり、その影響で熊野の山岳信仰は修験道として興隆し、熊野山伏の拠点となりました。

その熊野山伏に守られて発展した熊野三山は、朝廷の厚い崇敬を受け、第16代仁徳天皇にはじまって第90代亀山天皇まで、多くの天皇、上皇、皇后、女院（天皇の生母や内親王）が熊野に行幸しました。

鎌倉・室町時代には、武家や庶民の間にも熊野信仰が広まり、多くの人々が蟻の行列のように続々と熊野の聖地を訪れる様子が「蟻《あり》の熊野詣《もうで》」などといわれる程に人気は広まりました。その背景には諸国を巡って熊野信仰を広めた御師《おし》（御祈り師または委託神職）や熊野比丘尼などの活動がありました。彼らが全国を歩いて信仰の組織を開拓し、熊野三社の神霊を勧請したのが、各地にある熊野、王子、十二所の名で呼ばれる神社となっています。

46 **願を掛けます**【がんをかけます】神仏に願い祈ること。願望を実現させるために、神仏に誓いを立てること。百度参《ひゃくどまい》り・水垢離《みずごり》・断ち物などを同時に行うことがある。

47 **満願**【まんがん】または、結願《けちがん》とは、日数を定めて神仏に祈願、または修行し、その日数が満ちることをいう。また「満願の日」というように、最終日を表す。神仏に祈った願いが叶うと満願成就《まんがんじょうじゅ》という。祈願や修行の期間は、開白《かいびゃく》・中願《ちゅうがん》（中日とも)・結願《けちがん》の3つに分けられ、結願の最終日。

48 **夢枕**【ゆめまくら】夢を見ている枕もと。

49 **鉄の草鞋**【かねのわらじ】★注釈番号119参照。

50 **法力**【ほうりき】仏法を修行して得られた不思議な力。

51 **糠塚**【ぬかづか】青森県八戸市糠塚。新井田川《にいだがわ》と馬淵川《まべちがわ》に挟まれた台地に位置する。地名由来は、往古長者が住み、地中より糠が出たという糠前伝説(柳田國男《やなぎたくにお》)が残る。寛政《かんせい》2(1790)年の高山彦九郎の『北行日記』にも〝城下を南に出て右の方長者山松茂る。上古長者が住みし所と伝ふ。今に地中より籾《もみ》ぬか出るといふ〟とある。字南糠塚および板橋からは縄文後期の土器・石器などが出土。

52 **南蔵坊**【なんぞうぼう】=南祖坊。★注釈番号10参照。

【4】柴内の八郎太郎

53 **先達**【せんだつ】山伏や一般の信者が修行のために山に入る際の指導者。せんだち。

54 **上台の白山様**【うわだいのはこさんさま】鹿角市十和田大湯白山にある白山神社《はくさんじんじゃ》・御祭神:白山姫神《しらやまひめのかみ》のことか? 付近に大森山は確認できない。

55 **来満**【らいまん】青森県三戸郡田子町と秋田県鹿角市にある県境の峠。標高611メートル。幕政時代、陸奥国三戸郡夏坂村と鹿角郡大湯村を結ぶ鹿角街道の峠の総称。青森・秋田県境付近の四角岳(1003メートル)から与須毛堂森(840・8メートル)周辺までの山塊はかって来満山と呼ばれ、南部藩の諸旧記にも来方山、来万嶺と出ており、これを越えることを〝ライマンを越える〟といった。夏坂村からのルートは、平野坂(田子町)を入り口とし、大柴峠(鹿角市)、小柴峠を頂部として明神坂を出口とする。三戸・鹿角を結ぶ唯一の通路であったが難所が多く、冬は通行が途絶えた。明治《めいじ》26(1893)年以降、鹿角街道のルートが替わり廃道となった。

56 **冥土の王10体**【めいどのおうじゅったい】仏教界の冥土において死者《ししゃ》を裁《さば》く10人の王のこと。秦広王《しんこうおう》・初江王《しょこうおう》・宋帝王《そうていおう》・五官王《ごかんおう》・閻魔王《えんまおう》・変成王《へんじょうおう》・泰山王《たいざんおう》・平等王《びょうどうおう》・都市王《としおう》・五道転輪王《ごどうてんりんおう》。

57 **白装束**【しろしょうぞく】白い衣服のこと。また、全身白ずくめの服装のこと。狭義では神事で神主、巫女《みこ》、修験者などが身に着ける浴衣風の単衣のこと。白衣《はくい》(しらぎぬ・びゃくえ)とも。

58 **入水**【じゅすい】水中に飛び込んで自殺すること。身投げ。にゅうすい。

【5】小平の八郎太郎

59 **上台の白山様**【うわだいのはこさんさま】★注釈番号54と同じと推察されるが、地図上でこの付近に大森山は見られない。

60 **小平の薬師さん**【こびらのやくしさん】秋田県鹿角市花輪小平にあった薬師神社。薬師如来《やくしにょらい》（医薬の仏）を本尊としている神社。

61 **天の岩屋**【あまのいわや】★注釈番号19参照。

【6】七座を追われた八郎太郎

62 **天神様**【てんじんさま】本来、天神とは国津神《くにつかみ》に対する天津神《あまつかみ》のことであり、特定の神の名ではなかったが、菅原道真が死後、火雷天神と呼ばれ雷神信仰と結びついたことを由来とし、道真の神霊に対する信仰も天神信仰と称するようになる。菅原道真を一般的な学問の神とした場合、（八郎太郎をどのようにして追い出すか）困ったときに知識の優れたものに頼るという意味に捉えられる。

参考　菅原道真《すがわらのみちざね》

菅原道真公［承和《しょうわ》12（845）—延喜《えんぎ》3（903）］は左遷先の太宰府で没す。その後、災厄が続き、道真公の祟りとされていたが、現在では学問の神様として信仰が篤い。

63 **説得**【せっとく】よく話して、相手に納得させること。

64 **禁足**【きんそく】一定の場所から自由に外出することを禁ずること。足止めすること。

65 **蚤**【のみ】節足動物門昆虫綱ノミ目（隠翅目《いんしもく》）に属する昆虫の総称。痒《かゆ》みをひき起こすだけではなく、貧血や皮膚炎の原因になる。

【7】八郎潟の主となった八郎太郎

66 **歓待**【かんたい】手厚くもてなすこと。

67 **四方山話**【よもやまばなし】種々雑多な話。いろいろな話。世間話。

68 **下男下女**【げなくげじょ】雇《やと》われて雑用をする男性・女性。召使《めしつか》い。

69 **一番鶏**【いちばんどり】★注釈番号38参照。

70 **地鳴り**【じなり】地面の振動が空気中に伝わり、音となって聞こえること。また、その音。鳴動。ちめい。

71 **糸べそ**【いとべそ】糸を巻いた〝へそ〟のこと。〝へそ〟は糸を巻いた状態の球形のもののこと。★注釈番号374参照。

72 **芦崎**【あしざき】秋田県山本郡三種町。足崎とも。八郎潟の北西部湖岸に位置し、西は砂丘を経て日本海に面する。南は小鹿島の野石に接し、湖岸沿いに縦走する街道は古代から利用された幹線路。この街道沿いに姥御前神社がある。大同《だいどう》2（807）年開創、安貞《あんてい》2（1228）年修復と伝えられ、境内に延元《えんげん》2（1337）年銘の板碑が現存。八郎潟の八郎太郎伝説を伴い、大同大地震の際に八竜神が荒びて足をもって姥を当地に、翁を三倉鼻《みくらはな》（みくらがばな）に蹴上げ、溺れるのを救ったといい、地名の由来伝える。

73 **全容**【ぜんよう】全体の姿・形。内容のすべて。全貌《ぜんぼう》。

74 **尊崇**【そんすう】尊びあがめること。尊敬。そんそう。

75 **風習**【ふうしゅう】土地ごとに存在する社会生活上の習わしやしきたりのこと。風俗習慣。行為伝承のひとつ。

【8】米森・糠森

76 **三倉鼻**【みくらはな】南秋田郡八郎潟町真坂《みなみあきたぐんはちろうがたまちまさか》・三倉鼻公園＝八郎潟に突き出たかつての岬。そのため、侵食による岩肌や洞穴の跡が残る。大和朝廷時代の蝦夷地との国境だった為か、江戸時代に街道整備するまではかなりの難所。半島状に突き出ているため、八郎潟や男鹿の山々を一望でき、街道を行き交う人達が休憩などする景勝地。小高い丘陵のため、八郎潟の干拓以前は湖岸随一の景勝地として知られる。幸田露伴《こうだろはん》や正岡子規《まさおかしき》など、昔から数多くの文人墨客《ぶんじんぼっかく》が訪れて、公園内には子規の句碑がある。

77 **非**【ひ】十分に考えていない行動のこと。軽はずみな行動・軽率な振る舞いによる道理に反すること。正しくないこと。

78 **不憫**【ふびん】かわいそうなこと。気の毒なこと。憐れむべきこと。

79 **化身**【けしん】姿を変えて現れること。

【9】田沢湖の辰子

80 **阿母**【あば・あぼ】母を親しく呼ぶ呼称。

81 **観音様**【かんのんさま】仏教の菩薩の一尊であり、古代より広く信仰を集めている尊格。〝観世音菩薩《かんぜおんぼさつ》〟または〝観自在菩薩《かんじざいぼさつ》〟

ともいう。〝救世菩薩《くせぼさつ》（ぐせぼさつ）〟など多数の別名がある。一般的には「観音さま」と呼ぶ。この説話では、院内岳の大蔵千手観音を指す。

82 **奉納**【ほうのう】氏子・檀家が神仏を敬い、また鎮める目的のため、供物を捧神仏に捧げる宗教的な行為のこと。

83 **燃え止し**【もえさし】囲炉裏で燃やした薪が燃えきらずに残ったもの。

84 **水屋**【みずや】水を扱う場所＝台所の古称。

85 **一番鶏**【いちばんどり】★注釈番号38参照。

86 **天女**【てんにょ】天部に住むとされる女性のこと。天帝などに仕えている容姿端麗な女官の総称。

87 **木の尻鱒**【きのしります】＝国鱒《くにます》は、サケ目サケ科に属する淡水魚。別名をキノシリマス、キノスリマス、ウキキノウオ。国鱒の名の由来は諸説ある。秋田藩主に献上する際にそれまで〝木《き》の尻鱒《しります》〟と呼んでいたが、〝尻〟が付くことに不具合を感じて改名。江戸時代の文化《ぶんか》2（1805）年8月23日には秋田藩主に塩引き5匹を献上した記録（秋田県有形文化財『佐竹北家日記』）がある。さらに文化8（1811）年8月2日に秋田9代藩主・佐竹義和公が田沢湖を訪れた際、国鱒を食べ、お国特産の鱒から、その名が付けられた。正式に新種の魚として世界に認められたのは大正《たいしょう》14（1925）年。

88 **諭し**【さとし】さとすこと。説諭。神仏のお告げ。神託。上位の者が下位の者に与え導いた事柄。

89 **キノシリマス**【きのしります】★注釈番号87参照。

【10】 八郎と辰子

90 **国鱒**【くにます】★注釈番号87参照。

91 **八郎潟が波立って荒れる頃**【はちろうがたがなみだってあれるころ】晩秋。11月上旬頃。毎年旧暦の11月9日（もしくは10日）に八郎太郎が田沢湖に入ると伝承。

4　夫殿大権現・夫殿岩屋

92 **三倉鼻**【みくらはな】★注釈番号76参照。

93 **一番鶏**【いちばんどり】★注釈番号38参照。

94 **芦崎**【あしざき】★注釈番号72参照。

95 **風習**【ふうしゅう】★注釈番号75参照。

96 **旱天**【かんてん】久しく降雨がなく日照りが続くこと。また、その空。ひでりぞら。

97 **効果覿面**【こうかてきめん】効果がすぐにはっきりと現れること(さま)。

98 **石倉**【いしぐら】石を積み重ねて造った倉。石造りの倉庫

99 **藤糸**【ふじいと】藤蔓《ふじつる》から作った糸。

100 **へそ**【へそ】★注釈番号71参照。

101 **天の邪鬼**【あまのじゃく】昔話に悪者として登場する鬼。人の言うことやすることにわざと逆らうひねくれ者。つむじまがり。あまのじゃこ。

102 **手名椎**【てなづち】手名椎は足名椎の妻。八郎潟では芦崎の地名との混同か? 足名椎・手名椎は〝八岐大蛇退治〟の説話に登場する夫婦神。娘の櫛名田姫の足をさすり手をさすりしていたことが名の由来。

103 **足名椎**【あしなづち】脚摩乳とも。★注釈番号102参照。

104 **菅江真澄**【すがえますみ】〔宝暦《ほうれき》4(1754)年―文政《ぶんせい》12(1829)年〕は、江戸時代後期の旅行家、博物学者。愛知県豊橋市牟呂公文町生まれと伝承。本名は白井秀雄、幼名は英二。知之《ともゆき》、白超とも名乗る。旅先の各地で、土地の民族習慣、風土、宗教から自作の詩歌まで数多くの記録を残す。スケッチ画は、彩色が施されるなど、写実的で学術的な記録としての価値も高い。本草学をもとにして、多少の漢方の心得もあった。著述は100種200冊ほどを数え、「菅江真澄遊覧記」と総称。特に近世後期の民衆の生活を客観的に記していることが特徴。

105 **蜃気楼**【しんきろう】密度の異なる大気の中で光が屈折し、地上や水上の物体が浮き上がって見えたり、逆さまに見えたりする現象。

5 夫殿の二人娘

106 **托鉢**【たくはつ】修行僧が鉢を持って市中を歩き、他人の家の前に立って施しの米や金銭を受けて回ること。乞食《こつじき》。

107 **供養**【くよう】仏に香・華・燈明・飲食などの供物を真心から捧げること。日本の民間信仰では死者・祖先に対する追善供養のことを特に供養ということが多く、これから派生して仏教と関係なく死者への対応という意味で広く供養と呼ぶこともある。

108 **糠**【ぬか】穀物を精白した際に出る果皮、種皮、胚芽などの部分のこと。

6 八郎太郎物語

【1】龍になる

109 **マダの木の皮を剥いで**【まだのきのかわをはいで】★注釈番号35参照。

110 **マタギ**【またぎ】熊などの大型獣を捕獲する技術と組織をもつ、狩猟が生業の人。

111 **マダの皮剥ぎ**【まだのかわはぎ】★注釈番号35参照。

112 **岩魚**【いわな】★注釈番号36参照。

113 **主**【ぬし】★注釈番号2を参照。

【2】南祖坊との争い

114 **南祖坊**【なんそぼう】★注釈番号10参照。

115 **修行僧**【しゅぎょうそう】★注釈番号43参照。

116 **弥勒の出世**【みろくのしゅっせ】★注釈番号44参照。

117 **願掛け**【がんかけ】神や仏に願いことを行うこと。病気の平癒、商売繁盛、縁結び、厄払いなどの個人的動機のものが多いが、雨乞や豊作祈願などの村落内での共同生活に関する祈願もしばしば行われる。願掛の方法は動機とも絡み合って様々あるが、百度参りのように神社仏閣に多数参拝することや、水垢離、全てあるいは茶絶ち・塩絶ちのような特定食物に対する断食、毛髪や写経、絵馬などの奉納などが挙げられる。これらに共通するのは、心身を清浄かつ堅固にし、なおかつ自身に苦行を課することで、神や仏にその願に対する真摯な姿勢を伝え、その恩寵・霊験を期待するとともに、自らもその逆境を打破して願の実現に向けた精神的な決意を得ようとするもの。なお、満願（願いの実現）の際には、額や幡を奉納したり、御礼参りを行うことでその恩寵・霊験に感謝することが行われた。★注釈番号220参照。

118 **満願**【まんがん】★注釈番号47参照。

119 **鉄の草鞋**【かねのわらじ】鉄の草鞋については、〝鉄の草鞋の切れたところ〟ではなく、草鞋1足の片方だけを授けられて〝もう片方の鉄の草鞋を発見したところ〟、もしくは〝1足に対してもう1足〟と読み取れる説や、〝百足（百足目）の草鞋〟が破れた所との説もあります。いずれにしても南祖坊が弥勒の出世を願った熊野詣の満願に際し、「願いを聞き届けるが、〝龍身〟となることが条件であり、鉄の草鞋と杖を与えるので、この杖の赴くままに歩き、この草鞋と同じものがある場所が永住の住処である」とのお告げを戴いたという伝承です。十和田湖畔には十和田神社があり、その境内社として熊野神社も設けられていて、鉄の草鞋が奉納されている。一般的には、鉄製の草鞋は磨り減りにくいことから、根気よく探し求めるという意味。

120 **主【ぬし】**★注釈番号2を参照。

121 **ケラ【けら】**簑《みの》・茅《かや》・菅《すげ》などの茎や葉、また、藁《わら》などを編んで作った肩からかけて身に着ける雨具(この伝説の場合は、シナノキの皮から作ったものか?)。

【3】鹿角の神々との争い

122 **集宮【あつみや】**鹿角市十和田にある国指定特別史跡・大湯環状列石の北西付近。

123 **主【ぬし】**★注釈番号2を参照。

7 八郎太郎伝説

124 **邪念【じゃねん】**悪意や企みを秘めた、よこしまな考え。邪心。もしくは、心の迷いから来る妄想。雑念。

125 **お寺の近くの沼【おてらのちかくのぬま】**大館市にある大日堂の裏の北沼には大蛇が棲んでいたと伝承。お寺＝鹿角市の大日堂(大日靈貴神社《おおひるめむちじんじゃ》)と縁起を共にする大館市にある大日神社・通称〝独鈷大日堂《とっこだいにちどう》〟のこと。古伝承によれば、南部ダンブリ長者娘吉祥姫が第26代・継体天皇の側女として侍し、長者夫婦の没後、鹿角市の小豆沢・長牛、比内の独鈷に大日堂建立の勅許を受け、継体天皇《けいたいてんのう》17(523)年に建立。吉祥姫の母(徳子)は独鈷に生まれ、長者伝説の神託を授かる人。神亀《じんき》2(725)年、行基が訪れ桂木を以って大日堂三社に仏像を彫刻(身高160センチメートル、肩張り90センチメートルの大日如来像・市指定文化財。1本の桂より三体を彫り、当地のほか鹿角市小豆沢、長牛及び独鈷に祀ったと伝承)、御本尊となし、9間4面の堂宇に改築、堂宇大破修理は国司により行うこととして、12年毎の丑年には比内郡の村々によって屋根を葺き替え、式年祭を行うことに定めた。その後堂宇は再建を繰り返し、現在に至る。当社は江戸時代まで大日堂と称して神仏混淆の形態をとり、明治に至って村社神明社、昭和《しょうわ》27(1952)年、神明社となったが氏子崇敬者等の強い要望により、平成元(1989)年に大日神社と改めた。

126 **須佐之男命**【すさのおのみこと】★注釈番号16参照。

127 **八俣遠呂智**【やまたのおろち】★注釈番号15・24参照。

128 **大日堂**【だいにちどう】鹿角市八幡平字堂の上・大日靈貴神社《おおひるめむちじんじゃ》のこと。社伝によれば第26代・継体天皇の代に創建したと伝えられ、のちに養老《ようろう》2(718)年、奈良時代の僧・行基によって再建されたと伝承。江戸時代には南部藩主の帰依《きえ》(神仏や高僧などを信じ、拠り所にすること)を得る。

129 **祟り**【たたり】神仏や霊魂などの超自然的存在が人間に災いを与えること、また、その時に働く力そのものをいう。

130 **百姓**【ひゃくしょう】元は百姓とは農民に限られず、いろいろな職業の人をさし、庶民、民衆くらいの意味であった。近世頃から農民の意味で使われるようになる。

131 **〝マダ〟という木の皮を剥ぐ**【〝まだ〟というきのかわをはぐ】★注釈番号35参照。

132 **岩魚**【いわな】★注釈番号36参照。

133 **掟**【おきて】守るべきものとして すでに定められている事柄。その社会の定め。決まり。また、法律。法度《はっと》。

134 **主**【ぬし】★注釈番号2を参照。

135 **南祖坊**【なんそぼう】★注釈番号10参照。

136 **修行僧**【しゅぎょうそう】★注釈番号43参照。

137 **南祖坊生誕の地**【なんそぼうせいたんのち】青森県南部町斗賀上斗賀にある斗賀神社社殿後方の丘陵の中腹に御手洗といわれる泉池があり、竜神宮が祀られ、十和田山として信仰されている。大蛇八郎太郎を折伏して十和田湖の開祖となった南蔵坊(南祖坊)は、当霊現堂で生まれ、この泉の水を産湯として用いたと伝えられている。この南蔵坊伝説の書かれている『十和田記』『十和田山神教記』などでは、南蔵坊出生の祈願所を斗賀の観音堂、あるいは両現観音堂としている。社蔵の霊現堂縁起などによると、宝亀年間、因幡守平秋朝の讒言《ざんげん》(事実を曲げたり、ありもしない事柄を 作り上げたりして、その人のことを目上の人に悪く言うこと)によって流罪となった太政大臣藤原有家が斗賀村で死んだので、坂上田村麻呂がそこに堂宇を建てて霊現山新禅寺と称し、十一面観音を祀ったのが始まり。

138 **常福寺**【じょうふくじ】福島県いわき市・閼伽井嶽薬師《あかいだけやくし》・水晶山玉蔵院常福寺。

139 **生禅**【なまぜん】禅を学び、なまかじりなのに自分では悟った気になっていること。野狐禅。

140 **錫杖**【しゃくじょう】遊行僧が携帯する道具のひとつである杖。梵語《ぼんご》ではカッカラといい、有声杖、鳴杖、智杖、徳杖、金錫ともいう。銅や鉄などで造られた頭部の輪形に遊環《ゆかん》が6個または12個通してあり、音が出る。このシャクシャク（錫々）という音から錫杖の名がつけられたとも。仏教の戒律をまとめた書である『四分律《しぶんりつ》』『十誦律《じゅうじゅりつ》』などによれば、この音には僧が山野遊行の際、禽獣《きんじゅう》や毒蛇の害から身を守る効果があり、托鉢《たくはつ》の際に門前で来訪を知らせる意味もある。教義的には煩悩を除去し智慧を得る効果がある。錫杖の長さは通常１７０センチメートル前後であるが、法会、儀礼の場で使われる梵唄《ぼんばい》作法用の柄の短いものもある（手錫杖）。

141 **権現様**【ごんげんさま】この伝説では熊野権現のこと。権現《ごんげん》は、日本の神の神号のひとつ。日本の神々を仏教の仏が仮の姿で現れたものとする本地垂迹思想による神号である。権という文字は〝権大納言〟などと同じく〝臨時の〟〝仮の〟という意味で、仏が〝仮に〟神の形を取って〝現れた〟ことを示す。

※本地垂迹《ほんじすいじゃく》とは、仏教が興隆した時代に発生した神仏習合思想の一つで、日本の八百万の神々は、実は様々な仏（菩薩や天部なども含む）が化身として日本の地に現れた権現であるとする考え。★注釈番号45参照。

142 **主**【ぬし】★注釈番号2を参照。

143 **熊野権現**【くまのごんげん】または熊野神《くまののかみ》、熊野大神《くまののおおかみ》。熊野三山に祀られる神であり、本地垂迹《ほんじすいじゃく》思想のもとで権現と呼ばれるようになった。熊野神は各地の神社に勧請されており、熊野神を祀る熊野神社・十二所神社は日本全国に約3千社ある。★注釈番号45・141参照。

144 **法華経**【ほけきょう】〝ほっけきょう〟とも。初期大乗仏教経典のひとつである〝正しい教えである白い蓮の花の経典〟の意の漢訳での総称。

145 **占場**【うらないば】十和田神社から山中へ１５０メートル程入った頂きの平場から、鉄の梯子をつたって降りたところが占場。南祖坊入水の場とも伝承。吉凶を占う場として信仰を集め、お金やお米を白紙に捻ったものや、宮司が神前に供えて祈念した〝およリ紙〟を湖に投げ入れる。願いが叶う時には水底に引き込まれるように沈み、叶わないときには重いものでも浮いたまま波にさらわれて沖へ流れる。

146 **坂上田村麻呂**【さかのうえのたむらまろ】征夷大将軍として蝦夷を討つために遠征しているが、延暦23(804)年以降は東北に赴いていない。★注釈番号173参照。

147 **日本武尊**【やまとたけるのみこと】「景行天皇《けいこうてんのう》2(72)年―43(113)年。日本書紀では30歳没とされる」は、記紀に登場する皇子。諱《いみな》は小碓尊《おうすのみこと》(命)。第12代・景行天皇の皇子・第14代仲哀天皇の父。

148 **女人禁制**【にょにんきんせい】女性に対して社寺や霊場、祭場などへの立入りを禁じ、男性主体の修行や参拝に限定する事。

149 **集宮**【あつみや】★注釈番号122参照。

150 **日向屋敷**【ひなたやしき】花輪鍛冶の総元締めが住んでいた。

151 **鍛冶職**【かじしょく】鍛冶《かじ》(たんや)は、金属を鍛錬して製品を製造すること。〝かじ〟は、〝金打《かねう》ち〟に由来し、〝かぬち〟〝かんぢ〟〝かじ〟と変化した。この鍛冶を業とする職人や店は鍛冶屋ともいう。

152 **鶴嘴**【つるはし】先端を尖らせて左右に長く張り出した頭部を、持ち手部分に直角に連結した道具。唐鍬の一種。

153 **きみまち阪**【きみまちざか】能代市二ツ井町。県立自然公園。巨岩・奇岩の重なり合う間に樹木が生い茂り、特に桜、つつじ、紅葉の名所として賑わう。きみまち阪の下には米代川が流れ、対岸には七座山が鎮座する絶景。〝きみまち阪(徯后阪)〟と明治天皇により命名されたのは明治《めいじ》15(1882)年。

154 **裁縫道具**【さいほうどうぐ】一般には裁縫に用いられる道具や部材(材料)などを指す。関連する説話では、糸巻きである〝へそ〟を忘れたとしている場合が多い。

155 **禁忌**【きんき】忌み嫌って、慣習的に禁止したり避けたりすること。

156 **一ノ目潟**【いちのめがた】男鹿目潟火山群は国指定天然記念物。一ノ目潟は男鹿半島先端付近にある淡水湖で、直径600メートル、面積0・26平方キロメートル、深さ44・6メートルで、6万～8万年前に形成されたと考えられる。二ノ目潟、三ノ目潟とともに目潟火山群を構成し、火山の形態のひとつであるマール(爆裂火口)の典型として知られており、東北では唯一。一ノ目潟は安山岩中にマントル起源の捕獲岩を含んだ噴出物のあった火山として、世界で初めて知られ、世界的に注目されている。

157 **武内弥五郎真康**【たけのうちやごろうまさやす】男鹿真山神社の

神職。なまはげ柴灯《せど》まつりは、男鹿市北浦の真山神社で1月3日に行われる神事〝柴灯祭〟と伝統行事〝ナマハゲ〟を組み合わせた観光行事。

158 **寒風山**【かんぷうざん】男鹿市。さむかぜやまとも読み、妻恋《つまこい》山・羽吹風《はふかぜ》山ともいう。男鹿半島東部にあり、標高354・7メートル。山名は吹き下ろす寒い北東の季節風に由来。

159 **除難**【じょなん】よからぬ出来事から逃れること。

160 **大蔵観音**【おおくらかんのん】院内岳の大蔵千手観音。大同《だいどう》2（807）年、坂上田村麻呂創建と伝わる。明治《めいじ》43（1910）年10月火災に遭遇して焼失。

161 **願掛け**【がんかけ】★注釈番号117参照。

162 **満願成就**【まんがんじょうじゅ】願掛けが叶うこと。神仏に祈った願いが成就すること。

163 **田沢湖の側の泉**【たざわこのそばのいずみ】永遠の美しさを得ようとして辰子が訪れた泉は〝潟頭の霊泉〟と呼ばれて、御座石神社の西100メートル付近にある。

164 **主**【ぬし】★注釈番号2を参照。

165 **潟尻**【かたじり】田沢湖の西玄関口。辰子を尋ねて八郎が田沢湖に入ったとされる位置に浮木神社がある。潟尻に対し、御座石神社がある位置を潟頭と呼ぶ。

166 **来訪**【らいほう】人が訪ねてくること。

167 **浮木神社**【うきぎじんじゃ】流れ着いた大木の浮木（流木）を祀っている。漢槎宮や潟尻明神とも呼ばれ、明和《めいわ》6（1769）年、秋田藩士・益戸滄洲《ますとそうしゅう》によって漢槎宮と命名されたことから、この田沢湖のことを漢槎湖あるいは漢槎と呼称。漢槎宮拝殿正面に掲げられた扁額は、滄洲が遊覧の際に船頭を務めた少年・斎藤千太郎に書き与えたものと伝承。

168 **禰宜**【ねぎ】神職の職称（職名）の一つである。〝祢宜〟とも書く。今日では、一般神社では宮司の下位、権禰宜の上位に置かれ、宮司を補佐する者の職称。

169 **祝詞**【のりと】神道において神徳を称え、崇敬の意を表する内容を神に奏上しもって加護や利益を得んとする文章。通常は神職によって独自の節回しによる朗誦が行われ、文体・措辞・書式などに固有の特徴を持つ。

170 **国鱒**【くにます】★注釈番号87参照。

171 **金鶴子**【かなづこ】＝辰子のこと。辰子の古い異名。★注釈番号205参照。

8 十和田神社

172 **大同2(807)年**【だいどうにねん】東北各県には、坂上田村麻呂創建と伝えられる社寺が多数ありますが、殆《ほとん》どは後年の付会(こじつけること。無理に関係づけること)とされていて、大同2(807)年は、坂上田村麻呂や〝空海(弘法大師・平安時代初期の僧。真言宗の開祖)〟が創建した社寺に多く見られる創建年号であり、天台宗の圓仁(慈覚大師。岩手県平泉・中尊寺、毛越寺・山形県立石寺：山寺、宮城県松島・瑞巌寺を開山)が関係する伝承にもこの年号が出てくる。さらに、〝八郎潟〟が造られたのは大同2(807)年2月24日(上樋口村・地蔵堂の入仏供養の日、彼岸中日)という説があり、水神系の祭日の多くは2月24日とされています。このようなことから、大同2年は〝何かしら物事が起きた年〟と位置づけられている。

173 **坂上田村麻呂**【さかのうえのたむらまろ】＝坂上田村麿〔天平宝字《てんぴょうほうじ》2(758)年―弘仁《こうにん》2(811)年〕平安初期の武将。桓武・平城・嵯峨の三天皇に仕え、征夷大将軍として蝦夷《えぞ》地を平定、正三位、大納言兼右近衛大将兵部卿。勲二等。死後従二位を贈られた。京都清水寺を草創。延暦《えんりゃく》12(793)年に陸奥国の蝦夷に対する戦いで大伴弟麻呂を補佐する副将軍の一人として功績を上げた。弟麻呂の後任として征夷大将軍になって総指揮をとり、延暦20(801)年に敵対する蝦夷を降した。延暦21(802)年に胆沢城、延暦22(803)年に志波城を築いた。大同《だいどう》5(810)年の薬子《くすこ》の変《へん》では平城上皇の脱出を阻止する働きをした。平安時代を通じて優れた武人として尊崇され、後代に様々な伝説を生み、文の菅原道真と、武の坂上田村麻呂は、文武のシンボル的存在とされた。★注釈番号146参照。

174 **南祖坊**【なんそぼう】★注釈番号10参照。

175 **熊野権現**【くまのごんげん】★注釈番号45・141・143参照。

176 **鉄の草鞋**【かねのわらじ】★注釈番号119参照。

177 **錫杖**【しゃくじょう】★注釈番号140参照。

178 **僻地**【へきち】都会から遠く離れた、へんぴな土地。かたいなか。辺地。

9 ヒメマス

179 **火口瀬**【かこうせ】カルデラ内の水が溢れて流出する際、外輪山を下刻した深く幅が狭い谷。

180 **青龍権現**【せいりゅうごんげん】＝南祖坊。十和田神社の創建については詳細不詳。鎌倉時代以前から修験者の修行の場として、この辺では恐山と並ぶ2大霊場として栄え、もとは水の神様である〝青龍大権現〟を祀っていましたが、明治維新の神仏分離により、武運と健康を司る〝日本武尊《やまとたけるのみこと》〟を祀る。青龍は湖などの止水、白龍は川の流水を意味する。

181 **和井内貞行**【わいないさだゆき】秋田県鹿角市生まれ。［安政《あんせい》5（1858）年—大正《たいしょう》11（1922）年］

10 八郎太郎の棲み家

182 **見窄らしい**【みすぼらしい】外観がたいへん貧弱である。外見がきわめて粗末である。

183 **褌**【ふんどし】日本の伝統的な下着。褌には概ね帯状の布を身体に巻き付けて身体後部で完結するものと、紐を用いて輪状として用いて完結するものに大別。★注釈番号186参照。

184 **一番鶏**【いちばんどり】★注釈番号38参照。

185 **苧麻**【ちょま】カラムシ・苧・枲の別名。イラクサ科の多年草。茎の皮から採った繊維。

186 **六尺褌**【ろくしゃくふんどし】長さ約1メートル80センチ～3メートル程度、幅約16センチメートル～34センチメートル程度の晒《さら》しの布を用いた日本人男性用の下着。★注釈番号183参照。

11 八郎潟の八郎

187 **岩魚**【いわな】★注釈番号36参照。

188 **主**【ぬし】★注釈番号2を参照。

189 **南部**【なんぶ】南部地方《なんぶちほう》は、江戸時代に南部氏の所領だった地域。単に南部とも言う。明治維新前までの陸奥国の北部に位置し、現在の青森県の東半分、岩手県の北部および中部、秋田県北東部の一角という3県にまたがる広大な地域を指す。

190 **南祖坊**【なんそぼう】★注釈番号10参照。

191 **偉い僧**【えらいそう】位の高い、徳のある僧。

192 **熊野権現**【くまのごんげん】★注釈番号45・141・143参照。

193 **満願**【まんがん】★注釈番号47参照。

194 **鉄の草鞋【かねのわらじ】**★注釈番号119参照。

195 **鼠袋【ねずみぶくろ】**能代市二ツ井町荷上場。『鼠袋由来』では、阿仁《あに》(北秋田市)の猟師が岩魚《いわな》を食い〝蛇〟になる。荷上場の辺りに8つの岩倉を据えて水を湛えて住処にしようとすると、神様が数万の鼠を天から下ろして堤を破らせた。荷上場の東、柳の林があるところは鼠の住処とされて、〝鼠袋〟と呼び、ここの猫は鼠を捕ることがなく、蚤もつかないという。

196 **願を掛け【がんをかけ】**★注釈番号46参照。

12 ダンブリ長者

197 **下男下女【げなんげじょ】**★注釈番号68参照。

198 **大日堂【だいにちどう】**＝大日靈貴神社《おおひるめむちじんじゃ》。当社の創祀は、ダンブリ長者の娘・吉祥姫の願いにより、継体天皇《けいたいてんのう》17(523)年に〝大日神社〟として建立したと伝承。その後、元正天皇《げんしょうてんのう》(第44代)の命により養老《ようろう》2(718)年に名僧・行基に伴われた工匠(工作を職とする人。大工・彫り物師・細工師など。たくみ)により再建。その際に楽人により祝賀の舞楽が奏され、里人に伝えられたのが1300年以上も連綿と伝承されてきた〝大日堂舞楽〟。平安時代末期には、平泉の藤原秀衡の命により、神社の大修理が加えられたといわれ、室町中期の文明《ぶんめい》18(1486)年には大里上総により修復がなされた。其の後、南部氏の領地となり明治に至るまで、領主の庇護を受け、寄進や修復がなされる。神仏習合の時代は、奥州鹿角郡の大日堂として、厚く崇敬を受ける。明治維新により神仏分離が行われ、元の神社に復し〝大日靈貴神社〟と改称。正月2日に行われる大日堂舞楽は、平成《へいせい》21(2009)年にユネスコの無形文化遺産に登録。

199 **大日堂舞楽【だいにちどうぶがく】**大日靈貴神社で毎年行われる祭を〝祭堂《ざいどう》(際堂・在堂:じぇど・じぇんど)〟、奉納される芸能を〝大日堂舞楽〟と呼んでいる。正月2日、大里・小豆沢・長嶺・谷内の4集落から35人の能衆(舞楽を舞う人)が出て、能衆五本歩骨扇に日の丸の紋を入れた藍染めの舞楽装束を整えて、竜神幡を先頭に権現頭・太鼓・笛・装束を携えると夜明けに行列を組んで厳寒の中、凍てついた雪道を歩いて大日堂へ向かいます。大日靈貴神社の境内に4集落の能衆が揃ったところで〝祓の儀〟〝地蔵舞〟を行い、一同揃って境内を3周。堂の正面の階下で〝花舞〟が舞われます。続いて各集落の竜神幟を先頭に拝殿縁側を3回まわり、〝籾押し〟を終えて旗揚げにより〝竜神幟〟が神社に奉納されます。本舞に先立って4集落の能衆による〝神子舞〟〝神名手舞〟が舞われる。神子舞は能衆が〝天の神〟を礼拝する舞とされている。本舞は次の7種類で〝権現舞（小豆沢）〟〝駒舞（大里）〟〝烏遍舞（長嶺）〟〝鳥舞（大里）〟〝五大尊舞（谷内）〟〝工匠舞（大里）〟〝田楽舞（小豆沢）〟。この〝五大尊舞〟は〝金剛界大日如来〟と〝退蔵界大日如来〟が〝ダンブリ長者〟に化身し、四大明王が仕えた様を表しているといわれて、いずれの舞も古い形を残している。〝大日堂舞楽〟と呼ばれるのは、昭和《しょうわ》27（1952）年に文部省から無形文化財の指定を受けて以後のこと。〝祭堂《ざいどう》〟とは、舞楽だけのことではなく、諸行事なども含めて広い意味でも使われた。祭礼は昭和35（1960）年以前には、旧正月1日夜から2日にかけて行われていた。

200 **大日堂の近くに**【だいにちどうのちかくに】大日堂＝大日靈貴神社の隣裏の高台にある瀧沢山吉祥院《たきざわさんきっしょういん》という寺の境内。名僧・行基《ぎょうき》（「天智天皇《てんちてんのう》7（668）―天平《てんぴょう》21（749）」奈良時代の高僧。677年に生まれた説もある。天平13（741）年に第45代聖武天皇が、恭仁京郊外の泉橋院で行基と会見し、同15年東大寺の大仏造造営の勧進に起用される。勧進の効果は大きく、天平17（745）年に朝廷より仏教界の最高位である〝大僧正〟の位を日本で最初に贈られた）。によって創建された寺と伝承。元正天皇（第44代）の勅命を蒙り、多くの音楽博士や工人を伴い、遙々都から下向した行基は、ダンブリ長者発祥の霊地に養老山喜徳寺大日堂を建立しました。吉祥院は大日堂六坊の一つで、都へ上り人皇第26代継体天皇の御后になられた吉祥姫のお墓を守り、その霊を弔うためのものです。中世の初めには藤原秀衡の庶長子国衡の庇護を受けて、平泉関山・中尊寺の影響によって天台宗となり、養老山吉祥院と称し、大日堂と共に里人の信仰の中心となっていました。慶長《けいちょう》8（1603）年4月、諸国行脚の途中、当地に立ち寄られた角館町・白岩龍沢山雲巌寺7世・華岩快雪大和尚は、打ち続く戦乱のために住僧もなく狐狸の住処となったこの寺の荒廃を歎いて、曹洞宗吉祥院として復興し、本寺にちなんで山号を瀧沢山と改めた。

201 **銀杏の木**【いちょうのき】姫の墓印に植えたという銀杏の木は、

樹齢1400年、樹高30数メートル、周囲10メートルで、姫の乳房と呼ばれる十数本の気根を垂れる巨木に成長しましたが、惜しいことに昭和《しょうわ》54(1979)年3月31日、この地方を襲った暴風により倒壊。

13 だんぶり長者

202 **奇特**【きとく】言行や心がけなどがすぐれていて、褒めるに値するさま。

203 **百薬の長**【ひゃくやくのちょう】酒をほめたたえていう語。

14 田沢湖の名称

204 **バイカル湖**【ばいかるこ】ロシア南東部のシベリア連邦管区のブリヤート共和国とイルクーツク州・チタ州に挟まれた三日月型の湖である。〝シベリアの真珠〟とも、ガラパゴス諸島と並ぶ〝生物進化の博物館〟とも称される。南北680キロメートル、東西幅約40～50キロメートル(最大幅80キロメートル)に及ぶ湖水面の面積は31494平方キロメートル(琵琶湖のおよそ46倍)。淡水湖で比較した場合、最大水深が1634～1741メートルと世界で最も深い。水質も世界最高の透明度を誇る湖。平成8(1996)年に世界遺産に登録。深度による湖面の色や国鱒が生息したことなどから田沢湖が日本のバイカル湖と例えられる。

15 辰子伝説

205 **辰子**【たつこ】辰子の古名は鶴子であり、他に亀鶴子《かめつるこ》、金鶴《かなづる》、金鶴子《かなづこ》、神鶴子《かみつるこ》などが伝承されています。

206 **院内岳**【いんないだけ】＝院内嶽。標高751メートル。★注釈番号160参照。

207 **大蔵観音**【おおくらかんのん】大蔵神社跡。★注釈番号160参照。

208 **泉**【いずみ】★注釈番号163参照。

209 **狂奔**【きょうほん】狂ったように走りまわること。

210 **報いを悟った**【むくいをさとった】ある行為の結果として身にはね返ってくる事柄の真の意味を知る。はっきりと理解した。

211 **主**【ぬし】★注釈番号2を参照。

212 **国鱒**【くにます】★注釈番号87参照。

213 **キノシリマス**【きのしります】★注釈番号87参照。

214 **不老不死**【ふろうふし】永久に若く死なないこと。

215 **鯨飲**【げいいん】鯨が水を飲むように、酒や水などを一時にたくさん飲むこと。牛飲。

16 辰子姫伝説

216 **主**【ぬし】★注釈番号2を参照。

217 **国鱒**【くにます】★注釈番号87参照。

218 **南祖坊**【なんそぼう】★注釈番号10参照。

219 **阻害**【そがい】妨げること。邪魔すること。

17 鶴子伝説

【1】神のお告げ

220 **百度参り**【ひゃくどまいり】日本の民間信仰で、神仏に祈願するために同一の社寺に百度参拝することである。お百度《ひゃくど》ともいう(願掛け)。百度参りの祈願の内容は、多くは個人的なものであり、その内容が切実なものである場合に、一度の参拝ではなく何度も参拝することでより、心願が成就するようにと願ったものである。

【4】お嫁の話

221 **拒んで**【こばんで】要求・依頼・働きかけなどを断る。拒否する。

18 御座石神社・御座石・潟頭の霊泉・鏡石

222 **修験僧**【しゅげんそう】役小角《えんのおづぬ》に始まる修験道の行者・僧。山伏ともいう。神仏両者に仕え、山岳にこもって密教的な神秘的呪法を修行する。

223 **床机**【しょうぎ】折り畳んで持ち運べる腰掛の一種。

224 **願を掛けた**【がんをかけた】★注釈番号46参照。

225 **満願の日**【まんがんのひ】★注釈番号47参照。

19 田沢湖と龍神

226 **こだし**【こだし】採取した山菜を入れる籠《かご》。昔から日常的に使うコダシヤカゴ類は、ヤマブドウやミツバアケビ、サルナシ、マタタビなどのつるを使って編んだ。それらは丈夫で、使い込むほどにツヤが出て美しい。つるだけでなく、ウリハダカエデやサワグルミなどの木の皮を剥ぎ、細かく割いてカゴ類を編んだ。起源は縄文時代。

227 **野萩**【のはぎ】馬の越冬用の飼料となる乾し草を蓄える際に、ススキなどの他に栄養価の高い葛の蔓や萩を一緒に刈り込む。

228 **院内嶽**【いんないだけ】＝院内岳。標高７５１メートル。★注釈番号160参照。

229 **大蔵山観音**【おおくらやまかんのん】★注釈番号160参照。

230 **悔いる**【くいる】自分のした行為について、間違いや悪い点があったことに気づき、残念に思ったり反省したりする。後悔する。

231 **半狂乱**【はんきょうらん】平静さを失って取り乱した振る舞いをすること。

232 **宿命**【しゅくめい】前世から定まっており、人間の力では避けることも変えることもできない運命。宿運。

233 **水屋**【みずや】水を扱う場所＝台所の古称。

234 **国鱒**【くにます】＝キノシリマス（木の尻鱒）。★注釈番号87参照。

235 **毒水**【どくすい】玉川温泉から流れる硫黄イオンを含んだ強酸性の湯は湯治においては人々の役に立つが、田畑を枯らし、魚を殺す〝玉川毒水〟として恐れられていた。玉川が流れこむ雄物川流域はもともとの洪水による荒れ地開拓に加えて悪水により作物の生育が悪く作付に苦労する。江戸時代より角館の藩士や地域の施政によって水質の改良が図られたがうまくいかない。１９３０年代、工業振興のための発電所建設と玉川の水質改善および周辺水系での農業振興を図る機運が高まり（玉川河水統制計画）、昭和《しょうわ》15（１９４０）年から水源からの酸性水を田沢湖に排水して弱酸化する事業が開始された。田沢湖はそれまで大きな流入河川がなかったため摩周湖に迫る透明度（31メートル）があり、かつ水産生物も豊かであったが、結果水質環境が急激に悪化、クニマスを始めとして生息していた多くの魚類が死滅。クニマスは平成《へいせい》22（２０１０）年に西湖で偶然に再発見されるまで絶滅種としてレッドリストに掲載されていた。その後、田沢湖水の水力発電施設が酸性のため劣化が進んでしまい、農業用の田沢湖疏水も稲作に不適となってしまったため、昭和《しょうわ》47(1972)年東北電力の協力を得て、野積みの石灰石に温泉の酸性水を撒き、玉川に流れ込む前に中和させる〝簡易石灰石中和法〟による処理事業を開始。平成《へいせい》元年(1989)年の中和施設の完成(本運用は平成3・1991年)により玉川の酸性度は更に緩和された。平成2(1990)年には下流の宝仙台付近に玉川ダムが完成、中和後の沈殿と攪拌も行うようになった事により、有史以来秋田平野の最大の難題であった玉川毒水は、現在基準地点(玉川頭首工)付近でpH6・8にまで回復した。しかし田沢湖の水質は目標に未だ届かず、回復の努力が続けられている。

20 爺石婆石

236 **主【ぬし】**★注釈番号2を参照。

237 **国鱒【くにます】**★注釈番号87参照。

238 **罰当たり【ばちあたり】**罰が当たるのが 当然と思われること。またそのようなさまや人。

239 **辰子の墓【たつこのはか】**院内の辰子姫生誕の地の近くに墓所があり、辰子の墓(一族の墓)といわれている。

240 **難船【なんせん】**荒天などで船体を傷め、航海を続けることが困難になった船。また、難破すること。

21 琴の海

参考　箏《こと》

ことは、「琴」の字を当てられるが、正しくは「箏」であり、「琴《きん》」は本来別の楽器。最大の違いは、箏では柱《じ》と呼ばれる可動式の支柱で弦の音程を調節するのに対し、琴《きん》では柱が無い。

箏《こと》は、奈良時代に他の楽器と一緒に中国大陸より伝来し、平安時代を経て、室町時代末期に久留米(福岡県)の僧、賢順《けんじゅん》が今の箏の形を造り、江戸時代に、京都の八橋検校《やつはしけんぎょう》(京都名物〝八ツ橋〟というお菓子は、お箏の形をしています)が、大成・確立させ、全国に広めたといわれております。

箏は、中国の伝説上の動物〝龍〟の形になぞられていて、龍眼《りゅうがん》・龍頭《りゅうとう》・龍角《りゅうかく》・龍舌《りゅうぜつ》・龍尾《りゅうび》等の名称や、また桐《きり》の木を使い、象牙の柱《じ》を使う等、他の弦楽器がそうであるように、弾き手の全てが表れる〝生き物〟です。昔は、13弦の名称を仁《じん》・

智《ち》・礼《れい》・儀《ぎ》・信《しん》・文《ぶん》・武《ぶ》・斐《ひ》・蘭《らん》・商《しょう》・斗《と》・為《い》・巾《きん》と表し、箏自身を〝仁智《じんち》〟と呼んだこともあり、極めて精神性の高い楽器といえます。

241 **山べ**【やまべ】ヤマメの別名。

22 八郎と辰子

242 **横恋慕**【よこれんぼ】既婚者や恋人のいる人に対して横合いから恋愛感情を持つこと。

243 **南祖坊**【なんそぼう】★注釈番号10参照。

244 **木の尻**【きのしり】薪の燃え残り。

245 **龍の髭藻**【りゅうのひげも】リュウノヒゲモはヒロムシロ科ヒロムシロ属の多年草。北海道から沖縄にかけて分布し、湖沼や河川、水路に生える沈水植物である。海外では、ユーラシア大陸、北アメリカ大陸、アフリカ大陸、オーストラリア大陸などに広く分布。環境省のレッドリスト（2007年）では、〝現時点では絶滅危険度は小さいが、生息条件の変化によっては絶滅危惧に移行する可能性のある種〟である準絶滅危惧（NT）に登録されている。水中茎はよく枝分かれをする。沈水葉は針状で、互い違いに生える（互生）。開花時期は7月から10月くらいである。葉の脇から茎を伸ばして花穂をつける。花茎は細く、水面に横たわる。花被はない。

246 **豪家**【ごうか】金持ちで勢力のある家。富豪。

247 **金子**【きんす】金貨。おかね。金銭。

248 **ながまって**【ながまって】足を伸ばして横臥して。

23 秋田雪譜

249 **習わし**【ならわし】しきたり。習慣。風習。

24 八郎太郎、辰子姫に想いを寄せる

250 **きみまち阪**【きみまちざか】★注釈番号153参照。

251 **南祖坊**【なんそぼう】★注釈番号10参照。

26 八郎太郎と南祖坊

252 **熊野権現**【くまのごんげん】★注釈番号45・141・143参照。

253 **南祖坊**【なんそぼう】★注釈番号10参照。

254 **熊野三社**【くまのさんしゃ】★注釈番号45・141・143参照。

255 **鉄の草鞋**【かねのわらじ】★注釈番号119参照。

256 **荒行**【あらぎょう】修験者などが山野などに籠《こ》もってする荒々しい修行。

27 八郎太郎の行先

257 **南部の地内**【なんぶのちない】南部藩域内。

28 土川鳥井野に薬法を伝える

258 **四斗樽**【しとだる】鏡開きなどに使用する菰樽。1斗＝18リットル。

259 **鎌首**【かまくび】鎌のように曲がった形の首。多く、蛇が首をもたげたさまなどにいう。

260 **梁**【はり】柱の上に、棟木と直行する方向に横に渡して、建物の上からの荷重を支える 部材のこと。

29 突目の薬

参考　端午《たんご》の節句《せっく》

五節句のひとつ。5月5日の節句。もと中国の行事。軒に菖蒲や蓬を挿し、粽・柏餅を食べて邪気を払う(菖蒲の葉は刀に見立て、蓬は炎に見立てて邪気を払うとも)。近世以降、男児のいる家では鯉幟《こいのぼり》を立て、甲冑《かっちゅう》や武者人形を飾って祝うようになった。重五《ちょうご》の節句、端陽《たんよう》の節句とも。

261 **一子相伝**【いっしそうでん】学問や技芸の奥義《おうぎ》をわが子の一人にだけ伝えること。この場合は薬の作り方。

262 **効能**【こうのう】よい結果をもたらすはたらき。ききめ。

30 湖を造る話

263 **森吉山の薬師様**【もりよしざんのやくしさま】森吉山は、秋田県北秋田市に位置する標高1454・2メートルの古い火山である。昔、森吉山一帯は蝦夷の首長大滝丸の拠点であった。征夷大将軍坂上田村麿征討のためこの地に来たが、大滝丸の抵抗はげしく苦戦した。〝南方より白矢飛び来るべし。必ずその時勝利ありべし〟と霊夢があり、一気に大滝丸を退治することができた。この戦勝を記念して、将軍が森吉山に薬師堂を祀った。森吉神社の由緒書には「森吉山の岩山に住み、参拝人に鬼神として恐れられていた大滝丸を、坂上田村麻呂が退治した。それを顕彰するために大同《だいどう》2(807)年に神社を創立した」と書かれている。森吉山山頂には、信仰登山の名残を示す薬師仏の石像が立ち並んでいる。

31 ▒ 大石の稲荷様

264 **南祖坊**【なんそぼう】★注釈番号10参照。

265 **座**【くら】＝信仰対象・神の座る場所。

32 ▒ 雄鶏

266 **逢瀬**【おうせ】会う時。特に、愛し合う男女がひそかに会う機会。

267 **一番鶏**【いちばんどり】★注釈番号38参照。

34 ▒ バクバク石

268 **御山観音様**【おやまかんのんさま】八葉山天台寺・本尊の聖観音像(桂泉観世音)。

35 ▒ 天台寺

269 **行基**【ぎょうき】＝行基菩薩《ぎょうきぼさつ》「天智天皇《てんちてんのう》7(668)年―天平《てんぴょう》21(749)年」日本の奈良時代の高僧。天武天皇《てんむてんのう》6(677)年4月に生まれたという説もある。僧侶を国家機関と朝廷が定め仏教の民衆への布教活動を禁じた時代に、禁を破り畿内(近畿)を中心に民衆や豪族層など問わず広く仏法の教えを説き、人々より篤く崇敬された。道場や寺院を多く建立しただけでなく、溜池15窪、溝と堀9筋、架橋6所、困窮者のための布施屋9ヶ所等の設立など数々の社会事業を各地で成し遂げる。朝廷からは度々弾圧や禁圧されたが、民衆の圧倒的な支持を得て、逆境を跳ね返した。その後、大僧正(最高位である大僧正の位は行基が日本で最初)として聖武天皇により奈良の大仏(東大寺)建立の実質上の責任者として招聘された。この功績により東大寺の〝四聖〟の一人に数えられている。

270 **銅鰐口**【どうわにぐち】仏堂の正面軒先に吊り下げられた仏具の一種。

271 **再興**【さいこう】一端衰えたものが、勢いを盛り返すこと。もう一度盛んにすること。

272 **寺領**【じりょう】寺社の維持・運営のために設置された所領のことである。

273 **棄却**【ききゃく】捨て去る。

36　ダンブリ長者

274 **五大堂**【ごだいどう】大日堂（大日靈貴神社《おおひるめむちじんじゃ》）を指すと推定されるが、五大堂という呼称では、五大明王を安置した堂。五大尊堂。密教の明王のうち、不動・降三世《ごうざんぜ》・軍荼利《ぐんだり》・大威徳《だいいとく》・金剛夜叉《こんごうやしゃ》の五明王。五力明王《ごりき》。★注釈番号198参照。

37　八郎太郎

275 **マダハギ**【まだはぎ】★注釈番号35参照。

39　八郎太郎

276 **前森山**【まえもりやま】標高１３０５メートル。北斜面は安比高原スキー場。

277 **田村大明神**【たむらだいみょうじん】岩手山頂に祀られた坂上田村麻呂を神格化した呼称。★注釈番号303参照。

278 **南祖坊**【なんそぼう】★注釈番号10参照。

279 **巡歴先**【じゅんれきさき】諸所を巡り歩いた先。日本全国を歩いたという。

280 **所有地**【しょゆうち】住まいする土地。

41　八郎太郎

281 **マタ**【また】シナノキ。マダ・マンダとも。★注釈番号35参照。

282 **秋田三吉**【あきたさんきち】秋田市太平山・三吉神社の化身ダイダラボッチ（大太郎法師）か？

※ダイダラボッチは、日本の各地で伝承される巨人。数多く

の類似の異名がある。山や湖沼を作ったという伝承が多く、元々は国づくりの神に対する巨人信仰がダイダラボッチ伝承を生んだと考えられている（鬼や大男等の妖怪伝承が巨人伝承になったという説もある）また、秋田県の横手盆地が湖であったので干拓事業を行った際、ダイダラボッチが現れて水をかき、泥を掬ったため工事がはかどった（鳥の海の干拓伝説）。このダイダラボッチは秋田市の太平山三吉神社の化身と考えられている。太平山及び山麓の太平地区の名は現在「たいへい」と読まれるが、明治期までは「おいだら」と読まれており、由来を巨人「オイダラボッチ」であるとする説がある。

42 八郎太郎

283 **十二神山【じゅうにしんざん】**十二神山は、宮古市と山田町の境界の重茂半島最高の山で標高731メートル。由来は古文書に「豊間根の東には薬師十二神立ち賜う。御本尊は唐金にして八寸五分（約32センチメートル）なり」とあり、古文書『閉伊豊間根村東山之本記』より山の中央に薬師如来が鎮座し、山の峰、谷の一つひとつに、薬師如来を御護りする神々が鎮座している。つまり、十二神山とはその名の示す如く薬師如来の眷属である十二神将を祭祀された霊山で、それは、蝦夷討伐で有名な坂上田村麿将軍の守り本尊が薬師如来であり、将軍は各地に戦勝祈念のため薬師如来を祭祀されたといわれている。将軍は高丸を神楽岡に、悪路丸を膽沢（胆沢《いさわ》）にて討ち、残賊を閉伊村に断滅して偉功をたて、凱旋するに当たって永く後世への記念として一社を創建したと伝承されている。小山田薬師神社には、『大同《だいどう》二（807）年七月銘にて平城聖代ノ臣坂上田村磨造之』との棟札が保存されている。

43 八郎太郎

284 **菖蒲【しょうぶ】**池、川などに生える単子葉植物の一種。中国では古来より、ショウブの形が刀に似ていること、邪気を祓うような爽やかな香りを持つことから、男子にとって縁起の良い植物とされ、家屋の外壁から張り出した軒《のき》に吊るしたり、枕の下に置いて寝たりしていた。日本でも、奈良時代の聖武天皇の頃より端午の節句に使われ始める。また、芳香のある根茎を風呂に入れ、菖蒲湯として用いたりする。漢方薬（白菖、菖蒲根）にもなる。

45 八郎太郎

285 **赤はら**【あかはら】コイ科の淡水魚で、産卵が近づくと背に赤い線が入る。はや、うぐい、いなだとも呼ばれる。

286 **堰**【せき】田に水を引く用水路。

287 **じょうり**【じょうり】草履・鼻緒のついた平底の履物。

288 **阿母**【あば・あぼ】★注釈番号80を参照。

46 八の太郎

289 **マンダの皮剥ぎ**【まんだのかわはぎ】シナノキの皮剥ぎ。★注釈番号35参照。

290 **岩魚**【いわな】★注釈番号36参照。

47 鬼清水と八郎太郎

291 **岩魚**【いわな】★注釈番号36参照。

292 **味噌田楽焼き**【みそでんがくやき】豆腐・茄子《なす》・魚などを串《くし》に刺して火に炙《あぶ》り、味噌を塗ってさらに焼いた料理。田楽。

293 **田村大明神**【たむらだいみょうじん】★注釈番号277参照。この説話の場合は、岩魚に味噌を付けて焼いたもの。

294 **咎めた**【とがめた】非難。叱責した。

48 八郎太郎

295 **狩猟**【しゅりょう】野生動物、特に鳥類・哺乳類などを捕獲すること。

49 八郎太郎と南祖坊

296 **奇瑞**【きずい】めでたいことの前兆として起こる不思議な現象。瑞相。吉兆。

297 **妖**【あやかし】妖怪。

298 **無垢**【むく】けがれがなく純真なこと。うぶなこと。

299 **マダ皮剥ぎ**【まだかわはぎ】シナノキの皮剥ぎ。★注釈番号35参照。

300 **童心**【どうしん】子供らしい純真なこころ。

301 **朋輩**【ほうばい】同じような地位で一緒に仕事などをする仲間

302 **甘露**【かんろ】中国古代の伝承で、天地陰陽の気が調和すると天から降るとされる甘い液体。

303 **田村明神**【たむらみょうじん】坂上田村麻呂を神格化した呼称。岩手山の東側火口に岩手山神社の奥宮が祀られており、神仏混交の時代には岩鷲《がんじゅ》権現、田村権現、田村大明神などと呼称。

304 **因果**【いんが】原因と結果。また、その関係。仏教用語であり、前に行った善悪の行為が、それに対応した結果となって現れるとする考え。特に、前世あるいは過去の悪業の報いとして現在の不幸があるとする考え。

305 **南祖坊**【なんそぼう】★注釈番号10参照。

306 **修験僧**【しゅげんそう】★注釈番号222参照。

307 **勅勘**【ちょっかん】勅命によって勘当されること。天皇による咎め。

308 **鉄の草鞋**【かねのわらじ】★注釈番号119参照。

309 **虚空**【こくう】何もない空間、大空。空中。

310 **三十二座**【さんじゅうにくら】座＝信仰対象・神の座る場所。32柱の神様が鎮座する場所。

311 **土手に穴を開けさせようとしました**【どてにあなをあけさせようとしました】鼠は前歯が一生伸び続けるため、木造建造物の柱を囓ったり、地面や土に穴を掘るなど、硬いものを噛むなどして歯を磨り減らす習性がある。

312 **惰眠**【だみん】なまけて眠ること。

313 **糸べそ**【いとべそ】糸を球状に丸めたもの。★注釈番号71・374参照。

314 **忌む**【いむ】不吉なものとして避ける。

315 **丸木舟**【まるきぶね】田沢湖の主が南祖坊のいわれから金気(鉄)を嫌うことにより、金属を使わない舟として利用された。丸木舟は、一本の木を刃物でくり抜いて作るので、〝くり舟〟とも呼ばれている。丸木舟は、壊れない、沈まない、という特徴を持ち、頑丈なため海では磯漁に多く使われた。田沢湖の丸木舟は、国の重要有形文化財に指定されている。杉の一木をくり抜いて造ったもので、田沢湖におけるクニマス漁に主として使用され、また湖上での交通にも使用された。

50 袂石

316 **袂**【たもと】和服の袖付けから下の袋のように垂れた部分。

317 **前森山**【まえもりやま】★注釈番号276参照。

318 **高洞山**【たかぼらやま】盛岡市上米内にある標高522メートルの山。〝ほら〟は水の少ない短小で奥詰まりの谷を意味する。輝緑凝灰岩・珪岩質岩石などからなる。米内川水系と中津川水系を分ける位置にある。

319 **南宗坊**【なんそぼう】★注釈番号10参照。

320 **熊野権現**【くまのごんげん】★注釈番号45・141・143参照。

321 **金の草鞋**【かねのわらじ】金＝鉄（かね）。★注釈番号119参照。

322 **城の東北**【しろのとうほく】城の所在地から見て東北の方位は鬼門《きもん》。鬼門とは、北東（艮＝うしとら：丑と寅の間）の方位のこと。陰陽道では、鬼が出入りする方角であるとして、万事に忌むべき方角としている。他の方位神とは異なり、鬼門は常に艮の方角にある。鬼門とは反対の、南西（坤《こん》、ひつじさる）の方角を裏鬼門《うらきもん》と言い、この方角も鬼門同様、忌み嫌われる。巽《そん》を〝風門〟、北東（艮《ごん》）を〝鬼門〟とした。陰陽道においては、北と西は陰、東と南は陽とされ、北東と南西は陰陽の境になるので、不安定になるという。

51 八郎太郎と権現さん

323 **キャッパリ**【きゃっぱり】誤って川に落ちること。けぇっぱり石とはキャッパリ石。

324 **南祖坊**【なんそぼう】★注釈番号10参照。

52 片手石

325 **飼草**【きゃぐさ】家畜の飼料にする草。かいば。

326 **岩動道行**【いするぎみちゆき】紫波町出身・元衆議院議員で科学技術庁長官を務めた。

53 永福寺

327 **楢崎観音**【ならさきかんのん】七崎神社・八戸市豊崎町上永福寺。

328 **南宗坊**【なんそのぼう】★注釈番号10参照。

56 主になった八郎

329 **マダの皮剥ぎ**【まだのかわはぎ】★注釈番号35参照。
330 **岩魚**【いわな】★注釈番号36参照。
331 **木の尻鱒**【きのしります】★注釈番号87参照。

57 蒼前信仰と南祖坊

332 **野馬**【のま】野飼いの馬。放牧の馬。
333 **蒼前信仰**【そうぜんしんこう】東北地方を中心に信仰されてきた馬の神。ソウゼンサマ信仰のある土地では、主に馬を飼う者が、端午の節句などの決められた日にソウゼンサマに参詣し、お供え物をする風習があった。岩手県で行われる〝チャグチャグ馬コ〟の行事は、ソウゼンサマ信仰に由来。

58 八郎太郎関連

334 **女人禁制**【にょにんきんせい】★注釈番号148参照。

59 田沢湖潟尻畔のたつこ像

335 **舟越保武**【ふなこしやすたけ】岩手県立美術館には、常設展示されている松本竣介・舟越保武展示室がある。

秋田県の説話

鹿角金山発見伝説

336 **尾去沢鉱山**【おさりざわこうざん】尾去沢地域には、東に西道、五十枚、南に赤沢、長坂、槙山、西に元山、田郡、北に崎山などの金山や銅山があり、それぞれの開発の年代も異なっていて、相互の結びつきが無く幕末まで別々の鉱山とされていました。
337 **梵天**【ぼんてん】★注釈番号345参照。
338 **俚伝**【りでん】伝承のこと。英語の folklore、フランス語の tradition populaire にあたる言葉で、庶民(柳田國男のいう常民)のあいだでみられる知識や技術の継承および後世への伝達を意味する。

339　**御手山**【おてやま】幕府や藩による直営の山。
340　**シックナー**【しっくなー】thickener　濁水から固体を凝集沈殿させる非濾過型の分離装置。

60　大森山獅子大権現

341　**大森親山獅子大権現御伝記**【おおもりしんざんししだいごんげんおんでんき】天保《てんぽう》7（1836）年に旧記を写したもの。
342　**尋**【ひろ】尺貫法・大人が両手を一杯に広げた長さとして定義された身体尺。

61　鉱山発見伝説

【1】光る怪鳥
343　**勢至菩薩**【せいしぼさつ】悪魔を退治する強い神仏。
344　**阿修羅**【あしゅら】人を苦しめる悪魔神。

【3】長坂金山発見物語
345　**梵天**【ぼんてん】御幣。幣帛。神輿や山伏の峰入り行列の先頭に立てたりする。大形の御幣のひとつ。長い竹や棒の先に、厚い和紙や白布を取り付けたもの。神の依代《よりしろ》を示す。
346　**七宝**【しっぽう】七種の宝物・代表的なものは金・銀・瑠璃《るり》・玻璃《はり》（水晶）・硨磲貝《しゃこがい》・珊瑚・瑪瑙《めのう》。
347　**金山の彦**【かなやまのひこ】金山彦命・金山彦神（金山彦命は伊弉冉命が、火の神・加具土命（軻遇突智）を生むときに陰部（外陰部。局部）を焼かれたため、病んで苦しみながら吐いた“嘔吐物”から金山毘売神（金山姫神）とともに生まれた神とされる。兄妹神とも夫婦神ともいわれますが定かではない。製鉄の守護神として蹈鞴《たたら》（製鉄所）に祀られる金屋子神は、この2神の神子神とされているので夫婦と考えられる。基本的には鉱山の神で、『古事記』ではこの2神に続いて土の神と水の神が生まれるため、鉱山で採れた鉱石や砂鉄を大量の水を使って選別し、粘土で作った蹈鞴《たたら》に入れ、鞴《ふいご》（吹子）による高熱で溶かして精錬する（不純物の多い金属から純度の高い金属を取り出す過程のこと）という古代の製鉄の様子から連想された神様として、鍛冶の神や鋳物の神としても信仰される。

【4】梵天鋪(坑道)の由来

348 **梵天【ぼんてん】**★注釈番号345参照。

349 **供人【ともびと】**供をする人。従者。

【5】金の長芋

350 **境界【きょうかい】**南部藩と津軽藩の境。

62 ― 金華山黄金山神社

351 **奥州三霊場【おうしゅうさんれいじょう】**出羽三山(山形県・月山、羽黒山、湯殿山)・恐山(青森県)・金華山(宮城県)。

352 **百済王敬福【くだらのこにきしのきょうふく】**[文武天皇《もんむてんのう》元(697)―天平神護《てんぴょうじんご》2(766)]奈良時代の貴族。摂津亮・百済王郎虞の三男。官位は従三位・刑部卿。

353 **東奥の三大霊場【とうおくのさんだいれいじょう】**=奥州三霊場。★注釈番号351参照。

64 ― 南部十左衛門信景

354 **安堵【あんど】**古代末期から近世にかけて日本の土地私有制度において、主君(もしくは支配者)が家臣(もしくは被支配者)に対して所領知行(土地権利)や所職の存在・継続・移転などを保証・承認する行為。

65 ― 帽子石と十左衛門火

355 **桜庭安房【さくらばあわ】**=桜庭光康《さくらばみつやす》は、戦国時代から安土桃山時代の武将。戦国大名・南部氏の家臣。南部家の譜代筆頭の武門として活躍した名将。

岩手県の伝説

岩手山伝説

356 **戦功【せんこう】**戦で立てた手柄。軍功。

357 **工藤小次郎行光【くどうこじろうゆきみつ】**伊豆国(静岡県伊豆半島)出身。父の景光と共に奥州征伐で軍功を立て、この恩賞として岩手郡の33郷を与えられました。前九年の戦場跡である安倍館（嫗戸柵《うばとのさく》）に〝厨川城〟を定め、厨川柵跡には安倍氏の祈祷所を基に〝天台宗天照寺（曹洞宗巖鷲山天昌寺）〟を創建し、聖俗ともに岩手郡を統治する立場として〝巖鷲山大権現大宮司〟となり、代々世襲（特定の地位などを、子孫が代々承継すること）して〝岩手殿〟とも呼ばれました。

358 **雫石口新山堂**【しずくいしぐちしんざんどう】雫石町長山・藩政時代には〝新山堂〟と呼称。

359 **マタギ**【またぎ】東北地方・北海道で古い方法を用いて集団で狩猟を行う者。

360 **田村権現**【たむらごんげん】★注釈番号303参照。

361 **石川啄木**【いしかわたくぼく】［明治《めいじ》19（1886）年2月20日―明治45（1912）年4月13日］は、日本の歌人、詩人。本名は石川一《いしかわはじめ》。岩手県南岩手郡日戸村（盛岡市玉山区日戸）に、曹洞宗日照山常光寺住職の父・石川一禎と母・カツの長男として生まれる。戸籍によると1886年2月20日の誕生だが、明治18（1885）年10月28日に誕生したとも。短歌の著名な作品として「東海の 小島の磯の 白砂に われ泣きぬれて 蟹とたはむる」『ふるさとの 訛なつかし 停車場の 人ごみの中に そを聴きにゆく』『やわらかに 柳あをめる 北上の岸辺目に見ゆ 泣けとごとくに』『ふるさとの 山に向ひて 言ふことなし ふるさとの山は ありがたきかな」などがある。

362 **宮澤賢治**【みやざわけんじ】［明治《めいじ》29（1896）年8月27日―昭和《しょうわ》8（1933）年9月21日］詩人、童話作家。郷土岩手に基づいた創作を行い、作品中に登場する架空の理想郷に、岩手をモチーフとしてイーハトーブ（イーハトヴあるいはイーハトーヴォ等）と名づけた。岩手県稗貫郡里川口村（花巻市）において、質・古着商を営む宮澤政次郎とイチの長男。生前に刊行されたのは『春と修羅』（詩集）と、『注文の多い料理店』（童話集）だけであったため、無名に近い状態であったが、没後に草野心平らの尽力により作品群が広く知られ、世評が急速に高まった国民的作家。

66 ▒ 能気の王子

363 **苗代**【なわしろ】育苗用の苗を栽培するために設けられた苗床。

364 **乞食**【こじき】食物や金銭を人から恵んでもらって生活すること。また、その人。ものもらい。おこも。

365 **藁**【わら】稲・小麦等、イネ科植物の茎のみを乾燥させた物。

366 **脛巾【はばき】**旅行や作業などをする時に、脛に巻きつけて縄もしくは紐で結ぶ後世の脚絆《きゃはん》。脛巾裳。古くは藁や布が素材。

67 岩谷観音と千熊丸

367 **洞雲寺【どううんじ】**宮城県仙台市泉区にある曹洞宗の寺院。山号は龍門山。本尊は釈迦如来。砂山寺とも称される。歴史ある名刹として知られ、「日本三山寺」のひとつ。見上げるような断崖には「座禅窟」という洞穴が掘られており、悟りを得るために行われた修行の場。南北朝時代の暦応《りゃくおう》元(1338)年、明峰素哲の開山により創建されたと伝承。その後衰退して荒廃していたのを国分氏の援助により復興。現存する青銅製の鐘には「奥州宮城郡大萱谷保瀧門山洞雲禅寺常住大工江家伯耆守宗義永正十五稔戊寅仲呂上澣三日」とあり、永正《えいしょう》15(1518)年の鋳造。戦国時代に兵火にあって堂宇を焼失したが、江戸時代に入り再興され、仙台藩第5代藩主・伊達吉村から寺領を寄進されるとともに、多くの末寺を有した。昭和《しょうわ》18(1943)年、仙台鉄道の排煙から山火事が発生し、全て焼失。その後、本堂を総コンクリート造りで再建。平成《へいせい》23(2011)年3月11日東日本大震災において柱が崩壊したため、解体され更地となった(平成23年9月現在)。

368 **祈願成就【きがんじょうじゅ】**願い事を叶えた。

68 悪玉と千熊丸

369 **紀伊国【きぃのくに】**紀州《きしゅう》=和歌山県と三重県南部。

70 岩手森

370 **五百森【ごひゃくもり】**国道4号沿・岩手県北バス〝岩手森〟バス停・道の駅にしね付近。

71 霧山岳

371 **鈴鹿山【すずかやま】**伊勢国・三重県・旧東海道の難所である〝鈴鹿峠〟がある山。

372 **阿弖流為【あてるい】**=アテルイ・大墓公《たものきみ》阿弖利爲《あてりい》［?—延暦《えんりゃく》

21（802）年」は、平安時代初期の蝦夷の軍事指導者。延暦8（789）年に日高見国胆沢（岩手県奥州市《おうしゅうし》）に侵攻した朝廷軍を撃退したが、坂上田村麻呂に敗れて降伏し、処刑された。史料には〝阿弖流爲〟〝阿弖利爲〟とあり、それぞれ〝あてるい〟〝あてりい〟と読まれる。いずれが正しいか不明だが、現代には通常アテルイと呼ばれる。坂上田村麻呂伝説に現れる悪路王をアテルイだとする説もある。

72　機織姫と五百森

373 **おぼけ**【おぼけ】あおそという葈＝イラクサ科の多年草は薬用植物でもあり、この粗皮を水に晒して細かく裂いた繊維を指先を湿らせながら撚って、結び目を作らないように一本の糸にした糸を入れておく容器。

374 **巻子**【へそ】紡いだ糸を環状に幾重にも巻いたもの。おだま。おだまき。

73　機織姫と送仙姫

375 **筬**【おさ】織物の道具の中で機に仕掛けた経糸の密度と織り巾を決定するもの。

74　機織姫と笠ケ岳

376 **お歯黒**【おはぐろ】明治時代以前の日本や中国南東部・東南アジアの風習で、主として既婚女性の歯を黒く染める化粧法。

★注釈番号381参照。

75　岩手三山

377 **袖にして**【そでにして】親しくしていた人、特に異性を冷淡にあしらう。おろそかにする。

76　岩手山と姫神山

378 **泣訴**【きゅうそ】泣いて訴えること。嘆き申し述べること。

379 **癇癪玉**【かんしゃくだま】癇癪を起こして発する怒り。

380 **鞍掛山**【くらかけやま】滝沢市・岩手山の南麓、標高897㍍。

381 **お歯黒**【おはぐろ】昔の女性が歯を黒く染める風習があったころの染料。★注釈番号376参照。

姫神山伝説

岩手県の伝説

382 **立烏帽子姫女**【たてえぼしひめ】＝鈴鹿御前《すずかごぜん》は、室町時代の紀行文『耕雲紀行』や御伽草子『田村の草子』などの物語に登場する伝説上の女性。立烏帽子《たてえぼし》、鈴鹿権現、鈴鹿姫ともいう。伝承によって、女盗賊、天女、鬼女であったりとその正体や描写は様々であるが、室町時代以降の伝承はそのほとんどが坂上田村麻呂の鬼退治譚と関連している。平安時代から盗賊が横行し、鬼の棲家として伝えられる三重・滋賀県境の鈴鹿山に棲んでいたとされる。盗賊として描かれる際には立烏帽子と呼ばれることが多い。

383 **東征**【とうせい】東方の敵を征伐すること。

78 田村麻呂と姫ケ岳

384 **伊勢国**【いせのくに】現在の三重県の北中部、愛知県弥富市の一部、愛知県愛西市の一部、岐阜県海津市の一部。

385 **立烏帽子神女**【たてえぼしひめ】★注釈番号382参照。

386 **武運長久**【ぶうんちょうきゅう】武人としての命運が長く続くこと。また、出征した兵がいつまでも無事なこと。

387 **加護**【かご】神仏がその力によって衆生を守り助けること。

79 岩手山と姫神山

388 **祝言**【しゅうげん】結婚式・祝儀

389 **お歯黒**【おはぐろ】★注釈番号376・381参照。

80 鈴鹿峠と鈴鹿御前（立烏帽子姫）

390 **捕縛**【ほばく】つかまえて縄をかけること。

391 **凶徒**【きょうと】殺人・謀反などの悪行を働く者。また、その仲間。

392 **田村の草子**【たむらのそうし】御伽草子。〈としすけ〉がますだが池の大蛇との間にもうけた利仁将軍の子〈としひげ〉将軍の子は、陸奥国たか山の〈あくる王〉という鬼に妻を奪われたが、鞍馬の多聞天の守護を蒙《こうむ》って〈あくる王〉を滅ぼし、妻をとり返す。その折、陸奥国はつせの郡田むらの郷の賤《しず》の女との間にもうけた子が長じて田村大将軍俊宗となる。俊宗は17歳のとき、大和国奈良坂山で、かなつぶてをうつ〈りやうせん〉という化生のものを退治し、さらに2年後には、伊勢国鈴鹿山の〈大だけ丸〉という鬼神を滅ぼすべしとの宣旨をこうむり、鈴鹿御前という天女を妻とし、その助けによって〈大だけ丸〉を退治する。

393 **田村の将軍・俊宗**【たむらのしょうぐん・としむね】＝藤原利仁のこと。田村将軍の嫡子。田村将軍藤原俊宗として登場する。田村将軍藤原俊宗は〝坂上俊宗〟とも〝田村丸〟とも呼ばれています。田村将軍が伊勢の鈴鹿山にいた妖術を使う鬼の美女である鈴鹿御前と結婚すると、その助けを得て悪路王を陸奥の辺りまで追って討つ展開になっています。田村麻呂の他に、その後に出羽や北東北で活躍した藤原利仁将軍と融合して〝田村利仁将軍〟、あるいは鎌倉・室町時代に福島県田村地方を支配した〝田村氏〟の事績を投影した〝田村将軍〟などとして登場します。

394 **三千大千世界**【さんぜんだいせんせかい】仏教用語で10億個の須弥山世界が集まった空間（十万億土）を表す言葉。略して〝三千世界〟〝三千界〟〝大千世界〟ともいう。

395 **黒金**【こっきん】銀、鉛、銅、硫黄、硼砂を溶融した黒色合金。

岩手県の伝説

早池峰山伝説

396 **宮澤賢治**【みやざわけんじ】★注釈番号362参照。

81 早池峰山と田村麻呂

397 **立烏帽子神女**【たてえぼしひめ】★注釈番号382参照。

82 早池峰の名の由来

398 **聖**【ひじり】日本において諸国を回遊した仏教僧。

83 瀬織津姫神

399 **蛆【うじ】** 蝿《はえ》の幼虫。一般には、腐肉や汚物などに発生するものを対象とした呼称。

400 **禊【みそぎ】** 身に罪や穢れのある者、また神事に従事しようとする者が、川や海の水で体を洗い清めること。

84 白鬚大明神

401 **弘法【ぐほう】** 仏の教えを世間に広めること。弘布《ぐふ》。

86 妙泉寺しだれ桂

402 **土用の日【どようのひ】** 土用とは、五行に由来する暦の雑節であり、1年のうち不連続な4つの期間で、四立（立夏・立秋・立冬・立春）の直前約18日間を指します。俗では、夏の土用（立秋直前）を指すことが多い。

403 **新梢【しんしょう】** めばい・最も新しく伸び出た枝のこと。春に伸び出て、年を越していない、若く新しい枝のこと。

87 シダレカツラ

404 **割接ぎ法【わりつぎほう】** 台木に切り込みをつけ、くさび形に削った接ぎ穂を差し込んで固く縛り、活着させる方法。

405 **武州の滋井村の鷲嶽山蓮光寺【ぶしゅうのしぶいむらのじゅくざんれんこうじ】** 埼玉県川越市渋井。長禄《ちょうろく》2（1458）年に創建されたと伝えられる・曹洞宗。

岩手県の伝説

八幡平伝説

91 八幡平の伝説

406 **専横【せんおう】** 好き勝手に振る舞うこと。また、そのさま。

407 **坂上田村麿【さかのうえのたむらまろ】** ★注釈番号173参照。

408 **長駆【ちょうく】** 馬で長い距離を走ること。遠乗り。

409 **兵糧【ひょうろう】** 戦争時（戦《いくさ》）における軍隊（兵）の食糧のこと。日本においては主食である米を指す事が多く、兵糧米《ひょうろうまい》（兵粮米）とも呼ばれる。

410 **攀ぢ**【よぢ】のぼるためにすがりつく。また、すがりついてのぼる。

411 **大白檜曽**【おおしらびそ】マツ科モミ属の常緑針葉樹で、日本の特産種。別名はアオモリトドマツ、ホソミノアオモリトドマツ。

92 後生掛温泉由来

412 **後生掛温泉**【ごしょがけおんせん】秋田県鹿角市、八幡平の西麓、アスピーテライン沿いの標高１０００《メートル》に位置する温泉。近くに蒸ノ湯《ふけのゆ》・大深《おおぶか》・大沼《おおぬま》温泉などがある。泉質は単純硫化水素泉、水温は90度。温泉名は近くの温泉地獄との対応により、後生善所極楽成仏を祈り、来世の幸福を祈る意味の後生掛に由来する。付近に泥火山や大規模な温泉地獄などを見学できる後生掛自然研究路がある。

413 **許嫁**【いいなづけ】双方の親が、子供が幼いうちから結婚させる約束をしておくこと。結婚の約束をした相手。婚約者。フィアンセ。

414 **鶏鳴**【けいめい】ニワトリが鳴くこと。また、その鳴き声。一番鶏《いちばんどり》が鳴く頃の意。丑《うし》の刻、今の午前2時頃。★注釈番号38参照。

94 オナメ・モトメ

415 **噴泉**【ふんせん】湯が地下から地上にふき出ている泉。

416 **戒名**【かいみょう】仏名のこと。位牌の表面に記される仏の弟子になったことを表す名前。

417 **後生**【ごしょう】死後極楽の世界に生まれかわって往けること。

北上川源流伝説

岩手県の伝説

96 弓弭の泉伝説

418 **疲弊**【ひへい】心身が疲れて弱ること。

419 **弓弭**【ゆはず】弓のつるをかける先端部分。

97　**弓弭の泉**

420　**髻**【もとどり】髪の毛を結い上げた部分。

100　**靱の清水**

421　**陸奥話記**【むつわき】日本の戦役である前九年の戦いの顛末を描いた軍記物語。成立は平安時代後期、11世紀後期頃と推定。作者は不明だが、藤原明衡とする説が有力。

考　察 ―― あとがきにかえて

八郎太郎は大国主命か？

八郎太郎が八俣遠呂智《やまたのおろち》の子孫であると伝える説話を読む限りでは、〝八郎太郎は大国主命《おおくにぬしのみこと》〟と考えることには無理があるかもしれません。しかも、手名椎《てなづち》・足名椎《あしなづち》が登場することを含めると、一見して、これは〝須佐之男命《すさのおのみこと》の八俣遠呂智退治《やまたのおろちたいじ》〟の神話のほうが断然近いのではないかと思われることでしょう。

それでも、『古事記《こじき》』や『日本書紀《にほんしょき》』の記述をもとに、この範囲に捕《と》らわれない想像を膨《ふく》らませていくと、より興味深く、八郎太郎伝説を紐解くことができると思います。

『日本書紀』の一書《あるふみ》に、大国主命のことが記されていて、「大国主神、またの名を大物主神《おおものぬしのかみ》、または国作大己貴命《くにつくりおおなむちのみこと》と号す。または葦原醜男《あしはらのしこお》という。または八千矛神《やちほこのかみ》という。または大国玉神《おおくにたまのかみ》という。または顕国玉神《うつしくにたまのかみ》という」とあります。これほど多くの名がある神様は他にありませんが、この多様性が強力な霊力を持つことを現していて、それぞれの名には次のような意味があります。

大国主は、大いなる国土の王。出雲国《いずものくに》を治める大王。

大物主《おおものぬし》の〝モノ〟は強力な霊威・霊格を讃《たた》える。

大己貴《おおなむち》の〝チ〟は自然的霊威を現す〝大地の神〟。

醜男《しこお》の〝シコ〟は葦原のように野性的で力強い男。

八千矛《やちほこ》は武力・軍事力。

国玉《くにたま》は国土の霊魂。

これを統一した呼称が〝大国主《おおくにぬし》〟です。この大国主命を各地の大地神と融合《ゆうごう》させる媒介役《ばいかいやく》を果たしたのは、出雲地方の大国主命を崇拝・信仰する呪術的霊能者《じゅじゅつてきれいのうしゃ》や巫女《みこ》集団であったと考えられて、各地の神社では〝大己貴命《おおなむちのみこと》〟で祀《まつ》られていることが多く、土着信仰との結び付きの強さが祭神名に反映しているようです。

さらに、大国主命が縁結びの神として人気がある理由は、とても美男で大変な艶福家《えんぷくか》であり、女性関係も派手で、結婚した女性は6人（八上比売命《やがみひめのみこと》・須勢理毘売命《すせりびめのみこと》・奴奈宜波比売命《ぬなかわひめのみこと》・多紀理比売命《たぎりひめのみこと》・神屋楯比売命《かむやたてひめのみこと》・鳥耳命《とりみみのみこと》）を数えます。これも『日本書紀』の一書に「その御子すべて一百八十一の神《ももやそはしらあまりひとはしら》ます」と記されていて、その精力《せいりょく》から多淫《たいん》・多産《たさん》な愛欲神であり、豊穣神《ほうじょうしん》としても霊力の象徴といえるようです。

さらに大国主命は、中世以降にインド発祥の仏教の守護神である〝大黒天《だいこくてん》〟と習合して、民間信仰の七福神の〝大黒様〟と同じ神様とみなされました。打出《うちで》の小槌《こづち》を持ち、大きな袋を担いで米俵を踏まえて立つ姿は、五穀豊穣《ごこくほうじょう》と商売繁盛《しょうばいはんじょう》の福の神として信仰され、この大黒様の使いは〝ネズミ〟ですが、大国主命が根の国で須佐之男命に試練を与えられて〝ネズミ(根《ね》に棲《す》むもの)〟に助けられた神話と、屋敷を守る霊獣としての民間信仰が結びついたものと考えられています。ちなみに大黒天の神徳は、縁結び、子授、夫婦和合、五穀豊穣、養蚕守護、医薬・病気平癒、産業開発、交通・航海守護、商売繁盛とされています。

大国主命をこのように捉えていくと、八郎太郎と何処かしら似通って関連するものが見えてくると思います。

たとえば、十和田湖の主の座を争うことは、〝国譲り神話〟とみることができます。彷徨《さまよ》ったうえに八郎太郎が七座《ななくら》(きみまち阪《ざか》)付近を住処《すみか》にしようとした時、他にも広い土地があると薦《すす》められたことは、国譲りの大国主命への交換条件(神殿を造ること)を現しているようにも思えます。

ほかには、八郎太郎が山に縄を掛けて運ぶことは国造りの神。堰《せき》(水路)を造って田畑を広くしようとする農業神。宿屋に泊まって大金を置いて行く商業神。薬の処方を教えてくれた医療神などというようにも読みとれます。さらには、縁結びの神としては、美男に姿を変えて娘のもとに通う説話もありました。

このように八郎太郎が、神としての働きを垣間見ることができる説話が、北東北各地に伝承されているわけです。

八郎太郎が変化した姿の表現として、〝龍《りゅう》〟か〝蛇《へび》〟かということについても、この要因が出雲から来ているとすれば、〝龍蛇神《りゅうじゃしん》の信仰《しんこう》〟につながることが考えられます。

〝龍〟は中国の想像上の動物ですが、日本では古代から〝蛇〟の信仰と結びついた〝龍神信仰《りゅうじんしんこう》〟が知られていました。蛇は水神として信仰され、川や池沼の神として農耕の神となり、雨と結びついて雷神、または海の神ともなって豊漁を祈り、龍宮の神とも呼ばれてきました。その龍神信仰の中で最も著名なものが出雲大社の龍蛇神の信仰〝龍蛇神講《りゅうじゃしんこう》〟です。

八百万《やおよろず》の神々が、出雲にお集まりになる旧暦10月の〝神在月《かみありづき》〟になると、風が強くなって海(日本海)が荒れます。この時期、出雲大社近くの稲佐《いなさ》の浜《はま》には〝海蛇《うみへび》(セグロウミヘビ)〟が打ち上げられることがあり、蛇の背は黒色ですが、腹は橙色《だいだい》や黄色であるため、頭をもたげながら夜の海を滑《すべ》るように泳ぐ姿が月光に照らされると、まるで金色の火の玉が海上を走るようだといわれています。最近は海流の関係で観《み》られなくなりましたが、出雲の近海で〝海蛇〟が捕《と》れると、漁師達はこれを〝竜宮からの使い〟として、地元の神社や出雲大社に奉納しました。また、『日本書紀』には〝神光照海〟、『古事記』でも〝この時に海を光《て》らして依り来る神〟と記されていて、その神が大国主命の国造りを助けたとされています。つまり、海蛇は大国主命の使いであり、八百万の神が出雲に来られた時に先導する神だと信じて、人々は「龍蛇様」と呼んで篤《あつ》く信仰してきました。

このように出雲では〝龍蛇《りゅうじゃ》〟と呼称していることから、〝龍〟〝蛇〟ともに同じといえますが、この八郎太郎の説話から伺うには、人目に触《ふ》れる時には〝蛇〟であり、戦闘態勢の場合は〝龍〟と読みとれるうえに、〝龍〟は〝龍神〟とすれば、より神に近い存在を表現している雰囲気があります。

そして、八郎太郎三湖伝説の内容がこれだけ多種多様化しているのは、神話の伝承に加えて自然現象・天変地異が猛威《もうい》を振るったことが影響して、話を変えるほどの驚異《きょうい》があったことが推察されます。つまり、延喜《えんぎ》15(915)年に〝十和田火山の噴火〟があったことは事実ですので、その自然現象が、八郎太郎が成《な》したとされる行動と混同して伝承されたものだとも考えられます。

八郎潟が成因したとされる大同《だいどう》2(807)年から、十和田火山噴火までは100年程の時間がありますが、その間を生きた人々が間違いなく持っていたのは、伝え残そうとする心で、現在につながる〝神々の記憶〟を伝承しようとする思いが、これらの説話の見えない部分に秘められていると思います。


伝説全般的に不思議さを覚えるのは、その〝大同2(807)年(平城天皇《へいぜいてんのう》・丁亥《ひのとい》)〟ですが、この年が何を意味しているのかは、全く不透明で、詳細は解明されていません。全国各地の社寺の創建や、物事の発祥、成因などがこの年に起きたとすれば、この年は何があったのでしょうか。一般的には、次のようなことが挙げられます。

円仁《えんにん》(慈覚大師《じかくだいし》)や空海《くうかい》(弘法大師《こうぼうだいし》)、坂上田村麻呂に関連した伝承では、この年号がよく使われています。空海が日本に帰国した年とされていますが、史実としては確認されていません。

東北各地の神社の創建に関する年号が、この年とされています。茨城県《いばらき》の雨引千勝神社《あまびきちかつじんじゃ》の創建をはじめとして早池峰神社《はやちねじんじゃ》(岩手県)、赤城神社《あかぎじんじゃ》(群馬県)。福島《ふくしま》県いわき市の湯《ゆ》の嶽観音《だけかんのん》もこの年の3月21日に開基されたとあり、清水寺《きよみずでら》（岩手県）、長谷寺《ちょうこくじ》（新潟県）などの寺院までもこの年に建てられたとされて、富士山本宮浅間大社《ふじさんほんぐうせんげんたいしゃ》も大鳥居の前に、大同元年縁起が記されています。香川《かがわ》県の善通寺《ぜんつうじ》をはじめとする四国遍路八十八ヵ所の1割以上がこの年の創建・開創であるほか、各地の小さい神社仏閣に至るまで枚挙に暇《いとま》が無いほど、大同2年及び大同年間は、それらの創建に関わる年号になっています。さらに、阿仁鉱山《あにこうざん》（秋田県）や尾太鉱山《おっぷこうざん》（青森県）が発見された年号にも使われています。高根金山（鳴海金山《なるみきんざん》・新潟県）、生野銀山《いくのぎんざん》（兵庫県）をはじめとする各地の鉱山の開坑も、大同年間や大同2年とするものが多く、他に那須連峰《なすれんぽう》の茶臼岳《ちゃうすだけ》旧火山の噴火、尾瀬ケ原《おぜがはら》の燧ケ岳《ひうちがたけ》の噴火、蔵王刈田岳《ざおうかつただけ》の噴火もこの年です。会津磐梯山《あいづばんだいさん》の噴火は大同元年ですが、その噴火を鎮《しず》めるため、大同2年、山麓に恵日寺が建てられたといわれています。日光・男体山《なんたいさん》で旱魃《かんばつ》を静めるために勝道上人《しょうどうしょうにん》が祈祷《きとう》したことや、八溝山《やみぞさん》（茨城県・福島県）や森吉山《もりよしざん》（秋田県）、気仙郡などの鬼退治もこの年と伝えられています。また、山形《やまがた》県の肘折温泉《ひじおりおんせん》では、『温泉之縁起』史料から、大同2年あるいは大同年間に温泉が開かれたとされています。

また、八郎太郎と争った南祖坊を祀る〝十和田神社〟については、宗教や学術的な視点では以下のように考えられています。

十和田湖の南部から湖面に突き出す中山半島の付け根に所在する十和田神社の御祭神は日本武尊《やまとたけるのみこと》ですが、古くは青龍大権現《せいりゅうだいごんげん》と称しました。十和田湖には熊野三山で修行した南部斗賀村（三戸郡名川町）の南蔵坊（南祖坊）が、湖の主である八郎太郎を秋田の八郎潟へ追い出して、新しく湖の主になった伝説があり、大同2（807）年に南蔵坊が創祀したと伝えています。この伝説に関する『十和田山本地記録』『十和田神教実秘録』などの写本が当地方の旧家に所蔵され、また各地に八郎太郎・南蔵坊にまつわる地名や伝承が残されています。しかし、これらを史実とするには疑問点が多くあります。別に坂上田村麻呂が創祀したとも伝えています。当初は、山中にある湖水を水分神として自然発生的に崇拝されていたとみられ、湖畔に白山社の祠があるのは、11世紀頃、当地にも白山信仰が浸透《しんとう》していることを物語っています。陸奥国《むつのくに》に天台宗熊野修験の布教が行われるようになるのは、延暦《えんりゃく》21（802）年、坂上田村麻呂とともに陸奥国へ下った天台宗修行法師・光暁とその2人の弟子によるといわれています。その後、当地でも熊野修験が勢力を増してきたのは事実で、修験者の修業場としての十和田湖をめぐって、天台宗修験者と真言宗修験者との宗門上の争いがあったことが、南蔵坊と八郎太郎の争いに仮託して伝承されたものと考えられます。その際、南蔵坊を青龍権現と神格化したのは、奈良末期の吉野・竜門寺の竜信仰と熊野信仰が習合して、底深い十和田湖の主神である青龍権現の出現となったものと考察できます。

さらに熊野修験僧による布教については、田沢湖潟頭《かたがしら》に所在する室町期創建とされる御座石神社《ござのいしじんじゃ》の説話にも記してありますが、これは田沢湖関連の伝説も熊野系に関することがいえる裏付けの一端として、〝辰子〟の名が、以前は〝鶴子〟であったことなどにつながるものと考えられます。

八郎太郎が大国主命かということについては、蝦夷《えみし》と呼ばれた人々を出雲からやって来た人達とするならば、その出雲の伝承・伝説をこの東北の地でも伝え続けようとしたことが考えられます。それが、この〝八郎太郎三湖伝説〟なのではないかと、私の想像はその域に達しました。

本書では、この八郎太郎三湖伝説以外に、鹿角の金山、岩手の山や川についての説話を収録させていただきましたが、それは単に地理的に陸続きであるということだけではなく、すべての説話が、何処かしら何かでつながっているということも感じられたのではないでしょうか。

岩手の山々については、〝山〟を擬人化した表現をするなど、自然と神と人の存在が混同されて伝承されている場合が多々ありますが、それも魅力のひとつでしょう。これらの殆《ほとん》どの説話においては、坂上田村麻呂を外すことができず、また、関西の瀬織津姫命《せおりつひめのみこと》や鬼族と呼ばれた大武丸《おおたけまる》が、この東北の地で物語を繰り広げる様は、日本を股に掛けたものとなって、東北人の私にとってこの意外性は想像以上に面白い印象を受けました。さらに、シダレカツラの逸話では、瀬織津姫命の優しさの一面が感じられることで、より一層その魅力を増しているようでもあります。

解明されていない、理解し難い点も多く残されていますが、それらが人々に興味を持たせて引きつける要因として、北東北にある魅力の一端は、伝説として残されている、このような〝神々の記憶〟なのだと思っています。

本書編纂にあたり、たくさんの方々にご協力をいただきました。この場を借りて厚く御礼感謝申し上げます。

平成27（2015）年　3月

髙　橋　　智

おもな参考引用文献 ［順不同］

岩手の伝説　平野直　津軽書房　昭和51年
滝沢村誌　第二編　第四編
陸中の国　鹿角の伝説
山岸の歴史散歩　北田輿三郎著
早池峰神楽　大迫街観光協会編　平成5年
早池峰草紙　おおはさまの伝説　平成5年　大迫教育委員会
馬たちの33章 ～時代を彩ったうまの文化誌　早坂昇治著
鹿角の伝説　平成10年　鹿角地方部発行
日本昔話通観　第3巻　岩手　1985　株式会社同朋舎出版
読みがたり　岩手のむかし話　2004　株式会社日本標準
読みがたり　秋田のむかし話　2004　株式会社日本標準
日本の神々 ― 神社と聖地〈12〉東北・北海道　2000　白水社
「日本の神様」がよくわかる本　戸部民夫　ＰＨＰ　2005
県別ふるさとの民話　29　秋田県の民話　日本児童文学者協会編　偕成社　1981
沢内の民話　高橋善二　沢内村教育委員会
青森県百科事典　東奥日報新聞社　1981
タッ子姫伝説と田沢湖　戸沢角城　平成18年
早池峰神楽　神楽鑑賞ガイド 花巻市観光課　平成22年
角川　日本地名大辞典2 青森県　昭和60年
角川　日本地名大辞典3 岩手県　昭和60年
角川　日本地名大辞典5 秋田県　昭和55年
口語訳　古事記［完全版］ 2002　文藝春秋
図解　日本神話　2011　新紀元社
ふるさと読本　いずも神話　平成24年　島根県教育委員会
巨岩と花びら　舟越保武　筑摩書房　1982
岩手の地名百科　芳門申麓　岩手日報社　平成9年
物語による日本の歴史　石母田正・武者小路穣　2012　筑摩書房
日本文学全集01　古事記　2014　河出書房新社
東北・蝦夷の魂　高橋克彦　2013
三輪山の大物主神さま　東方出版　平成22年
解説　出雲国風土記　島根県古代文化センター編　今井出版　平成26年
島根県立古代出雲歴史博物館　展示ガイド　ハーベスト出版　2013

等　その他

篇著者
高橋　智（たかはし さとし）
1967 年 岩手県盛岡市生まれ。1999 年に川口印刷工業株式会社の創業史『盛岡驛開業 ―川口屋荷札店・創業の記憶―』を著作。2005 年より盛岡のタウン誌『街 もりおか』に「盛岡伝説案内」の連載を始める。2013 年『街 もりおか』に連載の「盛岡伝説案内」を百話収録した『盛岡伝説案内 其の壱―其の百』（平成 25 年岩手県芸術選奨受賞）を自費出版。本書の DTP は篇著者によるもの。盛岡市在住。

北東北の魅力を探る伝説探求読本　**神々の記憶**

2015 年 3 月 20 日 初版
篇　　著　高橋　智
発　　行　盛岡出版コミュニティー
〒020-0824
盛岡市東安庭 2－3－3　コーポ石川 101
TEL＆FAX 019－651－3033
E-mail : morioka-pc@chic.ocn.ne.jp
印刷製本　株式会社 杜陵印刷

ISBN978-4-904870-34-1 C0221